新文科建设教材
工商管理系列

ORGANIZATIONAL
BEHAVIOR AND LEADERSHIP
DEVELOPMENT

组织行为
与领导力开发

刘朝◎主编

袁凌　雷辉　臧志◎副主编

清华大学出版社

北京

图书在版编目（CIP）数据

组织行为与领导力开发 / 刘朝主编. -- 北京 ：清华大学出版社，2025. 7.
(新文科建设教材). --ISBN 978-7-302-69907-1

Ⅰ. C93

中国国家版本馆 CIP 数据核字第 20252M7J32 号

责任编辑：陆浥晨　朱晓瑞
封面设计：李召霞
责任校对：宋玉莲
责任印制：沈　露
出版发行：清华大学出版社
　　　　　网　　　址：https://www.tup.com.cn，https://www.wqxuetang.com
　　　　　地　　　址：北京清华大学学研大厦 A 座　　　　邮　　编：100084
　　　　　社 总 机：010-83470000　　　　　　　　　　邮　　购：010-62786544
　　　　　投稿与读者服务：010-62776969，c-service@tup.tsinghua.edu.cn
　　　　　质 量 反 馈：010-62772015，zhiliang@tup.tsinghua.edu.cn
　　　　　课 件 下 载：https://www.tup.com.cn，010-83470332
印 装 者：大厂回族自治县彩虹印刷有限公司
经　　销：全国新华书店
开　　本：185mm×260mm　　　　印　张：16.25　　　字　　数：373 千字
版　　次：2025 年 8 月第 1 版　　　　　　　　　　　印　　次：2025 年 8 月第 1 次印刷
定　　价：65.00 元

产品编号：100789-01

现代企业管理特别重视"以人为中心"的人本管理。任何一个管理者如果不能有效地提升员工的素质与积极性，发挥组织和群体的效能或者融合团队的能量，那么这个企业中的资金、土地、原料、设备、信息等物质因素都不能实现其真正价值。因此，帮助企业管理者学习掌握组织行为管理与领导力开发的基本理论和基础知识是一项重要且有意义的工作。

组织行为学是研究一定组织中个体、群体、组织的行为与心理规律，以提高组织管理者的行为能力，改善组织绩效为目标的一门学科。组织行为学的发展经历了组织行为的萌芽、人群关系学说、行为科学、权变理论等阶段，形成了科学完整的学科体系。组织行为学的内容主要包括个体心理与行为、群体心理与行为、组织心理与行为。

领导力是一种能够激发团队成员热情与想象力的能力，也是一种能够统率团队成员全力以赴达到目标的能力。领导力开发是领导者通过完善领导技能，提高自身的领导能力，以便对被领导者产生影响力的过程。领导力开发的内容主要包括感召力开发、影响力开发、决策力开发、执行力开发、创造力开发和责任力开发。

组织行为与领导力开发是工商管理硕士（master of business administration，MBA）的核心课程，是一门综合性与应用性很强的学科，在工商管理专业人才培养过程中有着非常重要的地位。本书从组织行为和领导力开发两个方面探讨组织管理中人的心理与行为规律，系统介绍组织行为学的基本原理及领导力开发的理论与方法，重点探讨了这些理论与方法在组织管理实践中的应用。全书共八章，第一章组织行为学概述，第二章个体心理与行为，第三章群体心理与行为，第四章组织心理与行为，第五章领导力开发概述，第六章领导力理论变迁，第七章领导力开发内容，第八章领导力开发实践。本书每章都插入了有趣的知识卡片，用来拓展学生的知识面，丰富教学内容。在每章最后专门设置了案例分析，用来弥补学生的实践经验不足，精选的每个案例力求内容通俗易懂，让学生能够近距离感受组织行为实际问题的复杂性。另外，本书每章后面还附有复习思考题和随堂测验，用来巩固学生对知识点的记忆与运用，强化教学中的互动效果。

本书由湖南大学 MBA 教学团队集体编写。第一章、第七章由袁凌教授编写，第二章、第八章由臧志副教授编写，第三章、第五章由刘朝教授编写，第四章、第六章由雷辉教授编写，全书由袁凌教授设计编写大纲并负责统稿工作。编者多年坚持在教学一线教书育人，对 MBA 教育和工商管理人才培养具有深入的理解和丰富的教学与实践经验。本书可以作为 MBA 课程教材，也适合经济管理类本科专业学生作为学习参考书，以及领导者管理实践的知识补充。本书在编写过程中得到了湖南大学工商管理学院、清华大学出版社领导的大力支持与帮助，引用了国内外组织行为与领导力研究者的最新成果，在此一并对领导、学者和编辑表示诚挚的感谢。

　　本书从结构安排到内容筛选都经过多次讨论确定，并组织了经验丰富的教授团队编写，前后花了近两年的时间，希望能奉献给读者一本满意的教材。由于时间和学识所限，书中的不当或疏漏之处在所难免，恳请同行和读者提出宝贵意见，以期日后再版时使本书日臻完善，从而给读者奉上更为适用且又合意的组织行为与领导力开发教材。

编　者

目　录

第一章

组织行为学概述

掌握组织的概念、特征与分类；理解组织行为的概念及研究层次；了解组织行为学的产生过程和发展历史；掌握组织行为学的研究内容与方法。

内容提要

本章主要介绍了组织、组织行为、组织行为学的概念及其特征；组织行为学的产生并非偶然，而是受到当时政治、经济、社会环境等多方面的影响，是在心理学、社会学等其他学科的发展中孕育而成；组织行为学的研究内容，包括个体行为与心理、群体行为与心理，以及组织行为与心理；组织行为学的研究方法，主要包括案例研究法、观察研究法、心理测验法、调查研究法、实验研究法和模型研究法。在本章的学习过程中，组织行为学研究的内容和方法是重点，对组织行为学的产生与发展的理解是难点。

第一节　组织与组织行为

一、组织

（一）组织的概念

在组织行为学中，组织是指为了实现既定的目标，按一定规则和程序而设置的多层次岗位，以及有相应人员隶属关系的权责角色结构，如工商企业、政府机关、军队、学校、医院、社会团体等。组织之所以存在，是因为它能够满足人们在日常生活和社会活动中的种种需要，但这些需要日趋复杂化、多样化，仅仅通过孤立的个体活动无法自我满足，于是出现了人们的群体活动。在群体活动中，为了协调不同个体的行为，就会按照一定的关系建立特定的规则。这种活动正式化、稳定化与规则化的结果就导致了组织的出现。

（二）组织的特征

1. 组织是由人组成的集合

任何组织都是由两个或两个以上的人组成，人是组织存在的基础。此外，组织中除了人以外还有其他物质资源，这些资源要发挥其作用必须通过组织中的人才能实现。因此，有人才有组织，有人才能保障组织正常运转。

2. 组织有明确的目标

所有组织都有最基本的目标。例如，学校的目标是帮助社会培养人才，医院的目标是为人们提供与医疗健康相关的服务，企业的目标是提供产品或服务来满足顾客需要，同时保证其自身的可持续发展。此外，任何组织绝不是只有一个目标，各个不同组织层次都会有各自的分目标且各不相同，但是这些分目标都是明确的，并且最终目的都是实现组织目标。

3. 组织内部有专业的分工和协作

组织需要通过完成各种作业活动来实现其目标，这些作业活动离不开相应的人、财、物和信息等资源的运用。组织成员只有分工明确，各司其职，密切配合，合理配置组织内各种物质资源和非物质资源才能保证组织整体目标的实现。相反，如果每个人、每个部门都只关注自己的工作完成情况，缺少协作配合，就会导致组织变成一盘散沙，最终导致组织目标难以实现。

4. 组织是一个有机的系统

组织的存在是为了实现一定的组织职能，因此需要合理且有效地协调群体成员的活动。组织的形成和发展过程中会产生各种各样复杂的关系，这些关系是组织中的各个活动环节、群体成员之间为实现组织职能所形成的相互配合、行政隶属和责任依从的关系，以及相互承担义务的职责体系，这一体系将组织的各个环节、职能和成员统一起来。因此，只有当组织成为一个有机整体时，才能产生整体性、团结性和凝聚力，进而有效地发挥组织职能。

（三）组织的分类

1. 按目标分类

根据组织的目标不同，可以把组织分为非营利性组织和工商组织。非营利性组织不以市场化的营利为目的，其核心特征是追求社会目标和公益使命，致力于满足社会的需求，解决社会问题，促进社会公正和改善社会福祉，如员工工会、政党组织等；工商组织是指在商业领域中从事经营活动的组织形式，旨在盈利和提供商品或服务，其主要目的是通过销售产品或提供服务来获取利润，并为股东或所有者创造经济回报。

2. 按产生依据分类

根据组织产生的依据不同，可以把组织分为正式组织和非正式组织。正式组织是经过管理者的精心设计而产生的，其目的是高效率地实现组织目标，在一定程度上体现了管理人员的思想和信念，但其成员并不一定从内心接受这些信念或者思想。非正式组织是因为正式组织成员兴趣爱好接近，有着共同的话题且关系十分亲密而自发形成的一种组织形式，非正式组织可以满足不同个体的情感需要，是一种开放式的社会组织。维系正式组织的纽带是规则和效率，而维系非正式组织的纽带是情感和感性。

正式组织和非正式组织之间有着千丝万缕的联系，非正式组织可以为正式组织所用。例如，非正式组织在信息传播和沟通方面发挥着重要的作用，它可以成为组织内部信息的传递渠道，通过非正式的社交网络快速传播信息，促进员工之间的交流和合作，弥补正式组织中信息传递的不足，并帮助解决沟通障碍。此外，非正式组织对于塑造组织文化和价值观起着重要的作用。它可以传递和强化组织内部的共同价值观、行为准则和规范。非正式组织中形成的共同利益和共享价值观可以在整个组织中扩散，形成一种特有的组织文化。但非正式组织也存在一定的消极影响，非正式组织可能导致组织内部的分裂和派系形成。不同的非正式组织可能因不同的利益、目标或价值观产生分歧，导致内部的对立和竞争。这种分裂可能削弱组织的凝聚力和合作性。此外，非正式组织中的信息传播可能受到个人偏见和谣言的影响，可能会出现信息失真和信息误解的情况，这可能导致不准确的信息传播，给组织带来负面影响。因此，管理者要认识到非正式组织的"双刃剑"效应，充分利用并对其进行有效管理。

3. 按个人与组织的关系分类

根据个人与组织的关系不同，可以把组织分为功利型组织、强制型组织和规范型组织。功利型组织是一种以实现特定目标和利益为导向的组织形式。在功利型组织中，组织的行为和决策主要基于实现最大化的效益或利润，追求经济利益和市场竞争力。虽然功利型组织强调实现经济效益和市场竞争力，以确保组织的生存和持续发展。但这并不意味着功利型组织忽视社会责任，许多功利型组织也会关注社会责任、环境可持续性等方面，如工商企业、农场等是功利型组织的主要代表。在强制型组织中，个人与组织的关系通常是垂直的、上下级关系为主导的。组织的权威者或管理者对个人行为和决策有较大的控制权，并通过强制性的制度、纪律和惩罚机制来维持组织秩序和纪律，如监狱、管教所、劳改所等。规范型组织是一种以规范、制度和标准为基础的组织形式。这种组织形式通过建立规范和制度，确保组织内部的稳定性、透明度和合作性，促进组织成员的协作和共同目标的实现，如学校、医疗机构、司法机构等。

（四）组织有效性

在组织理论中，组织有效性是组织实现其目标的程度，组织目标反映组织存在的原因和它寻求达到的结果。组织有效性研究的驱动，来源于变化的挑战，如全球竞争、组织更新、战略优势、雇员关系、多元性、伦理和社会责任等。无论是营利性组织还是非营利性组织，环境的迅速变化、复杂性和意外性增强，是当今世界的突出特征，如何应对这样的变化是管理者和组织面临的最普遍的问题。提高组织有效性是组织适应环境、应对变化、提高竞争力的重要基础。

一个组织有效性的取得受到多种因素的影响，包括环境因素、组织因素、员工因素，以及管理政策和实践因素，如图 1-1 所示。

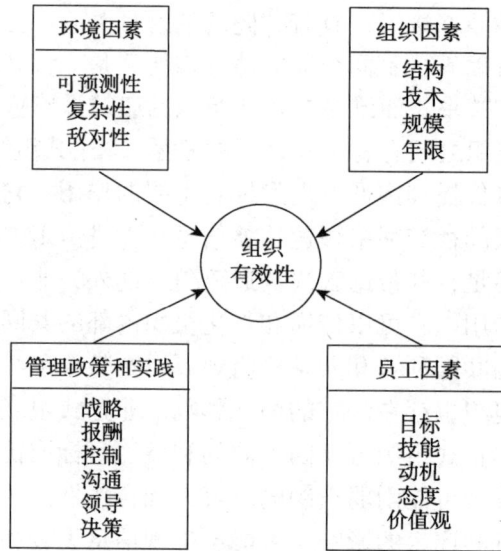

图 1-1　影响组织有效性的因素

资料来源：李剑峰. 组织行为管理[M]. 北京：中国人民大学出版社，2000.

（五）组织与管理的关系

管理是指通过有效的计划、组织、指挥、协调和控制组织内外部资源，以达到既定目标的过程。管理涉及在组织内部制定战略、达到目标、落实政策、安排资源、领导员工、促进协作、监督执行，并对结果进行评估和调整的一系列活动。组织是管理的载体，只有在组织中才能产生管理。具体来说，组织与管理的关系主要表现在以下几个方面：

首先，组织无论大小，都需要通过管理来处理复杂的内部情况。虽然所有组织都是由具有共同目标的人组成的集合，但是组织内每个成员的观念、兴趣、经验、能力不可能完全一致，每个人都有自己的价值观和利益取向，因此，组织内部的矛盾在所难免。只有通过高效的管理才能使得成员之间步调一致，朝着共同目标努力，组织才能存在并正常运行。

其次，组织在发展过程中需要不断地与外部环境进行相互作用，这离不开科学有效的管理。我们需要认识到组织并不是生存在真空中的，它会受到所处社会的政治、经济、文化等各种因素的影响，并且组织在这些复杂的环境中从事各种活动以实现组织目标。因此，想要在这个过程中实现高效的转换，必须通过灵活的人员配置、有效的技术利用和科学的组织结构来保证整个组织的正常运作。

最后，管理理论的发展在很大程度上取决于组织的发展与演变。随着经济社会的不断发展，人们相互之间联系的方式更加多变，地理距离和空间距离对人们交际的影响越来越小，而且服务和生产的社会化程度、组织化程度等都在不断地加深，人与人之间、人与组织之间的关系都日趋复杂。由此，组织的运作模式、流程、架构都在迅速地变化，这一系列变化都给组织管理带来了新的机遇与挑战，同时在一定程度上也可能促进管理理论和实践的发展。

二、组织行为

（一）组织行为的概念

组织行为这一概念是由组织理论和行为科学理论的融汇而产生的，是指组织中人对外界刺激做出的反应。对于这一概念的理解有以下几个方面需要注意：第一，组织行为是整体行为，并不是研究成员个人的单独行为，因此，在进行研究的时候需要以组织整体作为出发点进行研究；第二，组织行为具有一定的目的性，这一目的与组织建立之初秉承的宗旨密切相关，往往就是组织的宗旨或者使命，一旦脱离了组织目的，组织行为便失去了意义；第三，组织行为的效果具有两重性，即组织行为可能会带来积极的结果，也有可能带来消极的结果；第四，只有存在个体行为才能产生组织行为，如果没有个体行为，组织行为也无从谈起，但是组织行为又会影响和改变着个体行为。

（二）组织行为的研究层次

考虑到组织活动的复杂性和可变性，组织行为研究也需要从不同的角度出发，才能够更加全面和客观，并且组织行为研究呈现出多层次的特点，每个层次都表现出其独特之处。组织行为的研究层次包括个体层次、群体层次和组织层次。

个体层次的研究是从员工个体出发的研究，主要是关注如何解释个体心理和行为规律的，将重点聚焦于个体对组织政策、组织实践和组织运作流程做出的反应，并尽量去解释这些反应出现的原因。同时，考虑到个体行为有自发性、主动性、持久性和可变性等特点。个体层次的研究主要是通过运用需求层次理论、双因素理论、成就动机理论等理论来说明单个组织成员的行为和绩效产生的原因，同时考虑到员工的性格特点千差万别，因此可以考虑将个人的价值观、知觉、态度、情感等因素也纳入研究范围，并针对这些因素在工作中对于个体行为与个体绩效的影响进行研究。

群体层次的研究是从群体角度出发的研究，主要是关注群体成员的组成，成员间相互作用、相互影响和相互依赖。每一个组织都有其目标和使命，如果要完成组织目标，组织成员就必须在工作中齐心协力并努力地协调各种工作。在日常生活中，群体通常是小组、部门、委员会等形式。因此，组织行为研究的一个重要任务就是把社会心理学的知识和理论应用于组织群体的研究中。同时要注意到，在群体层次上所做相关研究得出的结论和分析与研究单个员工行为会有非常多的不同之处，不可以混为一谈。

组织层次的研究是从组织角度出发的研究，主要是关注为什么组织结构的安排和设计会影响组织内部的工作效率和组织氛围，以及怎样才能在组织内部搭建有效的沟通和信息传递渠道。还需要加深对组织与环境之间的关系及其影响的理解，以及对组织变革和发展规律的探究，最终目的是尽可能提高组织的效率，改进组织氛围，实现组织目标。

总体来说，对于个体和群体行为的研究是属于组织行为的微观理论，并且这两个部分是组织研究的基础，而组织研究属于组织行为研究的宏观部分。但是它们并不是相互排斥和相互矛盾的，而是相互补充和相互关联的。只有理解了个体和群体的行为，才能有助于我们更好地理解组织行为。

第二节　组织行为学的产生

一、组织行为学产生的历史背景

组织行为学的相关研究在 20 世纪 60 年代初期产生于美国。它的产生并非偶然，而是受到当时政治、经济、社会环境等多方面的影响，在心理学、社会学等其他学科的发展中孕育而成。

（一）资本主义社会生产力的发展

资本主义社会生产力的发展，对组织管理实践具有不可忽视的推动作用，在组织行为学产生过程中发挥着重要的作用。

17 世纪中叶，资本主义经济的建立，促进了手工业工厂的迅速发展，西欧各国纷纷开始实行重商主义政策。到 18 世纪中后期，资本主义体制的建立及工业革命在西方国家的兴起，工业资本主义经济逐渐占据了主导地位，自由竞争学说开始兴起，自由资本主义在西方和北美国家形成并迅速发展起来，资产阶级追求民主、自由、平等，倡导自由经营、自由贸易、自由竞争。随着自由竞争的不断发展，资本家们不断投入资源，更新技术，提高生产效率和产量，这在一定程度上大大推动了当时的经济发展和技术发展，但与此同时也带来了生产过剩的问题，导致西方及北美国家纷纷发动殖民战争，争夺原料产地和商品市场。在技术迅速发展的基础上，自由竞争也引发了生产的大规模集中，当生产集中到一定程度时，便产生了垄断。

19 世纪 70 年代起，资本主义社会生产力的发展导致资本主义生产关系不断发展、扩大，垄断组织开始产生，资本主义进入到一个新的发展阶段，以垄断为主的帝国主义时代开始逐步取代以竞争为主要特征的自由资本主义时代。资本主义基本矛盾逐步扩大，最终逐步发展成为经济危机。资本主义的盲目生产导致生产的社会化大幅度提升，工业生产从简单的机器生产发展成机械化更高的自动化生产体系，以适应生产力的发展，工业生产进入一个新的历史时代。随着社会生产力的发展，劳动者为适应这种生产需要，必须不断学习相应的文化、科学与技术，人在生产过程中的地位越来越重要。

随着资本主义社会生产力的发展，企业的规模不断扩大，管理日益复杂，市场对于管理水平与效益的要求越来越高。此时古典管理理论已无法解决市场现有的问题，需要出现一种新的管理理论来与当时社会化大生产发展相适应。因此，资本主义社会生产力的发展，对组织管理实践的发展起到不可忽视的推动作用，推动了组织行为学的形成。

（二）资本主义生产关系中阶级矛盾日益尖锐

资本主义生产关系中阶级矛盾日益尖锐对组织行为管理理论的发展产生了重要作用。1917 年，十月革命开启了世界经济体系的新局面；1918 年，第一次世界大战结束后，资本主义国家的战略转变加剧了内部政治矛盾，阶级斗争愈发激烈。资本家依据科学管理理论提高劳动生产率的同时压低工资并实行严酷组织管理，导致劳资关系矛盾频发。随着资本家剥削加剧，作为被剥削的一方，工人们为反抗剥削开始试图用消极怠工或罢工等手段进行反抗，这使得工人阶级与资本家之间的矛盾更加激化。以前的管理模式依据古典管理理论，用严苛的规章制度管理员工，受到了大量工人的反感，它虽然能够提高生产效率，但也激起了工人的不满情绪，导致了工人觉醒和工会组织的崛起，工人阶级与资本家之间的斗争也变得日益激烈。在这种情况下，学者们开始尝试解决当前困境，思考传统经济学的相关理论，并集中大批心理学家、行为科学家对人及其行为进行科学研究，其中乔治·埃尔顿·梅奥（G. E. Mayo）创设了行为科学研究，这些研究成果构成了组织行为学的基本内容。

综上所述，组织行为学的产生在当时政治、经济、社会环境发展的背景下是必然的，它反映了社会化大生产进一步发展的客观要求，也反映了当时社会垄断资本家为缓和阶级矛盾、更加残酷地剥削工人的需要。

二、组织行为学产生的理论基础

社会学、心理学、社会心理学、人类学、政治学等相关学科为组织行为学提供了大量的理论成果，为组织行为学奠定了理论基础。

国外对"组织行为学"与"行为科学"这两个名词有交替使用，二者有相互融合的趋势。虽然心理学、社会学、人类学等学科现在也都被视为行为科学，但是，组织行为学在其内涵和外延上与行为科学、心理学、社会学、人类学等学科终究有所不同，它们之间的关系如图 1-2 所示，其中，1 号大圆圈代表行为科学，2 号小圆圈代表组织行为学，3 号、4 号、5 号小圆圈分别代表心理学、社会学、人类学。

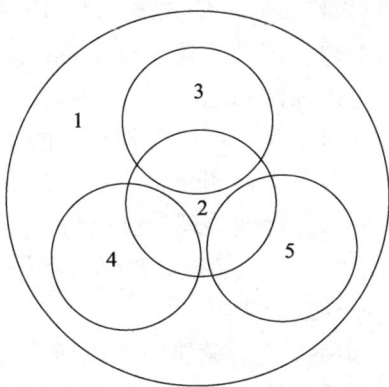

图 1-2 组织行为学的跨学科性
资料来源：黄卫平. 组织行为学浅论[J]. 深圳大学学报，1987(7): 88-94.

在社会生产力不断发展的背景下，提升工人在生产过程中的积极性和生产效率成为管理学家、心理学家、社会学家和行为科学家探讨的焦点。许多社会学家、心理学家开始将自己的理论成果和研究方法应用到管理理论的研究中。

心理学主要研究人的心理现象的发生、发展及相关规律。早期工业心理学重点研究与工作条件有关的人的厌倦、疲劳等因素。而近期组织心理学主要研究点则聚焦于人的学习、态度、激励、工作设计、工作满意度和工作压力等多个方面。此时，心理学家开始将研究重心转向应用，探索心理学如何在组织的管理实践中进行应用，研究人员致力于适应和改变工人的心理状况，提高劳动生产率等。这些成果为组织行为学的快速发展奠定了理论基础。

社会学主要聚焦于社会系统中群体行为的研究，深度研究个体的社会关系和行为。社会学的研究成果为组织行为学做了很多贡献，包括行为及态度改变、群体决策和行为、团队建设、沟通、冲突等多个方面的研究。

社会心理学是心理学和社会学相结合的分支学科，主要研究个体在特定社会生活中心理活动变化、发展及产生的过程。该学科在行为、态度、沟通、群体决策等方面的研究对于组织行为学具有关键作用。

这些研究结果加强了关于人的因素与作用的管理理论研究，相关的研究成果为组织行为学的产生提供了必要的理论支持。

三、组织行为学产生的过程

组织行为学是基于管理理论产生和发展的，受到心理学、工业心理学、管理心理学和组织心理学等相关学科成果的显著影响。

工业心理学的早期研究内容主要以员工个体为研究对象，对工作中员工个体差异、劳动合理化、改善工作方法和条件等方面进行研究，但是当时的研究缺乏社会学等学科的视角。直到后来的霍桑实验才加强了对工业心理学研究的广度和深度。

20 世纪 20 年代，梅奥的"霍桑实验"开辟了管理研究新方向，推动了管理研究的发展。"人群关系理论"成为行为科学研究的先声。人们逐渐意识到心理学在组织管理、工作环境研究中的作用越来越显著，因此工业心理学得以迅速崛起。许多企业开始从心理学、社会学等角度去考虑员工积极性问题。"行为科学"一词是学者们在 1949 年一次跨学科讨论会上提出来的。行为科学是一门综合性很强的学科，以心理学为主要理论基础，并与社会学、社会心理学等多个学科相交叉。

随着交叉学科研究的不断深入，管理心理学已成为一门独立的学科。1958 年，斯坦福大学的莱维特（H.J.Levitt）教授在其《管理心理学》著作中首次提出了"管理心理学"一词，取代了工业心理学、工业社会心理学。

在 1962 年的《美国心理学年鉴》上，莱维特和巴斯（B.Bass）发表了一篇介绍 1954 年至 1964 年间管理心理学研究成果的文章，重点阐述了社会心理学在企业管理中的应用。不久后，美国心理学协会工业心理学分会更名为工业和组织心理学分会，其研究范畴涵盖个体差异、组织行为及个人和群体在组织内的行为，研究机构也从心理学系转向管理学系。近年来，行为科学学科多围绕组织行为发展，因此西方国家的学者也称此学科为"组织行为学"。

从 20 世纪 80 年代起，组织行为学分为宏观和微观两个分支。宏观组织行为学主要跟社会学、经济学、政治学等学科紧密联系，重点研究一定情境下的组织结构与设计、组织变革与发展；而微观组织行为学，侧重于心理学，重点探讨个体行为与心理，以及组织系统之间相互关系和影响。

第三节 组织行为学的发展

一、组织行为学在西方的发展

组织行为学产生的重要原因是为了解决资本主义生产关系中劳资双方的矛盾与冲突问题。资方追求的是经济效益，希望成本最小化、利润最大化；而劳方追求的则是公平待遇，希望能够改善工作条件、提高工资待遇。随着劳资矛盾和冲突的加剧使得劳资双方两败俱伤。在此背景下，组织行为学得到快速发展。组织行为学在西方的发展大致可分为以下几个阶段。

（一）组织行为学的萌芽阶段

1. 科学管理理论的诞生

1911年"科学管理之父"弗雷德里克·W. 泰勒（F. W. Taylor）《科学管理原理》一书的出版，标志着科学管理理论的诞生。在该书中，泰勒采用了科学的方法去探究工人工作效率的问题，引入了严格管理、计件工资制等科学管理制度和方法来提高工人的工作效率，这引发了美国及欧洲企业界和管理学界的极大关注，也激发了学者们研究科学管理方法的热情。科学管理制度也因此被称为"泰勒制"。泰勒的经典著作《科学管理原理》对美国、欧洲的工业实践及工业组织结构产生了深远影响，开启了一个新的管理时代。

2. 古典组织理论的创立

古典组织理论创始人亨利·法约尔（H. Fayol）提出了管理的5项职能，即计划、组织、指挥、协调和控制，并将领导和管理进行了区分。此外，他总结归纳了14项管理原则。他认为管理应该独立于经营活动，并提倡管理可以而且应该传授。法约尔在泰勒科学管理理论的基础上，首次明确提出并阐述了"一般管理"理论，丰富了现有的管理理论，奠定了管理者的基本职责。他的著作《工业管理与一般管理》为管理理论发展作出了重要贡献。

3. 组织管理理论的产生

马克斯·韦伯（M. Weber）的行政组织体系理论是对泰勒科学管理理论和法约尔古典组织理论的补充，强调组织活动不是通过个人或世袭地位进行管理，而是要通过职务或职位进行管理。韦伯被称为"组织理论之父"。

韦伯的观点在于管理者的权力应该基于其在组织中的地位、专业水平及规章制度之上的。组织管理要靠规则、职位和权力，而非个人化；韦伯认为这种理想的官僚制组织代表对现实世界有选择性地重组，其理论为大型组织的设计提供了依据。

以泰勒为代表的科学管理学派为现代管理理论奠定了理论基础，但是它只将人视为单纯的"经济人"，忽略了人的因素，仅关注个体行为作用，未考虑集体行为的作用。法约尔、韦伯等人的组织管理研究初衷亦在于"如何去管理人",但倾向于独裁式的管理,这引起了广大工人的不满和反抗。此外,随着生产水平和科学技术的不断提升,传统的科学管理方法已难以满足提高生产率和利润的需求。因此,管理学家开始探讨更为高效的管理方法。管理学家在研究中发现,人的因素应该受到重视,重视人的地位与作用,关注人的因素对提高生产效率和利润来说至关重要,这些行为管理思想的雏形已初步形成。因此,组织行为学萌芽阶段组织管理理论的发展为组织行为学的形成奠定了基础,推动了组织行为学的研究与实践。

(二)人群关系学说阶段

20 世纪 20 年代,泰勒提出的工资激励制度逐渐暴露出员工的"心理需求"难以满足的问题。人们开始关注员工心理需求的满足,开始研究人群关系。梅奥(G.E.Mayo)是人群关系学说的开创者,他通过霍桑实验,探究组织中个体行为,提出了许多关于组织中个体行为的概念,为工业心理学奠定基础,被认为是工业社会心理学的创始人。

人群关系学说的核心在于提高工人的满意度,以此来提高组织的生产效率。人是社会中的人,他们不仅追求物质利益,还有社会、心理方面的需求。因此在管理中,管理者既要满足"正式组织"的经济需求,又要满足"非正式组织"的社会需求。

人群关系学说启示管理学家认识到管理过程中"人"的重要性,开展相关科学研究,开辟了管理理论发展新的途径,为行为科学的产生提供了重要契机。

(三)行为科学阶段

行为学说是在人群关系学说的基础上发展起来的,强调的是管理中最重要的因素是对人的管理。其特点在于:第一,要善于用人,开发人力资源;第二,强调个人目标与组织目标需保持一致,注重改变组织和工作设计,使工作本身满足人的需求;第三,传统组织结构和关系容易造成紧张气氛,对组织各层级员工有不利影响,管理者应由监督转变为引导。

自 20 世纪 70 年代以来,人们把行为科学关于组织方向的理论研究称为"组织行为学",行为科学的应用已普及至西方许多资本主义国家,通过多种形式进行应用,如目标管理、员工参与管理、工作再设计、工作扩大化与工作丰富化、员工教育与训练等。

(四)权变理论阶段

权变理论是从经验主义学派的基础上发展而来的,受到当时历史背景的重要影响。20 世纪 60 年代末期至 70 年代初期的美国,社会环境不稳定。而以往的管理理论,大多研究的是如何加强企业的内部管理,追求普遍适用的管理模式与原则,但在面临变化的外部环境时又无法解决问题。在这种情况下,人们开始意识到必须因地制宜地去管理企业,开始形成了一种管理取决于所处环境状况的理论,即权变理论。

弗雷德·菲德勒(F.E.Fiedler)被西方管理学界称为权变管理的创始人。他于 1962 年提出一种有效领导者的权变模式,认为组织的成功与失败很大程度上取决于如何领导,试图阐明如何修改和变化工作环境使其具有适用性。他的思想使管理思想能够有效地指导管理实践，架起了管理理论与管理实践之间的桥梁，强调不同的具体情况应区别对待，采用不同的管理方式。

权变理论将组织管理看成一个动态的过程，强调要根据所处环境的具体情况去选择适当的管理方法和管理策略，不存在一成不变的管理模式和管理方法。强调管理方式要根据所处的情境调整，主张从具体实际情况出发，具体问题具体分析，找出合适的解决办法解决具体问题。

二、组织行为学在中国的发展

（一）中国古代管理思想对组织行为学研究的贡献

中华五千年文化涌现出丰富的管理思想及实践，内容涉及组织管理、经营理财、人才选拔等多个方面。《孙子兵法》论述了古代管理战略与兵法战术，其中"知己知彼，百战不殆"在世界各国军事管理乃至企业管理中被广泛运用。春秋战国时期大谋略家、战略家范蠡提出的"人取我与""待乏贸易""不求暴利""因地制宜"经营策略，在当时是一种超前的商业思想。随后，范蠡将自己的经营决策整理著成《陶朱商经十八法》，该书对当时的春秋列国乃至后世都产生了深远影响。中国古代重视选拔人才的管理思想强调"选贤任能""任人唯贤"的选才用人主张。隋唐时期开始的科举制体现了我国古代人才选拔的思想，内容包括公开竞争、综合评价考核、人才筛选录用等多方面。

万里长城、大运河等工程建设是系统管理的具体呈现；都江堰工程反映了我国杰出的科技管理。中国历史上的管理实践展现了我国人民高超的管理智慧与魅力。我国古代管理实践主要来源于对经验的总结与运用，以管理者的知识经验和能力为基础取得成功。中国古代管理实践与个人经验息息相关，属于典型的经验管理。

中国古代的管理思想起源于先秦至汉代，体现在诸子百家的思想中，包括儒家、道家、法家、墨家等。我国古代众多的经典著作充分展现了我国古代的管理思想与经验的智慧，其中儒家、道家、法家、墨家等学派的管理思想最具有代表性。

1. 儒家管理思想对组织行为学研究的贡献

以孔子、孟子为代表的儒家管理思想注重的是"仁"，为中国管理思想的发展提供了重要参考。儒家管理思想涉及和谐、中庸、仁爱、因材施教等方面，对于中国的组织行为学研究有着重要影响。仁爱思想强调在组织中以人为本，注重人的重要性，充分发挥人的作用；和谐思想强调以和为贵，以此提升组织内个体之间的关系，构建和谐的人际关系，认识到团队在组织中的作用，培养团队精神，提升企业文化；中庸思想指导组织成员秉持适度原则，不走极端路线，减少极端行为的出现，有助于正确处理人与人之间的矛盾，建立良好关系；因材施教思想强调企业对员工进行教育培训需注重根据员工的实际情况，最大限度发掘员工潜能。经过数千年的文化沉淀，儒家管理思想对中国的组织行为学发展与完善作出重要贡献。

知识链接 1-1

孔孟思想中的权变管理观

孔子主张在遵循原则性的同时，也要注意处理问题的灵活性。他说："可与共学，未可与适道；可与适道，未可与立；可与立，未可与权。"即强调在处理实际问题时要灵活运用，创造性地发展；同时在处理问题时要把握一个合适的度，而什么是合适的度，并不是固定不变的，要根据不同的事情、不同的场合、不同的人加以衡量。他称这种处理问题的方法为"通权达变"。

在现代管理学里，我们将这种通权达变的管理方法称为"权变管理"。管理的权变观认为管理理论和管理科学不主张存在一种最佳的方法适用于所有的情况，而是在普遍原理与视情况而定之间有一个折中地带，应根据实际情况而定。孔子的权变思想，主要体现为把握中庸之道的一个"度"。而这个度并不是固定不变的，要视实际情况而定。要抓住以下几个关键。一是要抓住一个问题的两个方面，子曰："吾有知乎哉？无知也有鄙夫问于我。空空如也，我叩其两端而竭焉。"只有全盘考虑一个问题的两个方面，才能得出对问题的总体认识，从而作出决策。二是要把握"两弊相权取其轻"的方法。懂得权衡轻重变通处理，才能避免造成更大的损失。这主要是针对决策者面对的决策方法都不如人意，而形势又刻不容缓时，不得已而为之的对策。三是要避免过分追求"执中"。孟子说："子莫执中，执中为近之，执中无权，犹执一也。"意思是说不要刻意追求中道，假如执守中道而无权变就和固执不变一样了。

2. 道家管理思想对组织行为学研究的贡献

道家学说的创始人老子的"无为而治""道法自然""以人为本"的思想，尊重人的自主性，对中国的组织行为学的发展起着深刻作用。从个体行为的角度，道家"人各有性，各得其正"的思想认为每个人都有其独特的性格和潜力，要使每个人能够发挥其潜能，须得根据每个人的个性进行引导，以促进其个人成长和健康发展；从领导行为的角度，"无为而治"的领导思想展现了道家清净自然的伦理思想，是一种尊重被管理者的弹性管理方法，通过调动被管理者的主观能动性以促进管理目标的实现；从组织行为的角度，"以人为本"的思想强调的是重视并发挥人的作用，把人的全面发展作为组织发展的根本目标，突显了对员工价值的重视和发挥，这一思想能够有效促使组织从奉行利润最大化向人本管理的管理理念方向转变。道家管理思想重视"人"的价值，从"道法自然"的角度出发，推崇人与社会的自然发展，这种管理思想对中国组织行为学的发展有着不可忽视的作用。

3. 法家管理思想对组织行为学研究的贡献

以管仲、商鞅、韩非子等人为代表的法家管理思想，以"法"为中心，强调法律的权威和强制作用，提出了法、术、势相结合的法治理念，注重实际应用，目的在于解决眼前存在的问题。《管子》最早提出"法治"，强调"法"在国家治理中的作用，也就是现在所说的"依法治国";"术治"解决的是如何落实"法治"的问题,其中"术"指的是权术,也就是现在所说的管理方法、管理艺术;"势"即权势、权威,强调管理者必须充分发挥自己的主观能动性,保障管理措施的顺利实施。法家管理思想为企业经营管理搭建了正确轨道,对企业管理有着重要意义,对中国的组织行为学发展有着重要作用。

4. 墨家管理思想对组织行为学研究的贡献

墨家学派创始人墨子主张"兼爱""非攻""尚贤""尚同"等理念,其思想对组织行为学的发展极具影响。在墨家的管理思想中,"兼爱"作为墨家管理思想的核心,在组织行为学中强调的是"以人为本"的理念,要全面关注个体的真正需求,去调动个体的积极性与创造性;"非攻"在组织行为学中强调的是营造柔性管理氛围,企业在竞争中讲究竞争道德,维护市场秩序,禁止恶性竞争,实现双赢;"尚贤"注重的是任人唯贤,从组织行为学的角度来看就是重视人力资源,重视人才在组织中的作用;"尚同"是墨家管理思想的重要内容,讲究的是"上下一致",运用到企业管理中即为建立统一的规章制度和行为准则。墨家管理思想对于今天的组织行为学仍具有深刻的借鉴意义。

中国古代管理思想结合了中国古代管理实践及管理思想,孕育了中华民族文化的繁荣兴盛,也为世界文化和组织行为学的学科发展作出了重大贡献。

(二)组织行为学在中国的发展过程

我国传统文化中蕴含的古代管理思想和实践多停留在对我国古代的管理经验的归纳和总结上,并不足以构成一个完整的体系。作为一门独立的学科,我国的组织行为学最初是从西方引入到国内的。

从 20 世纪 30 年代起,我国开始开展对工业心理学的研究。中国最早的工业心理实验研究是学者周先庚在 1935—1937 年,从心理学的角度调查职工的合理化建议,研究调动职工积极性的方法。1935 年,心理学家陈立著书《工业心理学概观》,首次探讨了在中国情境下工业心理学和管理心理学的基本问题,其中内容包括环境、疲劳、休息、工作方法、事故与效率,以及工业组织、激励与动机等重要方面。

从 20 世纪 50 年代开始,我国对工业心理学的研究重心转向工程心理学和劳动心理学;在 20 世纪 60 年代,我国对西方的工业与组织心理学的研究了解还很少。

在 20 世纪 70 年代末期,受到改革开放的影响,我国的管理心理学研究逐渐受到重视,开始迅速发展起来;从 20 世纪 80 年代起,我国学者开始翻译出版一批以"组织行为学"命名的经典著作。随后,中国心理学会工业心理专业委员会、中国行为科学学会等相关专业委员会和学会的成立及卢盛忠撰写的第一部管理心理学教材,标志着我国组织行为学的起步。

从 1986 年起,行为科学蓬勃发展,学术研究成果丰硕,得到普遍的传播和应用,在体制改革和经济建设中发挥着越来越大的作用,学者们也开拓了新的研发方向,如激励、人员测评、领导行为、管理决策、岗位胜任特征、跨文化等。这一领域的研究已日益受到我国学者的重视。

目前我国的学者在中国情境下,结合中国的具体情况,学习、借鉴、应用西方组织行为学研究成果,将其运用在中国的管理实践中,逐步发展成符合我国情境的组织行为学。不过，与西方相比，我国关于组织行为学的研究进展还存在一定的差距，目前依然处于学习和探索的阶段。

知识链接 1-2

霍 桑 实 验

霍桑实验是由心理学教授梅奥主持，在美国西部电器公司所属的霍桑工厂进行的心理学研究。实验分为四个阶段，即照明实验、福利实验、访谈实验和群体实验。

（1）照明实验。照明实验的目的是研究照明对生产效率的影响。实验分为实验组和对照组，当实验组不断变化照明亮度时，实验组产量增加；当更换相同亮度的灯泡，而不改变亮度的时候，实验组产量也增加。与此同时，被观察的对照组产量也是增加的。只有当亮度调到了极暗，实在看不清楚的时候，产量才会急剧下降。研究发现，照明度的改变对生产效率无影响。

（2）福利实验。在这一阶段，专家选择 6 名女工，把她们和一名观察员安置在继电器装配实验室工作，通过改变福利待遇（包括工资支付办法的改变、优惠措施的增减、休息时间的增减等），都不影响产量的持续上升，甚至工人自己对生产效率提高的原因也说不清楚。结合两次实验，研究者认为，生产效率的提高不是由于工作条件的改变，而是由于参与实验的工人们的精神方面的改变。由于实验室没有高压的监督，工人和管理人员之间关系融洽，形成了一个新的组织群体，这一切改变了工人们的工作态度，效果远胜于工作物质条件的改变。

（3）大规模的访谈实验。在实验的第三阶段，研究小组通过对员工进行访谈，了解工人对于领导、晋升、工资报酬等方面的看法。研究得出，员工工作效率受到他们所在小组的其他同事的影响。

（4）群体实验。此实验选择 14 名工人分为三组，在一观察室内进行装配工作。观察者发现，工人对于"合理的日工作量"有明确的概念，这一标准低于公司管理者定制的产量，它是工人们估计的既不至于引起监工不满以减少工资，又不会导致日标准产量得到提高的一种非官方产量。工人们运用团体压力，如讽刺、嘲讽、嘲笑、手臂用力拍打等方式，来保持团体标准，另外还有不成文的团体规范：不应该干活太多；不应该干活太少；不应该向监工报告任何有损于同伴的事；不应该对同伴保持疏远的态度或者好管闲事等。

第四节　组织行为学的研究内容

一、组织行为学的概念

罗宾斯（S. P. Robbins）认为组织行为学是一个探讨个体、群体及结构对组织内部行为影响的研究领域，目的是应用这些知识改善组织绩效。这一概念包括了以下 3 个方面的内涵。

首先，组织行为学的研究对象并不是所有的人，而是组织中的成员。这种组织范围包括企业、商店、城市、联盟、部队等各种各样的组织。组织行为学研究组织中人的心理和行为，不仅仅是个体，还有群体和整个组织。这意味着研究者不仅需要深入探索个体在组织环境中的认知、情绪、动机和行为，同时也需要关注群体间的协作、冲突、领导和决策等方面，以及整个组织的文化、结构和战略等因素对人的行为的影响。

其次，人作为组织行为学的研究对象，并不意味着要对与人有关的每个方面都进行研究，具体来说是研究组织成员和群体的心理和行为的规律性。个体层面的研究可以探讨员工的认知过程、态度与价值观、动机和行为选择等因素，而群体层面的研究可以揭示团队的协作和冲突机制、沟通与决策模式、领导风格和群体效能等方面。通过综合分析这些因素，可以深入了解组织中人的行为模式和互动关系。因此，必须将二者作为一个整体进行系统研究。

最后，研究并不是单纯地为了研究而研究，归根到底是希望通过科学的研究来洞察个体、群体和组织的心理与行为规律性的基础，管理者可以更好地理解员工的需求和动机，制订相应的激励策略和员工发展计划。此外，组织行为学的研究成果也可以帮助管理者优化组织的结构和流程，改善团队的协作和决策效能，提高组织的创新能力和竞争优势。因此，组织行为学的应用价值在于将研究成果转化为实际的管理行动，从而提升组织的绩效和可持续发展能力。此外，组织还需要根据组织行为学的研究结果选择恰当的管理措施，正确引导组织成员的行为，使得他们做出符合要求的行为规范，更有效地实现组织目标，同时取得最佳的工作绩效。

二、组织行为学的特征

组织行为学并不是一门独立的学科，它涉及的学科范围非常广泛，包括心理学、社会学、社会心理学、人类学与政治学等多门学科。其中，心理学对于个体的微观分析可以更好地解释组织内人的行为和心理，其他学科则为组织行为学贡献了一些宏观的概念。由此可见，组织行为学是由多门学科、多层次交叉而结合的边缘性学科，并且具有两重性和应用性等特征。

1. 边缘性

边缘性体现在多学科相交叉性和多层次相交切性。组织行为学有其专门的研究对象和研究内容，但是这些内容与管理学等邻近学科之间有着密不可分的关系。由于组织行为学的交叉学科性质，使得它与其他学科的理论和方法相互渗透和交叉。这也使得组织行为学具有广泛的应用性，能够为不同领域的研究和实践提供有益的洞见和解决方案。其他学科的发展促进着组织行为学的发展，反过来，组织行为学也推动着其他学科的不断进步，只有深刻地体会到各门学科之间千丝万缕的联系，才能更好地理解组织行为学，并努力将其运用至实践中。

2. 两重性

两重性表现为组织行为学既具有自然属性，又具有社会属性。自然属性是指同生产力和社会化大生产相联系的属性，而社会属性指同生产关系和社会制度相联系的属性。组织行为学的两重性表明我们在学习他国先进的组织行为学相关研究时，需要根据我国的实际情况进行取舍，取其精华，去其糟粕。

3. 应用性

组织行为学的相关研究目的是提高组织的管理能力和管理效率，帮助管理人员更好地进行管理工作，实现组织目标，体现了组织行为学的应用性。例如，组织行为学通过研究个体和团队的行为特征和激励机制，帮助组织优化管理方式和组织结构，从而提高组织绩效。在实践中，组织行为学研究员工的动机和激励机制，设计合理的薪酬激励方案，进一步激发员工工作内在动力，达到提高员工的工作满意度和绩效的效果。此外，组织行为学研究领导者的行为特征和领导风格，探讨有效的领导方式。通过应用组织行为学的原理，组织可以培养出具有良好领导力的管理人员，提高组织的领导水平，推动组织的发展。

三、组织行为学的研究内容

组织行为学的研究对象是研究一定组织中人的心理和行为规律性，也就是说，组织行为学既研究组织中人的心理活动的规律性，又研究组织中人的行为活动的规律性。组织行为学之所以把人的心理活动和行为的规律性作为自己的研究对象，是因为人的行为与心理是密不可分的。心理活动是行为的内在诱因，行为是心理活动的外在表现。只有把两者统一起来加以理解，才能真正把握住组织行为学的研究对象的本质。

虽然组织行为学研究人的心理活动与行为的规律性，但不是研究一切人的心理活动与行为的规律性，它只研究一定组织范围内的人的心理活动与行为的规律性。这种组织具体来讲，包括企业、机关、部队、学校、医院等所有的组织。具体来说，组织行为学的研究内容包括个体行为研究、群体行为研究和组织行为研究。

（一）个体行为研究

从个体行为层面来说，不论什么类型、规模的组织都是由个体组成的，因此，对组织成员个体行为的研究是组织行为学的基本出发点。个体行为主要受内部和外部两个方面因素的影响。个体的知觉、态度等都是影响个体行为的内部因素，而外部对个体采取的不同激励措施是影响个体行为的外部因素。

（二）群体行为研究

群体是介于个体与组织之间的人群结合体。组织中的人都在群体里工作和生活，如车间小组、项目组等。从群体层面来说，相关研究主要包括群体动力、团队协作和群体中的人际关系等方面，如群体动力指的是群体内部成员之间的相互作用和影响，包括集体认同感、社会规范等，研究群体动力可以帮助组织了解群体内部的社会关系和权力结构，进而促进合作、凝聚力和团队效能的提升；团队协作主要是探索团队如何有效地协作和合作，以达到共同的目标。它关注团队内部成员之间的互动、协调和沟通方式，以及如何激发团队成员的创造力和协同效应。

（三）组织行为研究

组织层面对组织行为的研究主要包括领导、领导力、领导有效性、组织变革与发展等。早期已有许多关于领导的探索性成果，组织行为学对于领导力的相关研究使得这一领域的研究视角、研究对象和研究内容得到扩充和深入。此外，组织行为研究的核心问题是如何才能提高组织效能，所以组织行为的研究还包括组织设计、组织变革、组织发展等方面，如怎样合理地设计组织结构，确保组织的人、财、物、信息等资源得到有效配置，怎样洞察组织外部环境和内部情况的变化，以求能及时推进一系列组织变革，以保持组织的活力。

四、学习组织行为学的意义

从个人角度来说，学习组织行为学有助于组织成员形成稳定的心理品质。通过对理论知识的学习，我们可以更好地理解责任心、乐观、诚信等这些优秀的品质对我们未来发展的重要性。在未来工作中，这些优秀的、积极的品质可以帮助我们在保持良好的心理状态的同时取得更加优异的绩效表现，在未来生活中，我们可以用更加豁达的态度对待身边的人和事。同时，学习组织行为学可以帮助个人提高自我认知和自我管理的能力。通过了解组织行为学的概念和理论，个人可以更好地理解自己在组织中的角色和责任，并学会管理自己的行为及与他人的相互作用。这有助于个人发展领导才能、建立积极的工作关系和提高个人绩效。此外，学习组织行为学还有助于个人培养团队合作和沟通技巧。在组织中，人们需要与各种各样的人合作，了解组织行为学可以帮助个人理解不同个体的行为动机和行为模式，进而更好地协调团队工作和解决冲突。通过学习组织行为学，个人可以发展出高效的沟通技巧，提高与他人合作的能力，促进组织的整体绩效。

从企业角度来说，学习组织行为学有助于强化企业实施人性化管理的意识，通过科学的管理调动员工的工作积极性。组织行为学的研究继承着前人的思路，不断地改革创新，充分重视关于人的积极性的相关研究，始终致力于寻找更好的理论或者实践方式来调动员工主观能动性，从而显著改善组织绩效，顺利达成组织目标。通过研究组织行为学的原理和方法，企业可以了解员工在工作中的行为和动机，从而设计合理的激励机制、制订有效的培训计划和建设良好的工作环境。这些举措有助于提高员工的工作满意度和投入度，进而提高组织的整体绩效和竞争力。此外，学习组织行为学还可以帮助企业应对变革和挑战。在今天的商业环境中，变革是不可避免的，企业需要适应和应对不断变化的市场需求和竞争压力。学习组织行为学可以帮助企业领导者和管理者理解员工对变革的反应和适应过程，从而更好地进行变革管理和组织重构，确保变革的成功实施。

第五节　组织行为学的研究方法

一、案例研究法

案例研究法也叫个案研究法，是一种实证研究方法。案例分析法通过深入分析某个复杂问题或新现象，描述并说明组织内各变量之间的关系。案例研究法需通过多种渠道收集资料，将数据资料汇总进行交叉分析，因此是一种全面的、综合性的研究思路。

案例研究法通过分析具体案例，帮助研究者深入了解特定的组织环境或管理场景，通过建立真实的体验，发现成功或失败的规律，寻求问题的解决方法，并将其扩展到更广泛的管理实践中，因此这种方法非常实用，可行性很高。然而其不足之处在于案例分析法带有研究者自身的主观感知偏差，在阅读案例时所得到的结论可能会受限制或影响。另外，根据案例得出的结论缺乏严谨性，无法证明结果的正确与否，结论也不一定适用于其他管理实践中。

二、观察研究法

观察研究法是观察者通过自己的感觉直接观察人们外在行为举止，并分析推测被观察者内在心理状态的研究方法。

观察研究法可分为参与观察法和非参与观察法。其中参与观察法是研究人员参与被研究者的活动，被研究者知道自己正在被观察；非参与观察则相反，被研究者不知道自己正处于被观察状态。使用参与观察法能够让观察人员观察到的资料更加可靠，提高观察资料的准确性；但它可能会影响被观察者的自然行为，从而影响到观察结果的客观性。这两种观察法都会受到观察者自身主观性的影响，观察结果可能会有一定程度的偏差。

观察研究法也可分为控制观察法和自然观察法。自然观察法是在自然状态下进行观察，被观察者不知道自己正在被观察，其结果更具有代表性和适用性；而控制观察法则是有计划的、其观察结果与一定的命题相联系又能经受考核的观察，易于确定引起被观察者行为变化的自变量。

三、心理测验法

心理测验法是通过采用标准化的实验工具如量表、测验仪器等进行测定，引发被试者的反应，依据反应结果对被试者的行为及心理特征进行量化和分析，分析其心理和行为特征，用来探究个体、群体和组织心理之间的相关关系的研究方法。心理测验法的好处在于比较经济。

运用心理测验法需注意要将心理测验量表的信度、效度控制在合理范围之内。其中，信度是测量结果免受误差影响的程度，用来评价测验结果的一致性、稳定性及可靠性。效度是测量工具或手段能准确测量出所需测量的变量特征的程度，具有准确性、有效性。

四、调查研究法

调查研究法是研究者利用一些特定工具，根据研究问题的性质对特定人群进行调查，研究其行为习性或规律的研究方法。常用的调查研究法包括问卷调查法、面谈法和电话调查法。

问卷调查法通过问卷量表或调查表格等工具进行调查，能够扩大样本的收集范围，且无须花费大量的时间、金钱。另外，问卷调查法可以通过匿名方式，让被调查者坦诚回答一些敏感问题；给予被调查者足够的时间思考问题并作答，确保了调查结果的准确性。

面谈法的优点在于能够高效地收集信息，信息回收率高，研究者能在面谈过程中迅速获得有关主题的第一手资料，也能够在面谈中快速通过解释来避免被调查者的误解，从而获得被调查者更为丰富、准确的反馈；但是，面谈法的缺点在于费时费力，容易引发被调查者的心理负担和防备心理，进而可能会影响调查结果的准确性；此外，面谈法需要调查者具备一定的谈话技巧，因此对于调查者的要求比较高。

相较于面谈法，电话调查法具有节省时间、成本，能收集较多的样本量等优点；其缺点在于通过电话无法对被调查者进行详细的询问和解释问题，让被调查者对问题有更确切的了解，被调查者可能会产生误解进而影响调查结果的准确性。

五、实验研究法

实验研究法是研究者根据研究问题设计实验，控制环境因素或无关变量，对可重复的实验现象进行观察研究，从中发现规律的研究方法。实验研究法先假设变量之间可能存在的影响关系，设计一个实验，通过改变自变量，来测量这些改变对因变量的影响来考察自变量和因变量之间存在的因果关系。实验研究法通常分为实验室实验法、现场实验法和准实验法。

实验室实验法需要在实验室条件下，运用专业的实验仪器测试被调查者的心理特质和行为，该方法对实验条件的控制要求非常严格，是当前组织行为学研究的一种主要方法。

现场实验法是利用现存组织、机构，有目的地去控制和改变某些因素和条件去验证某项假设，对由此发生的心理变化进行分析研究。其中，人群关系学说的霍桑实验就是经典的现场实验。

准实验法是在不能完全控制的情况下进行实验，包括两种类型，分别为间隔时序准实验和不等同对照组准实验。准实验法结果虽然不一定非常准确，但是能够减少严格的实验条件给被调查者带来的心理负担，在实际工作中具有较高的可行性。

六、模型研究法

组织行为学还可以运用模型来反映各要素之间的联系。例如，库尔特·勒温（K. Lewin）基于大量的实验研究所提出的人类行为模式，就是一个典型的组织行为动态模型：$B = f(P, E)$。勒温认为，一个人的行为（B）是由个人（P）和他的环境（E）的相互作用所决定的。

心理学家阿尔伯特·班杜拉（A.Bandura）在勒温模型的基础上，提出了人的行为交互作用模型。该模型认为，个人的行为既不完全由内部因素所决定，也不完全由外部刺激所控制，而是由个人的行为、认知、情感等内部因素与环境交互作用所决定。

本章小结

组织行为学是研究一定组织中个体、群体、组织的心理与行为规律，以提高管理者的行为能力，达到改善组织绩效的目的的一门学科。组织行为学的发展经历了组织行为学的萌芽、人群关系学说、行为科学、权变理论等阶段，形成了科学合理的学科体系。组织行为学的研究方法逐步呈现多元化趋势，主要有案例研究、观察研究、心理测验、调查研究、实验研究和模型研究等研究方法。

复习思考题

1. 什么是组织？组织的特征及分类是什么？
2. 什么是组织行为学？其特征是什么？
3. 我们为什么要学习组织行为学？
4. 中国古代管理思想对组织行为学有什么贡献？
5. 霍桑试验对组织行为学有什么贡献？
6. 组织行为学是怎么产生和发展的？
7. 组织行为学的研究内容与方法有哪些？

随堂测验

目标设置测试

[说明]　下面陈述的是你目前拥有或曾经拥有过的工作。先读一读每项陈述，然后从下面最能描述你的观点的分数中选择一个答案，你可以单独使用一张纸记录你的答案，然后与别人的答案进行比较。

[尺度]　几乎从来不　　1　2　3　4　5　　几乎总是

1. 我完全懂得我在工作时应该做的。
2. 我有特定的、明确的目标作为工作指南。
3. 我在这项工作中的目标具有挑战性。
4. 我懂得如何评估我在这项工作中的业绩。
5. 我有完成目标的最后期限。
6. 如果我有一个以上的目标要完成，我知道哪些最重要，哪些最不重要。
7. 我的目标需要我付出全部努力。
8. 我的上司告诉我给我目标的原因。
9. 我的上司鼓励我实现目标并给予支持。
10. 我的上司允许我参与我的目标的确立。
11. 在决定我将如何执行我的目标方面，我的上司允许我有一定的发言权。
12. 如果我达到了目标，我知道我的上司会很满意。
13. 我在达到目标时得到了赞誉和承认。
14. 对目标的争取使我的工作比没有目标要有兴趣。

15. 当我得到表明我已经达到目标的反馈时我感到自豪。

16. 与我共事的其他人鼓励我实现目标。

17. 我有时与我的同事竞争，看谁在实现目标时能做得更好。

18. 如果我达到了目标，我的工作安全感会增强。

19. 如果我达到了目标，我获得提薪的机会会增加。

20. 如果我达到了目标，我获得提升的机会会增加。

21. 我通常感觉到我有一个合适的行动计划来实现我的目标。

22. 我定期得到业绩的反馈。

23. 我感到我受到的培训已经足够了，我有能力实现目标。

24. 组织提供政策帮助而不是破坏目标的实现。

25. 团队在本公司齐心协力实现目标。

26. 这个组织提供足够的资源（例如时间、金钱、设备），使得目标的确立有效。

27. 在评估业绩期间，我的上司强调解决问题而不是批评。

28. 这个组织中目标的使用更多的是帮助你做好工作而不是惩罚你。

29. 实现目标的压力在此助长诚实，而不是欺骗和不诚实。

30. 如果我的管理者犯了一个影响我实现目标、能力的错误，他或她将承认错误。

[评分与解释]　将 1～30 项的得分相加，得分在 120～150 分之间的可能表示取得高度业绩及其令人满意的工作环境。你的目标具有挑战性，你致力于实现它们，当你实现目标时，你将因你的成就得到奖励。得分在 80～119 分之间的可能表明处于非常多样化的工作环境。这些环境一方面有某些激励人和令人满意的特征，另一方面也存在某些令人灰心丧气和令人不满意的特征。得分在 30～79 分之间的可能表明取得低度业绩和令人不满意的工作环境。

案例分析

Google 的奇迹

　　李开复在《Google 和中国——追随我心的选择》一文中写道："微软是一个非常了不起的公司。我在微软学到了很多，终身受益。尤其是有机会和比尔·盖茨（B. Gates）先生共事，终生难忘。所以，微软是个了不起的公司，值得我们学习。但是，Google 是一个让我震撼的公司。"

　　他震撼于 Google 的"自由＋透明"。在 Google 有个"20%时间制"，就是员工可以用 20%的工作时间来研究自己喜欢的项目，大大提高了员工的自由度。每个人想的都是怎么为公司好，做出对用户有意义的产品，而不是如何扩张自己的帝国。每一个人都是透明的，没有秘密，没有"三角沟通"。每一个人的目标和业绩都是透明的，登录公司内部网络，即可看到。

　　他震撼于 Google 的"创新激情"。他认识的许多朋友都去了 Google，有些人还是资深研究者和科学家，他发现他们以前的憔悴消失了，他们充满了活力，像找到了一个梦幻之家，上班像是在享受。Google 内部所建立起的创新机制，是一套全新的、人人平等的、自下而上的、自动运行的创新机制。每个员工所做的是他爱好的工作而不是分配的工作，如每个工程师在20%的工作时间里可以思考或研究自己感兴趣的问题，问题可以是对现有产品的功能改进，也可以是一个全新的产品，每个员工的创新都得到尊重。与之前的传统科技企业创新相比，Google模式能调动所有人的创新积极性。

他震撼于Google"对诚信的执着"。Google是一个"不做邪恶的事情的公司"，它绝不允许伤害用户的利益。

他震撼于Google"对大众利益的追求"。Google上市时，坚决让股民直接买Google的股票，而不是由大投资银行分配给大户的做法，因此得罪了不少投资银行，但是得到了民众的好评。Google是一个先让用户满意，再考虑赚钱的公司，即使不赚钱也没有关系。Google摒弃"唯利是图"的商场作风，为用户提供的大部分的软件和服务都是免费的，赢得了用户的心。

而正是这一自由、透明、创新、诚信和以用户为本追求大众利益的模式造就了今天的Google奇迹。

资料来源：段万春. 组织行为学[M]. 重庆：重庆大学出版社，2020.

案例思考题：

（1）从案例中能够看出Google的哪些管理方式造就了其今天的成功？

（2）试从组织行为学的角度对你的观点进行分析和解读。

即测即练

自学自练　　扫描此码

第二章

个体心理与行为

了解知觉与归因的概念；理解个体的个性、情绪、态度和激励的内涵与本质；掌握激励过程与激励理论的基本内容；熟练掌握帮助个体应对压力与挑战的方法，理解个体的心理过程，并在工作和生活中更好地应对各种挑战。

◇ 内容提要

个体行为是组织行为学研究的主要对象之一。个体行为基础的差异性导致了个体行为的差异，而个体行为与管理绩效有着密切的联系。当管理者能够理解并预测员工的行为，并通过适当的管理方式对员工行为进行培训和引导，以使其与组织目标相一致时，就能够提高管理者的效能。本章内容包括知觉与归因、人格、情绪与情感、态度与价值观、激励理论与工作压力。其中情绪控制、激励理论、工作压力是重点，人格理论是难点。

第一节　知觉与归因

一、知觉

（一）知觉概念

知觉亦称"认知"，是人的心理活动，比感觉要复杂，但常与感觉交织在一起。感觉是人的感觉器官对于客观事物的个别属性的反应，而知觉是在感觉信息的基础上，经过人脑的加工，对自己所处的环境赋予意义，而组织和解释其感觉印象的过程。因此，知觉是个体对接受的客观信息进行选择、组织和反应的认知过程。

（二）知觉偏差

人们的行为是建立在对现实的认知之上的，而不是建立在现实本身之上的。例如，时间知觉：我们不以时间小时、天数来衡量时间长短（距离），也就是时间长短的知觉不是线性的，它受到知觉者经验、期望和需要等因素的影响。但人们只具有有限的信息处理能力，因此常常会产生规律性的知觉偏差。例如，消费者购买无线路由器行为的依据是主观认为天线多就会信号好，因此 360 公司推出八根天线的路由器，而技术上信号和天线多少不存在客观规律。

（三）知觉的个体选择

在知觉过程中，我们总是只注意到知觉对象的一小部分，而忽视了知觉对象的其他内容。在个体对知觉信息进行选择时，存在知觉警惕、知觉防御和适应。

知觉警惕是指人们更可能意识到与他们目前需要有关的刺激物。例如，孕妇 MBA 学员会觉得同学中的孕妇怎么这么多；生了儿子的人会觉得现在怎么男孩这么多。

知觉防御是指人们本能地忽略那些使他们感到不舒服或阻碍自己发展的信息。知觉防御会阻碍人们对真理的认识。譬如，两个敌对国家都会对有利于对方的消息视而不见，而对于不利的消息则倍加宣扬。但是知觉防御在相互竞争的双方中常常被认为是一种斗争策略。

适应是指人们对某个刺激持续注意的程度。我们通常只对足够强度、持续时间、复杂性、频率和关联度的刺激物保持注意。

二、归因

（一）归因概念

归因是心理学中探讨个体如何解释并赋予日常经验原因的概念，这些原因可能是内在的或外在的。归因理论涉及社会感知者如何使用信息来得出事件的因果解释，它研究的是收集哪些信息，以及如何将这些信息结合起来形成一个因果判断。个体对原因的解释受多种因素影响，如个人的信念、经验和文化背景。这一理论最早由弗里茨·海德（F. Heider）在 20 世纪初提出，并得到了其他研究者的发展，如哈罗德·凯利（H. H. Kelley）和伯纳德·维纳（B. Weiner）。

归因理论在理解个体的动机和能力方面尤为重要，这在教育和就业等领域具有重要影响。例如，雇主可以利用这一理论来提高员工的工作动力和目标导向。但是，心理学家发现，当处理他人行为时，个体可能会存在各种偏见，这可能会扭曲其对原因的归因，而出现归因错误。例如，基本归因错误是指倾向于将行为归因于内在的或基于个性的因素，而不考虑外部因素。此外，个人的文化习惯和信念可能会影响个体对原因的归因，这就是文化偏见。

归因理论的批评者认为，该理论可能会简化个体如何解释事件的复杂过程。该理论假定人们是理性和系统性的思考者，但这并不总是事实。此外，该理论未完全解释社会、文化和历史因素对个体原因归因的影响。

总的来说，归因理论为理解个体如何解释和赋予生活中事件原因提供了有用的框架。但是，有必要考虑该理论的局限性，并认识到可能会影响个体原因归因的潜在偏见。

（二）归因理论

1. 凯利的协变模型

当我们观察某一个个体的行为时，总会有一种倾向：试图判断其是由于内在原因还是外在原因所引起的。美国社会心理学家哈罗德·凯利提出的协变模型是最著名的归因理论之一，该理论提供了一个逻辑模型，用于判断某个行为应该归因于个体的特质（内在）还是环境（外在/情境）。

协变是指个体拥有来自不同时间和情境的多个观察结果，能够感知观察到的效果及其原因之间的协变关系。凯利认为人们在寻找行为的原因时，表现得像科学家一样。具体而言，人们会考虑行为的特殊性、一贯性和一致性3个方面，如图2-1所示。

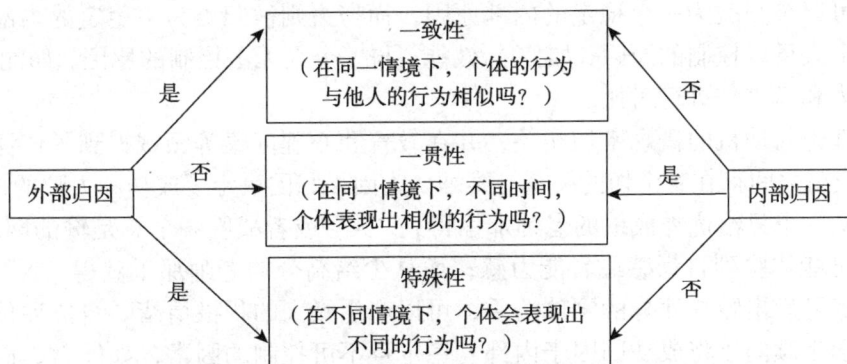

图 2-1 凯利的归因理论

资料来源：戴维·迈尔斯. 社会心理学[M]. 北京：人民邮电出版社，2006.

（1）特殊性。特殊性是指个体在不同情景下表现出不同行为，特殊性越高，越是外因引起；特殊性越低，越是内因引起。例如，张三和朋友出去吃饭时吸烟。如果他的朋友也吸烟，那么这种行为在特殊性方面较高；如果只有张三吸烟，那么特殊性就较低。

（2）一贯性。一贯性是指在不同的时间，个体都表现出类似的行为，一贯性越高，越是内因引起；一贯性越低，越是外因引起。如果张三只在和朋友一起外出时吸烟，那么他的行为在一贯性方面较高；如果他随时随地都吸烟，那么一贯性就较低。

（3）一致性。一致性是指每个人面对相似的情境都有类似的行为，一致性越高，越是外因引起；一致性越低，越是内因引起。如果张三只在和朋友一起外出时吸烟，那么一致性较高；如果他只在某个特殊场合吸烟，那么一致性较低。

2. 维纳的归因理论

心理学家维纳认为，将一个人的行为仅归因于内外因是不够的，归因是按照3个因果维度分类的：控制位置、稳定性和可控性。稳定性指的是作为行为原因的内外因素是否具有持久性，而可控性则表示行为原因是否能够由行为者控制。在这一控制维度上存在两个极端：内部控制位和外部控制位。稳定性维度反映了原因是否随时间变化。维纳对成败的归因理论，如表2-1所示。

表 2-1　维纳归因理论

	稳定	不稳定	可控	不可控	内在	外在
能力	+			+	+	
努力		+	+		+	
任务难度	+			+		+
运气		+		+		+
身心		+		+	+	
环境		+		+		+

资料来源：肖余春. 组织行为学[M]. 北京：机械工业出版社，2010.

维纳的归因理论认为能力、努力、任务难度和运气是影响成就归因的重要因素。例如，能力可以被归类为一个稳定的内部原因，而努力则被归类为不稳定的内部原因。可控性将一个人可以控制的原因，如技能/效能，与一个人无法控制的原因，如能力、情绪、他人的行为和运气，进行对比。

归因理论与动机的概念密切相关，并在教育和心理健康等领域得到了广泛应用。自我概念和成就之间存在着密切的关系。维纳认为因果归因决定了成功和失败的情感反应。例如，当从一个只给优秀成绩的老师那里得到"A"或者战胜一个总是输的网球选手时，人们不太可能体验到自豪感或者能力感；而从少给高分的老师那里获得"A"，或者在经过大量练习后击败高评分的网球选手，可以产生极大的积极情绪。自尊评价高且学业成绩好的学生倾向于将成功归因于内部、稳定且不可控制的因素，如能力，而将失败归因于内部、不稳定、可控制的因素，如努力，或外部、不可控制的因素，如任务难度。

（三）归因偏差

1. 基本归因错误

基本归因错误是一种心理现象，指人们倾向于将他人的行为归因于内在的性格或品质，而忽略环境的影响。这种错误的解释会导致人们对他人的评价偏颇，不够客观。在评价他人的行为时，人们常常忽略外部因素的影响，过于看重内在因素。这种倾向性可能会对人际关系产生负面影响，因为人们往往会因为被评价者的行为而谴责或赞誉他们，忽略了情景因素。基本归因错误可能会对人们的判断和决策产生不利的影响，因为人们往往会忽略了环境因素对行为的影响。为了避免基本归因错误的影响，人们应该尽量收集更多的信息，全面地考虑所有可能的因素。

2. 自我服务偏见

在对自身行为进行评估时，往往倾向于将成功归因于内部因素，而将失败归因于外部因素。比如，《我的成功不是偶然》体现了自恋式归因。成功的职业经理人、企业家、政治人物，往往无意识地把成功归因于自身能力和努力程度，把失败归因于环境因素和偶然因素（运气）。

3. 选择性知觉

依据自己的兴趣、背景、经验和态度，人们总是倾向于主动选择或解释他们所看到的。老板在大开间办公是因为自认为亲民，但其应该问问普通员工，跟领导在大开间里一起办公是觉得领导亲民还是觉得有压力？客观来讲，那种能够控制好时间，或者临近下班时间默默地回到自己办公室的员工会是什么感受，让员工准时下班的才是好老板。

知识链接 2-1

知觉的主观性

知觉的主观性是个体为了赋予所处环境以意义，而进行组织和解释对其产生印象的过程。我们并非直接观察现实，而是对我们所见之物进行解释，并将其称作现实。

一位颇受欢迎的大学教师刚刚出好了期末考试卷子，随手关上了办公室的灯。就在这个时候，一个高大魁梧的身影出现了，并拿走了试卷。教授打开抽屉。里面的东西被拿走了。走廊里有个人跑了。此事报告了院长。

1. 小偷高大魁梧
2. 灯是教授关的
3. 一个高大的身影拿走了试卷
4. 试卷被人从抽屉里拿走了
5. 试卷被教授从抽屉里拿走了
6. 教授关灯后出现了一个高大的身影
7. 打开抽屉的那个男人是教授
8. 走廊里跑的是教授
9. 抽屉实际上从未被打开过
10. 这篇报告中提到了三个人

讨论这些结论的对、错还是值得怀疑？请按顺序对这些结论逐个判断，一旦确定答案就不再去读原来的观察结论，也不要再改答案。请与其他同学对比各自的判断。

第二节 人 格

一、人格的概念

人格，又称为个性，包括性格和气质。性格是一个人在对待现实的态度和习惯化行为方式中所展现出的个人心理特征。性格包含了个体心理特征的多个方面，是其与他人互动和反应方式的总和。我们通常通过观察个体的外在表现及可测量的人格特质来进行描述。别人对你说的话、做的事，从来不能决定你是什么样的人；只有你对别人说的话、做的事，才能决定你是什么样的人。

性格是个人稳定的心理特征，反映在对待现实的态度和相应的行为方式上。它从本质上揭示了一个人的特点，而气质则为性格赋予了一种色彩或标记。性格可以分为天生共有的人性特征，以及个体在后天环境和学习影响下形成的独特个性。气质指的是人的心理活动和行为模式的特征，且使性格显得更加生动。例如，两个热爱劳动的人，由于气质不同，他们的表现也会有所区别。有些人行动迅速但稍显粗糙，这可能是胆汁质的人；有些人则细致但动作缓慢，可能是黏液质的人。由此性格和气质共同构成了人的独特个性。

对人格特质的理解有助于我们更深刻地理解人格的概念。人格是有组织的、一致的。我们倾向于在不同的情况下表达我们人格的不同方面，我们的反应通常是稳定的。虽然人格通常是稳定的，但它也会受到环境的影响。例如，虽然你的个性可能导致你在社交场合害羞，但在紧急情况下，你可能会采取更直率和负责任的态度。性格导致行为的发生。你对环境中的人和物的反应是基于你的个性。从你的个人喜好到你的职业选择，你生活的每个方面都受到你的个性的影响。

知识链接 2-2

人 格 特 质

人格特质是用以描述个体行为的持久而稳定的特征。环境和遗传如何决定成年人的性格？为什么人类能越跑越快，而动物却没有这种趋势呢？例如，赛马和赛狗的表现在过去的很多年里基本没有提高，而人类却在不断进步。这是什么原因造成的呢？最简单的回答是，通过选择性育种，我们只能达到一定的水平，而赛马和赛狗已经是选育的最佳结果了。无论我们再怎么努力，都无法使它们变得更优秀。那么，为什么人类能越跑越快呢？这是一个复杂的问题，其中只有部分原因与生理因素有关。人类运动员所处的竞争、奖励和科技环境与摩尔定律的描述非常相似，在这些因素的共同作用下，人类会不断进步。在田径运动中，运动员的数量很多，经济奖励也很丰厚，这些激励因素都有助于提高成绩。此外，最新的科技也会帮助人类越跑越快。因此，人类能越跑越快，是因为有足够的竞争、奖励和科技的支持，以及不断进步的生理机能。个体在后天环境和学习影响下形成的独特个性也构成人格特质的另一方面。堪德勒（Kandler）等人的研究表明，终其一生来看，外向、宜人、经验开放性在童年和老年时期受环境影响比基因影响更大；诚实、谦逊和责任感越来越受环境影响（基因影响变小）；情绪稳定性基本不变。而生活经验在环境中扮演主要作用。

二、人格理论

人格理论涉及人性的本质，它在各学科中扮演着至关重要的角色，如人类学、经济学和政治学等，因为它是这些学科中关于人类动机假设的基石。一些理论试图解释人格的某个特定领域，而另一些理论则试图更广泛地解释人格。人格的五个主要理论是生物学理论、行为学理论、心理动力学理论、人文主义理论和特质理论。

生物学理论表明，遗传是形成人格的主要原因。在经典的"自然"与"培养"的辩论中，关于人格的生物学理论倾向于自然。关于遗传性的研究表明，遗传和人格特征之间存在着联系。双胞胎研究经常被用来研究哪些特征可能与遗传有关，而哪些特征可能与环境变量有关。例如，研究人员可能会研究一起长大的双胞胎与分开长大的双胞胎在性格上的差异和相似之处。

行为学理论认为，人格是个人与环境相互作用的结果。行为学理论家研究的是可观察和可测量的行为，拒绝那些认为内部思想、情绪和情感起作用的理论，因为这些都是无法测量的。根据行为学理论家的观点，条件反射（可预测的行为反应）是通过与环境的相互作用而发生的，最终形成我们的个性。

心理动力学受到西格蒙德·弗洛伊德（S. Freud）理论的影响，强调无意识心理和童年经历对人格的发展具有影响。弗洛伊德认为人格由本我、自我和超我3个组成部分构成。本我负责需求和冲动，而超我负责调节理想和道德。反过来，自我调节本我、超我和现实的要求。埃里克森（E.H.Erikson）也认为，人格的发展经历了一系列的阶段，每个阶段都会出现某些冲突。任何阶段的成功都取决于是否能够成功克服这些冲突。

人文主义理论强调自由意志和个人经验在人格发展中的重要性。人文主义心理学家罗杰斯（R. W. Rogers）和马斯洛（A. H. Maslow），他们提倡自我实现的概念，即个人成长的先天需要和个人成长激励行为的方式。

特质理论方法是人格心理学中最突出的领域之一。人格是由一些广泛的特质构成的。特质是一种相对稳定的特征，它使一个人以某种方式行事。它本质上是指导行为模式的心理"蓝图"。下面我们将介绍三种主流的特质框架学说。

（一）迈尔斯-布里格斯类型指标

迈尔斯-布里格斯类型指标（MBTI）是一种采用迫选型和自我报告式问卷的工具，代表了问卷背后的性格评估理论模型，用于测量和描述人们在信息获取、决策制定、生活态度等方面的心理活动规律和性格类型，如表2-2所示。该问卷将个体分为四个类别：内向型（introversion，I）或外向型（extroversion，E）、实感型（sensing，S）或直觉型（intuition，N）、思考型（thinking，T）或情感型（feeling，F）、判断型（judging，J）或感知型（perceiving，P）。测试结果的类别名称是由各个特质的首字母组成，如"INFJ"或"ENFP"。

MBTI虽然不能用来做选拔性测评，但能有效促进人际敏感、促进团队建设等工作。尽管MBTI存在信效度不理想、区分性不足、巴纳姆效应等问题，但因为其简明和实用的特点而可以有保留地使用。正如著名心理学家津巴多（P.G.Zimbardo）在回答中国网友关于MBTI的提问时给出建议"永远不要给自己贴标签。你是一个不断变化的人，每天的你都不同于昨天。如今，我们每个人都有与众不同之处。所以人格测试真正揭示的是你的偏好，而不是你内心的东西，问题在于你更喜欢什么。"

表 2-2　MBTI 人格类型指标

指标	指标说明	定义
外向型（E）与内向型（I）	泛指一个人发泄及获得心灵能量的方向	外向型会偏向与外部事物的交流促进心灵能量的流动
		内向型会偏向自身思索、内省的过程促进心灵能量的流动
实感型（S）与直觉型（N）	泛指人们认识世界、处理讯息的方法	实感型的人更倾向于专注于当前的事物，习惯于先运用五官感知来体验世界
		直觉型则着眼未来，着重可能性及预感，从潜意识及事物间的关联来理解世界
情感型（F）与思考型（T）	在做决定时，内心挣扎所重点考虑的方向会与以上所述的能量走向相配合	情感型比起事情的逻辑更重视于人的感受，自发性的欣赏
		思考型比起人的感受更重视于事情的逻辑，自发性的批判
判断型（J）与感知型（P）	世界观及生活模式	判断型的个体倾向于以结构化的方式来认识世界，追求有序和组织化的生活，并喜欢安排一切事务
		感知型则倾向于以非结构化的方式认识世界，始终开放选择机会，自然发生及弹性的生活

（二）卡特尔人格特质模型

心理学家奥尔波特（Allport）在英语中找出了 4000 多个可以用来描述人格特征的词汇。同为心理学家的卡特尔（Cattell）分析了奥尔波特的列表，并通过消除冗余和不常见的术语将其缩减为 171 个特征。然后，他用因子分析的统计技术来确定彼此相关的特征。通过这种方法，他将列表缩减为 16 个关键性格因素（16PF）。

个性特征存在一个连续体。换句话说，每个人在某种程度上都包含 16 种特质，只是他们在某些特质上可能高，在其他特质上可能低。下面的个性特征列表描述了卡特尔描述的 16 个人格维度中的一些描述性术语，如表 2-3 所示。

表 2-3　卡特尔 16 个人格维度

人格特质	描述
抽象思维（abstractness）	想象力丰富而非实际
焦虑（apprehension）	担心而非自信
支配性（dominance）	强势而非顺从
情绪稳定性（emotional stability）	冷静而非易激动
活泼度（liveliness）	自发而非克制
开放性（openness to change）	灵活而非喜欢熟悉
完美主义（perfectionism）	自我控制而非缺乏纪律
私密性（privacy）	谨慎而非公开
推理（reasoning）	抽象而非具体
规则意识（rule-consciousness）	遵循而非不遵循
自我依赖（self-reliance）	自我充实而非依赖
敏感性（sensitivity）	温柔而非强硬
社交大胆（social boldness）	不拘束而非害羞
紧张（tension）	不耐烦而非放松
警觉性（vigilance）	怀疑而非信任
热情（warmth）	开朗而非内向

（三）五因素模型

人格的五因素模型，也被称为大五人格特质或 OCEAN 模型，将五种不同的因素认为是人格的关键组成部分。这五个因素是开放性、责任感、外向性、宜人性和神经质。

（1）开放性（openness）。这一特质是指人愿意尝试新事物和创造性思考的程度。开放性得分高的人好奇、富有想象力，乐于接受新体验。

（2）责任感（conscientiousness）。这一特质反映了人的组织能力和责任感水平。责任感得分高的人可靠、有组织、有自律。

（3）外向性（extraversion）。这一特质反映了人的社交性和自信水平。外向性得分高的人外向、健谈、精力充沛。

（4）宜人性（agreeableness）。这一特质反映了人的合作性和愿意与他人和睦相处的程度。宜人性得分高的人富有同情心、体贴，愿意与他人合作。

（5）神经质（neuroticism）。这一特质反映了人体验消极情绪的倾向性。神经质得分高的人更容易焦虑、抑郁、情绪不稳定。

五因素模型在心理学中被广泛使用，用于理解和描述人格。它被认为是一个全面且验证良好的模型，能够捕捉人格最重要的几方面。在研究人格时，研究人员常常使用五因素模型来确定个体在五个因素上的得分，并根据这些得分来了解个体的人格特征。五因素模型被广泛用于心理测量工具，如人格问卷，用于评估个体的人格特征。此外，五因素模型也被用于研究人类行为和心理过程，并可以为个体的职业发展和人际关系提供有价值的信息。

五因素模型在许多领域中被广泛应用。①职业和工作。五因素模型可以帮助个体确定适合哪些职业。例如，责任感得分高的人可能更适合完成细心的工作，而开放性得分高的人可能更适合创造性的工作。②合作关系促进。五因素模型可以帮助人们了解自己和他人的人格特征，从而加强人际关系。例如，宜人性得分高的人可能更愿意和别人合作，而外向性得分高的人可能更喜欢社交活动。③心理健康。五因素模型可以帮助个体确定自身更容易体验消极情绪的因素。例如，神经质得分高的人可能更容易焦虑和抑郁，因此可能需要更多的心理支持和干预。④培训教育。五因素模型可以帮助教师了解学生的人格特征，从而为他们提供更有效的教学方式。例如，责任感得分高的学生可能需要更多的组织活动和安排，而开放性得分高的学生可能需要更多的创造性挑战。⑤市场营销。五因素模型可以帮助市场营销人员了解消费者的人格特征，从而更有效地设计营销策略。例如，外向性得分高的消费者可能对社交型营销更感兴趣，而责任感得分高的消费者可能对有保障的产品或服务更感兴趣。

关于人格模型与绩效之间的关系，蒂莫西·贾奇（T. A. Judge）基于情境强度和特质激活两个理论概念，提出了一个相互作用模型。根据这个模型，研究发现了人格—绩效相关性，并且按照相关理论上的情境特性将职业同质性工作进行了编码。研究结果表明，在工作过程代表弱情境时，如工作结构不稳定、员工有决策自由，所有人格五因素模型的这五个特质对绩效的预测都更有效。许多特质也在激活特定特质的工作情境中预测了绩效，例如，外向性在需要社交技能的工作中更能预测绩效，宜人性在竞争情境中与绩效的关系较弱，开放性在需要强大创新/创造力的工作中与绩效的关系更强。总的来说，情境对人格预测工作绩效产生着普遍且特定的影响。

第三节　情绪与情感

一、情绪与情感的概念

情绪与情感统称为感情。情绪是指人们在某种感受或思考过程中所体验到的主观感受状态。情绪可以是积极的，如高兴和愉悦；也可以是消极的，如生气和悲伤。它主要涉及个体与环境相互作用的情感过程，即大脑神经活动的过程，并常常伴有明显的生理唤醒反应。情感是指人们对事物的感受和看法，更关注个体内心的体验和感受。它常用于描述那些稳定、深刻并具有社会意义的感情，如对亲情、真理的热爱，以及对美的欣赏等。情感可以与情绪相关，如对某个人的喜爱，也可以与情绪无关，如对某个事情的看法。

情绪与情感是相关但不同的概念。情绪是人们主观的感受状态，而情感是人们对事物的感受或看法。情绪可以改变得很快，具有冲动性和显著的外部表现；而情感可能更持久，具有稳定性，内隐方式或微妙表达，一般不受情境限制，受意识调节支配。例如，一个人可能因为某件事情感到生气，但他对这件事情的情感可能会持续更长的时间。这两者是密不可分的，稳定的情感是在情绪的基础上形成的，并通过情绪反应进行表达。此外，情绪的变化受情感的支配，而情感的深度则决定了情绪表达的强度。

> **知识链接 2-3**
>
> ### 基本情绪谱
>
> 基本情绪谱是一种将情绪归纳为几个主要类别的方法。许多人将基本情绪分为六种类别：愤怒、恐惧、惊讶、厌恶、悲伤和喜悦。
>
> （1）愤怒是指对某种威胁、侮辱或不公平的反应。它可以是轻微的（例如，生气），也可以是强烈的（例如，愤怒）。
>
> （2）恐惧是指对某种威胁或危险的反应。它可以是轻微的（例如，担忧），也可以是强烈的（例如，恐惧）。
>
> （3）惊讶是指对某种突然的、不可预料的事件的反应。它通常是一种短暂的情绪，可以是好的（例如，惊喜），也可以是坏的（例如，惊恐）。
>
> （4）厌恶是指对某种讨厌、反感或恶心的东西的反应。它可以是轻微的（例如，厌恶），也可以是强烈的（例如，憎恶）。
>
> （5）悲伤是指对某种损失或失落的反应。它可以是轻微的（例如，难过），也可以是强烈的（例如，悲痛）。

（6）喜悦是指对某种好事或快乐的反应。它可以是轻微的（例如，高兴），也可以是强烈的（例如，狂喜）。

这些情绪通常是互相独立的，但也可以交叉出现。例如，一个人可能会感到悲伤和愤怒，因为他失去了他非常珍视的东西。或者，一个人可能会感到惊讶和喜悦，因为他收到了意想不到的好消息。基本情绪谱也可以与其他情绪相结合。例如，一个人可能会感到生气和恐惧，因为他对自己的安全感到担忧。或者，一个人可能会感到厌恶和悲伤，因为他看到了令人悲痛的事情。

资料来源：Ekman Paul, Davidson Richard J. The Nature of emotion: fundamental questions. New York: Oxford University Press, 1994.

基本情绪谱是一种简单有效的方法，一个人可以使用基本情绪谱来帮助自己更好地理解情绪。例如，如果一个人感到愤怒，他可以思考是不是对某种威胁、侮辱或不公平的反应。这可以帮助他找出造成他愤怒的原因，并采取适当的应对措施。基本情绪谱也可以用来帮助人们更好地理解他人的情绪。例如，如果一个人看到朋友感到悲伤，他可以思考是不是对某种损失或失落的反应。这可以帮助他找出朋友感到悲伤的原因，并提供适当的支持。基本情绪谱还可以用来帮助人们建立更健康和良好的人际关系。例如，如果一个人感到生气，他可以通过使用基本情绪谱来理解自己的情绪，并采取适当的应对措施。这可以帮助他避免在生气时作出不当的决定，或者对他人造成伤害。同样，如果一个人看到朋友感到生气，他可以使用基本情绪谱来理解朋友的情绪，并提供适当的支持。这可以帮助他们保持良好的人际关系，并避免因为情绪而导致矛盾。总之，使用基本情绪谱可以帮助人们更好地理解自己和他人的情绪，并建立更健康和良好的人际关系。

二、情绪与情感的影响因素

情绪与情感的影响因素包括内部因素、外部因素、身体因素和大脑机制。

（一）内部因素

个人的个性、情感历史和当前情况等内部因素可能会影响情绪和情感。例如，一个人可能因为自己的个性而容易感到悲伤，或者因为过去的情感经历而对某种事情有特别强烈的情感。

（二）外部因素

外部因素包括环境因素、社会因素和生活事件等。例如，一个人可能会因为工作压力而感到焦虑，或者因为社交活动而感到高兴。

（三）身体因素

身体因素也可能会影响情绪和情感。例如，身体健康状况不佳可能会导致情绪低落，而饮食、睡眠和运动也可能会影响情绪。

（四）大脑机制

大脑内的神经机制也可能会影响情绪和情感。例如，大脑内的某些化学物质可能会影响情绪，而大脑内的某些神经网络也可能会影响情感。

这些因素可能会单独或相互作用，导致某种特定的情绪或情感。为了更好地管理情绪和情感，人们可以尝试认识这些影响因素，并采取适当的应对措施。例如，通过调整生活方式和习惯，人们可以尝试改善身体健康状况，从而帮助调节情绪。人们也可以尝试寻求心理支持，以帮助解决内部因素导致的情绪问题。

同时，情绪也会对工作或决策产生重要的影响。在工作中，情绪可能会影响员工的表现和工作质量。例如，当员工感到高兴或满意时，他们可能会更加积极地工作，并产生更高质量的工作成果。相反，当员工感到悲伤或焦虑时，他们可能会变得消极，并产生较低质量的工作成果。在决策中，情绪也可能会影响人们的判断力和决策质量。例如，当人们感到愤怒或焦虑时，他们可能会作出不理性的决策，或者忽略重要的信息。相反，当人们感到高兴或满意时，他们可能会作出更理性的决策，并充分考虑所有相关信息。因此，情绪可能会对工作或决策产生重要的影响，所以人们应该注意自己的情绪状态，并尽量维护良好的情绪状态。

三、情绪劳动与情感劳动

（一）情绪劳动

情绪劳动是由霍克希尔德（A. R. Hochschild）提出来的，它是指服务工作者所做的超出身体或精神职责的事情。真诚关注客户的需求、微笑服务、与客户保持良好的眼神接触对于客户的服务质量感知至关重要。当这些活动对工作者的表现至关重要时，它们就是情绪劳动。当面对生气的客户或者不愉快的人时，情绪劳动特别具有挑战性。很大一部分挑战来自隐藏真实情绪的需要，即使在收到负面或批评性反馈时也要"微笑着点头"。公司通常将服务导向放在非常重要的战略位置，不但对外部客户如此，而且对同事和内部客户也是如此。虽然情绪劳动适用于许多商业领域，但其后果在传统服务角色中可能影响更为深远。但是，在日益以服务为导向的市场中，了解情绪劳动对员工的影响及组织能够采取的支持和管理任何问题的措施至关重要。

当为了满足组织需要和目标身处情绪劳动时，可以使用两种技巧来做到这一点。

1. 浅层表演

你通过使用不自然或人为的身体语言和口头交流来假装有一种情感。使用微笑和柔和的语调有助于表现你没有感受到的情感，或隐藏你感受到的情感。

2. 深层表演

你控制你的内在情感，使旁人相信你真的很高兴，并享受与其他人的互动。你不是在假装，而是说服自己没有经历消极反应。

持续地表现出适当情绪会导致情绪冲突。一些研究人员认为，像这样的情绪冲突会导致员工情绪耗竭和筋疲力尽，而定期隐藏情绪会导致压力过大，甚至会导致与亲密人际关系的断绝。然而，其他研究并未发现情绪冲突与情绪耗竭之间存在联系。

（二）情感劳动

情感劳动是指为满足工作要求而需要调节自己情绪的努力。对于组织来说，了解情感劳动对员工的影响很重要，并且需要找到方法来为员工提供支持，帮助他们应对情感劳动的影响。一些常见的、组织使用的策略包括：使用缓冲，公司可能会指派前端人员来管理客户的情感需求。当客户到达后端工作人员处时，他们可以专注于业务。教授"展示"规则，经过组织批准的规范或标准，员工通过观察、指导、反馈和加强来学习。员工被教授如何行动，甚至可能会被给予脚本，以便在与客户直接接触时使用。教授解决问题的技巧，有助于人们建立自信，并减少对愤怒或不可预测情况的负面反应。提高情商，识别他人情绪的能力是减轻情感劳动负担的有效方式。通过建立同理心和使用其他情商工具，可以减少因情感冲突导致情感疲乏的可能性。分享知识，帮助人们应对情感劳动现实的最有效方法之一是分享成功故事。让员工学习其他人如何成功应对情感冲突的影响。适当地使用这些策略可以减轻情感劳动的痛苦。

四、情绪智力与情感交流

（一）情绪智力

心理学家戈尔曼（Goleman）在 1995 年首次提出"情商"这一概念以表示这种自我情绪控制能力的指数。戈尔曼在 1998 年发表于《哈佛商业评论》（*Harvard Business Review*，HBR）的经典文章中，首次将这一概念应用于商业领域。戈尔曼在对近 200 家大型跨国公司的研究中发现，真正有效的领导者是以高情商为特征的。如果没有它，一个人可以有一流的训练，精辟的头脑，源源不断的好点子，但他不会成为一个伟大的领导者。

戈尔曼发现，情商和可衡量的商业成果之间存在直接联系。在过去的研究中，情商的概念及其与商业的相关性不断引发争论，戈尔曼的文章仍然是关于这一主题的权威参考。情绪智力的主要组成部分是自我意识、自我调节、感知他人、建立关系和情绪决策技能。①自我意识。理解自己的情绪和情感，以及如何影响他人。②自我调节。控制自己的情绪和情感，使之与他人的需要相一致。③感知他人。理解他人的情绪和情感，并能响应他们的需要。④建立关系。建立良好的人际关系，并与他人合作。⑤情绪决策技能。利用情绪智力技能来作出明智的决策。情绪智力被认为是一种重要的人格特征，与个人的成功和幸福密切相关。有研究表明，情绪智力与工作绩效、领导力、健康和幸福感等有关。

情商是指一种认识、理解和控制情绪的能力。然而，有人对情商是否属于智力能力的扩展表现提出了质疑。与智商不同，情商可以通过指导和培养而得以提升。我们可以通过以下策略来提高情绪智力。

（1）成为观察他人的人。学习观察他人的价值，注意他人的语调、面部表情、身体动作和姿势中的微妙的非语言暗示，增强对自己情绪行为的意识。例如，有些人倾向于显得生气（或高兴），即使他们并没有经历这些情绪（即休息生气脸），或者他们不知道自己发出的情绪。得到有关你如何传达情绪给他人的反馈。

（2）学会闲聊。学会闲聊，提高你的对话技巧。在排队或乘坐公共交通工具时练习与陌生人进行对话。尽量使对话有趣并为双方带来社交回报。

（3）练习公众演讲。考虑参加一门课程，或加入提供练习演讲机会的团体（如演讲者协会）。

（4）参加表演或即兴表演课程。社区大学和剧院经常开设表演和即兴表演课程。扮演角色或即兴创作对话是培养情绪（尤其是社交）智力的好策略。

（二）情感交流

情感是人类的一种基本需要，我们有感觉被他人接受和关心的能力，这种对感情的需要通过人际互动和建立相互支持的关系来满足。情感交流是指对另一个人的喜爱和积极关注的行为，发生在各种各样的亲密关系中，包括朋友、家庭成员和伴侣之间的关系。情感交流是建立关系和保持关系的关键。缺乏亲情交流，可以反映出情感亲密度的降低，并推动关系走向降级。但是，情感交流存在一个悖论，尽管情感常常是有意的，并且通常被他人认为是一个积极的交流动作，但它可能会因为一些原因而适得其反，并产生负面的结果，如痛苦和关系解体。例如，在一段关系中过早地表现出爱意，会把潜在的朋友和浪漫的伙伴吓跑。

情感交换理论（Affection Exchange Theory）探讨人们通过表达情感和亲密行为所获得的好处。这些行为包括口头表达爱意，以及互相拥抱、接吻、触摸等行为。这种理论认为，这些行为是一个持续的、适应性的过程，对人类的生育能力有积极的促进作用，从而使人类最终生存下来。该理论表明，更多的亲情有助于发展和维持人类的配对关系及其相关资源。研究表明，高度亲密的人或处于高度亲密关系中的人，无论是给予还是接受亲情行为，都能从中获得心理和生理上的好处。例如，更好的睡眠、更强的免疫系统、更少的抑郁症发作等。因此，这种理论可以应用于鼓励人们表达情感和亲密行为，从而增强人们的幸福和健康。

首先，情感交流被认为有助于人类生存，因为它帮助人们发展和维持为他们提供重要资源的关系。例如，今天，从一个人的社会网络中获得的资源，如有朋友帮助做家庭作业或父母资助一个人的教育，有助于在日常生活中生存，以及获得吸引潜在配偶所需的资源。

其次，表现出情感交流的人更有可能被认为具有成为一个好父母的必备技能，从而增加他们吸引潜在伴侣的机会。例如，人们一般会被那些热情和关心的人所吸引。

最后，人们有动机向那些满足两种基本进化需求之一的人展示情感交流：生存能力和生育能力。生存能力与生存的动机有关，而生育能力则与繁殖和传递自己的基因的动机有关。在无意识的层面上，这些需求促使人们向那些与他们有遗传或性关系的人表达爱意。

情感交换理论主要研究在人际关系中表达情感对个体的积极影响，并认为这种行为有助于人类的进化。但是，在不同的文化环境中，可能会有其他的进化策略，如培养技能和自力更生的能力，而未来跨文化研究将会更加有趣。该理论也认为有感情的人更快乐，但是这是否和其他因素，如外貌和个性等有关还需要更深入的研究。此外，该理论也存在一些批评，如未能考虑到过度亲密或亲密行为在困难情况下的负面影响等问题，需要更多的研究。总之，人类感情交流的研究是一个广阔的领域，值得我们深入探索。

第四节 态度与价值观

一、态度

（一）态度的概念

态度是人们对事物、人、事件等的一种看法或看待方式，是人们对外界事物的主观评价。态度是人类心理活动中重要的组成部分，是人们对外界事物作出反应的方式。它是一种心理倾向，通过某种程度的赞成或不赞成来评价一个特定的实体。态度一般由三个成分组成。

（1）认知成分。态度中认知成分是人们对事物的认识，是人们对事物的理解和看法。

（2）情感成分。态度中情感成分是人们对事物的感受，是人们对事物的好感或喜欢程度。

（3）行为意向成分。态度中行为意向成分是指个体对事物的行为准备状态和行为反应倾向。

这三个成分既相互联系，又相互影响。例如，如果一个人对于某件事情有积极的态度，那么他就会有积极的情感，有积极的认知，并且会有积极的行为。态度的每个成分都是相互联系的，改变其中的一个成分，就会导致整体态度的改变。例如，如果一个人原本对某种食物持有消极的态度，那么他的情感成分就是消极的，认知成分是负面的，行为意向成分就是不愿意吃这种食物。假如这个人后来因为某些原因，对这种食物的认知成分发生了改变，他发现这种食物其实很健康，对身体有好处，那么他的态度就会发生改变，他的情感成分也会发生改变，变成积极的，行为意向成分也会变成愿意吃这种食物。

知识链接 2-4

态度的特征

（1）态度是主观的。态度是人们对事物的主观评价，是人们主观的看法和看待方式，不同的人对同一件事物可能有不同的态度。

（2）态度是持久的。态度是人们对事物长期的评价，不是一时的情绪或偶然的心情，所以态度是相对持久的。

（3）态度是复杂的。态度是由情感、认知、行为三个成分组成的，所以态度是复杂的。

（4）态度是相互影响的。态度中的情感、认知、行为等成分相互影响，改变其中的一个成分就会导致整体态度的改变。

（5）态度是可以改变的。由于态度是人们对事物的主观评价，所以态度是可以改变的。通过观察、学习、交流等方式，可以改变人们的态度。

另外，需要强调的是，态度与行为之间的关系并不是很强，这主要有两个原因。首先，人们对一个对象的态度可能与他们将采取的与该对象相关的行为不一致。这一点在理性行为理论和计划行为的后续理论中得到了证明。其次，态度和行为的特异性水平存在差异，前者在较为广泛的一般抽象水平上进行评估，而后者在更具体的水平上进行评估。因此，宽泛的态度并不能很好地预测非常具体的行为。综上，如果要预测特定的行为，就应该调查对该行为的特定态度。

（二）态度类型

人们如何思考和应用与他们的工作相关的概念是一个值得研究的领域。在这方面，诸如工作满意度、士气、承诺、投入度、敬业度、工作主观幸福感和工作情感等术语都被广泛使用。贾奇（Judge）等搜索心理学文摘数据库（PsycINFO，PI）中与态度相关的百年研究，得出工作满意度超过70%的论文关注度，而组织承诺近年来呈现彼消此长的趋势。

1. 工作满意度

与一般的情感反应不同，态度是与特定事物或来源相关联的。工作满意度是指一个人对自己工作的总体评价，即对工作的好感程度的评估。通常，工作满意度会按照从正面到负面的连续统一体来排列。

工作满意度可以通过调查问卷、面谈或访谈等方式进行测量。常见的问卷包括工作满意度量表（job satisfaction survey，JSS）、职业满意度量表（occupational satisfaction questionnaire，OSQ）等。这些问卷通常包含多项问题，每个问题的回答可以是"非常满意""满意""不满意""非常不满意"等。

工作满意度是一个人对其工作的总体态度，取决于多种社会心理因素。对工作满意度的影响因素包括环境、卫生、工作场所安全、管理风格和文化、员工参与、授权和团队自主工作等。满意的员工根据他们的观察和情感体验，对他们的工作作出一个有利的评价。工作满意度本身是一个与工作相关的主观概念。出于这个原因，在同一公司、部门甚至房间里看到有满意和不满意的工作人员是很正常的。

📖 **知识链接 2-5**

员工应对不满的方式

当员工存在工作不满意时，EVLN（退出、建言、忠诚、忽视的首字母）模型确定了员工应对不满的四种不同方式。

（1）退出。包括离开组织、调动到其他工作部门（或单位）或试图摆脱不满意的处境。重要的是要了解特定的冲击事件会迅速导致员工离开组织的行为。

（2）建言。这可以是一个有建设性的回应。

（3）忠诚。忠诚的专业人士是通过耐心等待来回应不满的员工。忠诚的同事可能会在数天、数月甚至数年的时间里默默忍受，而没有明确的问题解决方案。

（4）忽视。忽视意味着缺乏勤奋。它包括减少工作量、减少对服务质量的关注、增加旷工和迟到率。这种行为对组织有负面影响。

如果工作不满意度一直持续下去，那么与这些工作行为相关的负面影响是巨大的：生产力下降，直接影响组织的财务绩效；创新减少，公司的未来可能会瘫痪，并危及自身的生存；高流动性，员工只是在许多组织中流动，永远不会在一个组织中停留足够长的时间来贡献任何有价值的东西；高旷工率，员工想方设法地推迟工作；以及减少对家庭生活的影响，员工在整个工作中积累压力，并将这种紧张情绪带回家。员工可以使用一种、两种或多种 EVLN 替代方案，这取决于个人的情况。

2. 组织承诺

组织承诺是员工对特定组织及其目标的认同，并表现为希望保持组织成员身份的一种心态。承诺与满意度相似，因为它涉及个人对特定对象的积极或消极反应的感受。然而，与满意度不同的是，承诺反映了基于价值观对对象的评估，而非针对互动过程中产生的愉悦感进行评价。承诺会在一个人通过对工作角色的认同和内化的过程中，随着时间的流逝而出现，但一个人可能很早就对一份工作的特点感到满意，即使直到后来才致力于做好这项工作。

组织承诺的一个著名理论是三元模型。根据这一理论，组织承诺包含三个不同的组成部分。

（1）情感承诺。这是员工对组织的情感依恋。TCM 的这一部分是说，如果员工的情感承诺水平高，那么员工长期留在组织的机会就高。情感承诺还意味着，员工不仅快乐，而且还参与组织活动，如参与讨论和会议，提供有助于组织的有价值的意见或建议，具备积极的职业道德等。

（2）持续承诺。这是员工认为离开组织代价高昂的承诺水平。当一个员工在承诺水平上具有持续性时，他们想在组织中待更长的时间，因为他们觉得他们必须留下来，因为他们已经投入了足够的精力并且对组织有依恋感——精神上和情感上的依恋。例如，一个人在一段时间内倾向于对他/她的工作场所产生依恋，这可能是员工因为情感投入而不想辞职的原因之一。

（3）规范承诺。这是员工感到有义务留在组织中的承诺水平，他们认为留在组织中是正确的事情。导致这种承诺水平的因素是什么？他们想留下来是因为有人相信他们是一种道德义务吗？还是觉得自己在这里受到了公平的对待，不想冒险离开组织，置身于魔鬼与深海之间？在这种情况下，他们认为自己应该留下来。

重要的是要了解承诺的水平取决于多种因素，并且因人而异。例如，假设性地考虑，一个人在一家利润丰厚的市场研究公司工作，并获得丰厚的报酬。在这种情况下，个人可能会有情感承诺，他很高兴留在公司，但也可能有持续承诺，因为他不想放弃工作带来的报酬和舒适感。最后，鉴于工作的性质，个人会感到有必要留在工作中，这将导致规范承诺。

因为组织承诺具有提高生产效率，提升团队效能和留住关键人才的重要作用，所以组织应该通过创造一个强有力的团队文化，与员工清晰地沟通目标期望，鼓励形成透明的沟通氛围，维持工作高伦理标准，发展信任关系，提供建设性意见和非批判的反馈，有效委任工作等手段提升组织承诺水平。

（三）态度改变理论

1. 平衡理论

平衡理论由社会心理学家海德（Heider）于 1946 年提出。平衡理论是一种社会心理学理论，提出人类会自动寻求平衡和一致性，使心理上的和谐得到实现。海德认为，人们会根据他们对人际关系和事物的态度来决定是否寻求平衡，如果发现不平衡或不一致，就会寻求修改，从而再次实现认知的和谐。通过这种方式，平衡理论解释了人类如何被激励改变他们的态度。

海德通过开发 P-O-X 模型来解释平衡理论的工作原理。每个人的反应都在一个三角形中，海德称之为 P-O-X 模型，如图 2-2 所示。三角形的每个角代表不同的元素。

P = 要分析的人。

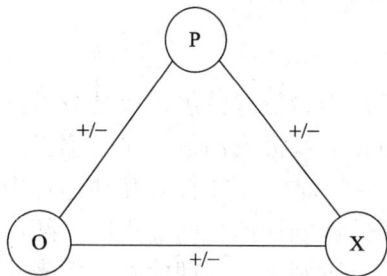

图 2-2　平衡理论的 P-O-X 模型

O = 其他，或比较人。

X = 用于比较的第三个元素，如第三人称、物理对象和想法，或事件。

三个个体或物体之间的关系模式通常被称为"三元"关系。

通过 P-O-X 模型，可以从每个人对另一个人或对某个对象的感知中推断出正负关系。P-O-X 模型上的个体或物体之间的关系可以是正（＋）或负（－），由此可以确定关系是否平衡。当三元关系不包含或包含偶数个负关系时，它被认为是平衡的。例如，三个正关系是平衡的，两个负关系与一个正关系是平衡的。这将是一种心理上舒适的情况。相反，当三元组包含奇数个负关系（例如具有一个负关系和两个正关系）时，它就是不平衡的。根据平衡理论，这是一种心理上不舒服的情况，将激励人们改变态度。

海德使用以下例子解释了平衡理论如何适用于人际关系：我的朋友的朋友是我的朋友，我的朋友的敌人是我的敌人，我的敌人的朋友是我的敌人，我的敌人的敌人是我的朋友。

平衡理论不仅研究了三个个体之间的人际关系，还可以探索个体与物品、活动、思想或事件之间的关系。例如，观察两个人对去健身房的态度。

一个平衡关系的例子是：乔治喜欢莉莉。乔治喜欢去健身房。莉莉也喜欢去健身房（P＋O，P＋X，O＋X）。或者，如果乔治喜欢莉莉，乔治不喜欢去健身房，莉莉也不喜欢去健身房，这也是平衡的（P＋O，P-X，O-X）。

一个不平衡的关系的例子是：乔治喜欢莉莉。乔治不喜欢去健身房。莉莉喜欢去健身房（P＋O，P-X，O＋X）。由于这种不平衡关系会带来心理上的不适，乔治可能会因为他与莉莉的积极关系而改变他对去健身房的态度。或者，如果乔治不喜欢莉莉，乔治喜欢去健身房，而莉莉也喜欢去健身房，这也是不平衡的（P-O，O＋X，O＋X）。与不喜欢的人有相同的态度也会让你感到不舒服，所以乔治可能改变他的态度，使其与他不喜欢的莉莉的态度不同。

平衡理论支持这样一种观点，即我们更有可能与喜欢的人有相似的态度和兴趣，因为与我们的朋友和亲人持有不同态度会让我们感到不舒服。同样，我们也可能对不喜欢的人持有不同的态度。同样地，我们认为，基于喜欢或不喜欢的人对某事物的态度，我们更有可能改变我们自己的态度。

2. 认知失调理论

心理学家费斯廷格（Festinger）在 1957 年《认知失调理论》一书中提出认知失调这一概念，两个想法可以是一致的，也可以是不一致的。协调的想法在逻辑上是相互流动的，而不协调的想法是相互对立的。例如，认知元素 A，我喜欢抽烟；认知元素 B_1，抽烟可以提神；认知元素 B_2，抽烟可导致肺癌。很显然，认知元素 A 与 B_1 之间的关系是协调的，认知元素 A 与 B_2 之间的关系则是不协调的。

两个相互矛盾的想法之间，或一个想法与一个行为之间的不协调，会造成不适。费斯汀格认为，当一个人持有许多不一致的观点时，认知失调会更加强烈，而这些观点对他们来说很重要。任何人都可能经历认知失调，有时这是不可避免的。他们并不总是能够以符合他们信仰的方式行事。导致认知失调的因素主要有以下几种。

（1）强制遵守。作为工作的一部分，一个人可能不得不做他们不同意的事情，以避免欺凌或虐待，或者遵守法律。

（2）决策。每个人的选择都是有限的。当一个人必须在他们不喜欢或不同意的几个选项中作出决定，或者他们只有一个可行的选项时，他们可能会出现认知失调。

（3）努力。人们倾向于高度重视他们为之努力工作的事物，即使这些事物与一个人的价值观相矛盾。这可能是因为在付出大量努力后消极地看待某些事情会导致更多的不和谐。因此，人们更有可能积极地看待困难的任务，即使他们在道德上并不认同这些任务。

不协调是不可能被观察到的，因为这是一个人内心的感受。因此，没有一组外部迹象可以可靠地表明一个人正在经历认知失调。然而，费斯汀格认为，由于认知失调引起的不适，所有人都有动机避免或解决认知失调。这可以促使人们在不得不面对它时采用逃避、诋毁、去合法化和限制影响程度等防御机制。

认知失调是由于持有两种相互冲突的态度或信念而产生的心理不适。例如，以抽烟为例，某人可能有两种相互矛盾的想法："我喜欢抽烟。""抽烟是不健康的。"认知失调理论表明，人们更喜欢认知协调，即两种态度、信念或想法彼此一致。虽然这看起来与平衡理论相似，但它们的定义方式不同。平衡理论侧重于自我、他人和第三元素之间的三元关系。与认知失调理论不同，平衡理论强调的是人际关系之间的不一致，而认知失调可以在没有任何人际关系不一致的情况下发生。

3. 自我知觉理论

自我知觉理论是由贝姆（D.J.Bem）在 1967 年提出的。该理论的基本思想是人们通常会根据自己的行为来调整自己的认知，从而使自己的认知与行为保持一致。我们通常将态度和行为之间的相互作用视为从态度到行为线性发展的因果序列。例如，我们可能对职业道德有一种态度，这会转化为一些行为，如加班以完成工作。假设因果顺序发生逆转，如导致态度的行为似乎违反直觉；假设加班导致产生职业道德的信念，而不是职业道德导致努力工作，那么这看起来肯定是倒退的。

自我感知理论提出了这样的因果关系。该理论认为，人们通过观察自己的行为来了解某些态度。当情绪等内部线索不明确，并且个人将他们的态度或信念归因于围绕其行为的某种形式的自我感知时，就会出现这种情况。这与我们如何通过观察他人的行为来推断他人的内心状态的过程类似。例如，如果你看到公园里有人正回收塑料水瓶而不是将其扔进垃圾桶，你可能会推断此人关心环境。同样，如果你看到一个学童对她的老师皱着眉头，你可能会推断她对老师不高兴或生气。有趣的是，有时人们也会观察自己的行为，就像局外人可能会做的那样，并根据他们的行为对自己的态度作出类似的推断。根据自我知觉理论，当人们不确定自己的态度时，推断态度的一种方法是观察他们的行为。

自我感知效应使人们能够从外部环境中收集重要线索，并运用这些线索来了解他们内心正在经历的态度或情绪。当态度和行为不一致或需要改变行为时，自我感知效应也可能有重要的作用。例如，与酒精成瘾者一起工作的治疗师报告说，自我认知理论的原则有助于创造改变。开始有意识地观察自己饮酒量的人可能会从他们的行为中推断出他们的紧张或焦虑，然后采取除饮酒以外的其他措施来应对。同样地，行为改变可能会告知个人他们对饮酒的内在态度。例如，那些大声表达他们想饮酒的人可能会从听到自己说话中推断出他们对饮酒的态度。换句话说，告诉别人"我要减少饮酒量"的行为可能会让个人推断出饮酒给自己或他人带来问题的态度或内在意识。

二、价值观

（一）价值观的概念

价值观代表一系列基本的信念，从个人或社会的角度来看，认为某种具体的行为类型或存在状态比相反的行为类型或存在状态更可取。这个定义涵盖了判断的成分，反映了个人对正误、好坏、可取与不可取的观念。价值观包括内容和强度两个方面。内容是指某种行为或存在状态的重要性，而强度则表示其程度。通过根据强度对个人的价值观进行排序，我们可以了解其价值体系。每个人的价值观都是一种层次结构，构成了其独特的价值体系。这个体系根据对自由、快乐、自尊、诚实、服从、公平等概念的相对重要性赋予层次。例如，有些人认为爱情比金钱更有价值，而其他人则认为金钱比爱情更有价值。

价值观可以用作判断事情对错、作出选择时取舍的标准。因为它是主观的，所以只有个人认为有益的事物才有正价值。每个人都拥有自己的价值观和价值体系，这些价值观决定了他们的行为和思维方式。价值观是一种内在的衡量标准，贯穿于人性的方方面面，影响着人们的行为、态度、观察力、信仰和理解能力。它们为我们认识世界、理解事物的意义及自我认知、自我导向和自我发展提供了支持，并为自己认为正确的行为提供了充分的理由。不同的价值观会导致不同的行为模式，共同构建了多样的社会文化。此外，价值观是可变的，它们可能随着时间和经验的积累而发生改变。

不同的文化和社会背景会形成不同的价值观和价值体系。例如，在一些社会活动中，家庭价值观非常重要，而在其他社会活动中，个人独立和自我实现价值观可能更为突出。此外，随着时代的变迁，价值观也会不断发展和演变。例如，在过去，男性更容易被赋予家庭提供经济支持和领导角色的价值观，而现在这些观念已经发生了变化。

价值观的形成和塑造是一个长期的过程，并且会受到各种因素的影响，包括个人经历、文化传承、家庭和社会环境、教育等。人们在成长过程中，不断接受和理解不同的经验和信息，从而逐渐形成自己的价值观和信念。然而，这些价值观并不是固定不变的，随着个人经验的积累和社会变化的影响，人的价值观可能会发生改变。

价值观的理解和认识对于个人成长和社会发展都非常重要。通过深入理解自己的价值观和他人的价值观，人们可以更好地理解和尊重彼此，建立积极的人际关系和社会关系。此外，了解不同的价值观也可以帮助人们更好地解决冲突和分歧，实现社会和谐与进步。

（二）工作价值观

工作价值观是与职业或工作场所相关的信念或原则。不同的人有不同的核心价值观，如有些人认为获得成就感是最重要的，而对其他人来说，工作与生活的平衡更重要。同样，不同的组织也有不同的价值观，如一些公司强调透明度，而另一些公司则更加注重团队合作和沟通。

无论你是雇员还是雇主，工作价值观都是非常重要的。当你的工作与你的价值观相符时，它可以帮助你找到工作的意义。这使得你的职业生涯有更深刻的意义，而不仅仅是获得报酬。坚持工作场所的价值观也可以帮助员工发展事业。研究表明，注重有意义的工作的员工更容易担任高级和技术职位，并在公司中留存时间更长。他们也更容易获得加薪和晋升。当你在工作中找到意义和价值时，你会更容易保持积极的工作态度，并在更高的水平上执行。此外，与公司领导层价值观高度一致的员工比那些价值观不一致的员工更容易感到满意。

我们需要明确自己的工作价值观，从职业生涯中获得满足感。据统计，只有一半左右的员工认为他们的工作具有意义。实现自己的工作价值观有助于从工作中获得满足感，因为这使得我们知道自己在职业生涯中追求什么。通过了解自己的职业理想，我们可以规划出一条与个人价值观相一致的职业道路。例如，如果你重视领导力，你的职业发展应该以担任领导职务为目标。然而，在实现这些目标之前，我们需要明确这些价值观。

寻找一个与自己价值观相匹配的公司也非常重要。不同的公司有着不同的价值观，所以有意义的工作对于不同的公司来说可能是不同的。因此，了解自己的价值观可以帮助我们找到与自己价值观相同的公司。相反地，这也可以帮助我们申请适合自己的工作机会，并避免那些与自己价值观不符的工作。当我们在一个与自己价值观相同的公司内找到一份工作时，我们更有可能在这份工作中获得成功，获得加薪和晋升。

（三）确定自己的工作价值观

确定自己的工作价值观非常重要，因为只有了解自己的工作价值观，才能找到一个适合自己的公司和工作机会。为了确定自己的工作价值观，首先需要列出几个潜在的工作价值观清单，并给每个工作价值观打分。为了避免在确定优先次序时选择困难，需要避免过多的 1 分评级。其次，按照重要性对每个工作价值观进行排序，最后再检查评级为 5 分及以上的工作价值观是否与你的职业生涯中的重要内容相一致。这样做可以帮助你找到与自己的价值观相匹配的公司，避免不符合你价值观的工作，提高在工作中取得成功、获得加薪和晋升的可能性。表 2-4 列举了一些常见的工作价值观，可以作为评分参考清单。

表 2-4　工作价值观清单

工作价值观	举例
责任感	在工作场所被追究责任时，对工作结果负责
对细节的定位	重视细节，花时间认真完成任务以避免重做
可靠性	按时完成工作，成为可靠的团队成员和上司
积极性	在面对挑战时持积极态度，寻找解决方案
守时	尊重他人的时间，按期完成任务并期望他人也这样做
团队精神	优先考虑团队的成就，保持健康的沟通和共同担负责任
诚实	在工作场所保持透明，期望他人也如此
自主性	在没有微观管理的情况下执行任务的自由，并为自己的决定负责
尊重	尊重他人，并希望他人也尊重自己，即使出现错误
接受认可	重视并得到雇主认可和承认，努力工作
自我完善和学习动力	有动力继续成长和寻求新的学习机会
忠诚度	坚持在一个组织工作，并在公司内提高自己
专业精神	以高标准要求自己，对行为和所做的事情持专业态度
创造力	鼓励新的想法和解决问题的创新方法
谦虚	重视他人的贡献，不夸大自己的成就
客户服务	提供卓越的客户服务，满足客户的需求和期望，确保高品质的服务体验

根据自己的工作价值观选择适合的工作。既然已经了解了自己的核心工作价值观，那么现在就可以找到与自己愿景一致的公司和工作机会，实现自身的工作价值，并发展出独特的个人职业道路。

第五节　激励理论

一、需求

（一）需求的概念

需求是个体对其生存和发展的某些条件感到缺乏而力求获得满足的一种心理状态。简单地说，就是人对某种目标的渴求和欲望。需求是人们的一种主观体验和个体活动积极性的源泉。人为了维持社会发展，就产生了劳动、交往的需求；为了维持自身存在与种族延续，就产生了对衣、食、住、行及婚育的需求。

个体需求缺乏会引起个体心理上的紧张感，由于紧张感不是个体理想的心理状态，因此个体会通过参与行为来满足自己的需求，消除紧张感。这种目标导向的行为有助于目标的实现，个人成功地满足了他的需求，从而在有利的环境中克服了紧张。需求满足过程，如图 2-3 所示。

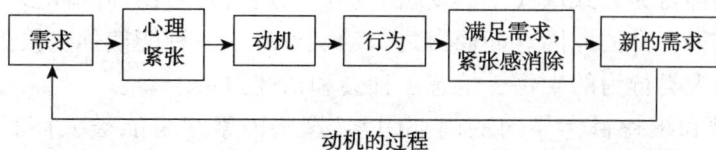

```
┌──────┐   ┌──────┐   ┌──────┐   ┌──────┐   ┌──────────┐   ┌──────────┐
│ 需求 │──▶│ 心理 │──▶│ 动机 │──▶│ 行为 │──▶│ 满足需求，│──▶│ 新的需求 │
│      │   │ 紧张 │   │      │   │      │   │ 紧张感消除│   │          │
└──────┘   └──────┘   └──────┘   └──────┘   └──────────┘   └──────────┘
   ▲                                                              │
   └──────────────────────────────────────────────────────────────┘
                              动机的过程
```

图 2-3　需求满足过程

需求作为个人的内在感受，有时，甚至我们自己也不太清楚这些需求和这些需求的优先次序。因此，理解人的需求并为其提供满足的手段变得很困难。需求是激励的最初因素。需求是一种缺陷，它激发了我们的活力，或引发我们的行为来满足它们。

（二）需求的分类

一个人可能有许多需求，这些需求可以有不同的分类方法。有意义的需求分类是基于个人的需求来源，或者说这些需求可能通过学习在一段时间内得到发展。由于这两种类型的需求来自两个不同的来源，因此可以通过不同类型的激励来满足这些需求。此外，有一些需求既不是纯粹的生物性需求，也不是完全的学习性需求，而是介于这两者之间。因此，必须为这些需求提供一个单独的类别。因此，需求可以被归为三类。

1. 初级需求

初级需求也被称为生理的需求。然而，与其他术语相比，初级需求这一术语概述得更为全面。初级需求是对生存至关重要的动物驱动力。这些需求对所有人来说都是共同的，尽管它们的强度可能不同，其中一些需求包括食物、性、睡眠、呼吸空气、满意的温度等。这些需求是人类最基本、最起码的需求，对物种的生存和保护非常重要。

2. 次级需求

与初级需求相比，次级需求不是自然产生的，而是个人通过经验和互动学习来实现的。因此，这些需求也被称为学习的或衍生的需求。这些需求的出现取决于学习。这就是为什么我们发现一个孩子和一个成熟的人的需求模式之间存在差异的原因。次级需求主要有对权力、成就、地位、归属的需求等。

3. 一般需求

尽管我们并不总是对一般需求进行单独的分类，但这样的分类似乎是必要的，因为有许多需求处于初级分类和次级分类之间的灰色地带。如果要归入这一类别，那么需要确定这一种需求必须不是学习性的，但同时也不是完全生理性的。事实上，就存在一些这样的需求，如对能力、好奇心、操纵、感情等的需求。

二、动机

（一）动机的概念

动机描述了一个人为什么做某事，它是人类行动背后的驱动力。动机是启动、指导和维持目标导向行为的过程，也是促使个人采取某种行为方式或产生特定行为倾向的原因。个人选择某种行为方式取决于其动机。例如，动机是帮助你减掉多余的体重，或推动你在工作中获得晋升的原因。简而言之，动机使你以一种能使你更接近目标的方式行事，它包括激活人类行为的生物、情感、社会和认知力量。

动机是激励和维持目标导向的内部因素，这些因素很少能被人们直接观察。因此，我们往往必须根据可观察到的行为来推断人们做这些事情的原因。了解存在的动机类型及我们在日常生活中如何使用它们，还需要学习一些培养或提高自我激励水平的方法。

组织中个体的动机各不相同，并随时间而变化。个体的动机与其行为之间存在着积极的关系。在商业组织中，工作由员工完成，按照需求理论说法，所有正常人类行为及其未来的行为方向都是由个人的需求结构所引起的，进而产生外在目标导向的行为。因此，管理层可以通过识别和影响个人的需求来影响组织中的个体行为，管理层可以在整体结构中创造一个适合个体需求实现的合适环境。

（二）动机的分类

1. 外在动机

外在动机来自个人外部，通常涉及外部奖励，如奖杯、金钱、社会认可或赞美。

2. 内在动机

内在动机是内在的，来自个人内部，如做一个复杂的填字游戏，纯粹是为了解决一个问题而获取的满足感。

动机是所有人类行为的指导力量，了解内外动机、运作及可能影响动机的因素是很重要的。这些知识可以帮助我们在努力实现目标时提高效率，激发采取行动的动力，鼓励追求以健康为导向的行为，帮助避免不健康或不适应的行为，增强对自己生活的掌控感，并提升整体幸福感和快乐。

（三）动机的组成

动机是人类行动背后的驱动力，涉及实现目标所必需的几个组成部分。动机有 3 个主要组成部分：发起方向（激活）、坚持和强度。发起方向是决定开始一个行为或追求一个目标，如报名参加心理学课程以获得一个学位。坚持是指尽管有障碍，但仍继续努力实现目标的能力，如在感到疲惫的情况下仍去上课。强度是指为追求一个目标所付出的努力和专注程度，如定期学习和积极参加课堂讨论。动机的每个组成部分的存在程度可以决定实现目标的成功。高激活度增加了实现一个目标的可能性，而坚持和强度则决定了为达到目标所付出的努力和精力。

三、激励理论

（一）基于内容的激励理论

基于内容的激励理论主要研究影响个体动机的因素和内容。这些因素和内容包括马斯洛（A. H. Maslow）的需求层次理论（生理需求、安全需求、社交需求、尊重需求和自我实现需求）、赫茨伯格（F. Herzberg）的双因素理论（保健因素和激励因素）、麦克利兰（D. C. McClelland）的需求理论（权力、归属感和成就），以及奥尔德弗（C. Alderfer）的 ERG 理论。

1. 需求层次理论

马斯洛的需求层次理论认为当一个人的所有需求都得到满足时，他就会被激励起来。人们工作的原因不仅是为了追求安全或金钱，而是为了能够贡献自己的技能。马斯洛通过创建一个金字塔来说明人们的激励方式，他提到如果一个人无法满足较低层次的需求，就无法向更高层次发展。金字塔中最低层次的需求是基本需求，人们必须先满足这些低层次的需求，才会考虑为满足更高层次的需求而努力。这些需求层次递增的结构包括以下几个方面。①生理需求：这些是生存的基本需求，如空气、睡眠、食物、水、衣服、性和住所。②安全需求：保护自己免受威胁、剥夺和其他危险（如健康、安全的就业和财产）。③社交需求（归属感和爱）：人们需要与他人建立友谊，感受归属感和爱的需求。④尊重需求：人们需要被尊重和认可。⑤自我实现的需求：人们追求个人发展的机会，探索新事物，从事有趣、富有创造力和具有挑战性的工作，这是人类追求的最高层次需求。这些需求可以类比为金字塔结构，需求按照从低到高的顺序逐渐满足。在企业管理中，管理者应该根据员工所处的环境不同，满足其相应的需求，以激励员工。然而，一个人的需求可能同时存在于多个层次，但关注最关键的需求至关重要。

2. 双因素理论

赫茨伯格在访谈研究中问了会计人员两个简单的问题：想一想你曾经对你的工作感到满意的时候，是什么让你有这样的感觉；想一想你曾经对你的工作感觉不好的时候，是什么让你有这样的感觉。

通过这些访谈提出的理论包括了两个看似相互排斥却又共生的因素影响着员工的满意度或不满意度。因此，这个理论通常被称为双因素理论。保健因素包含了一些基本的东西，如工作条件、报酬、监督和公司政策。当这些因素到位时，员工的满意度就会保持稳定；当它们缺失时，员工满意度就会下降。激励因素是指像福利、认可和晋升机会这样的东西。这些因素如果存在，就会提高员工的积极性、生产力和承诺。

保健因素导致你的员工不满意（而这种不满意会阻碍他们的积极性）。激励者会提高满意度和积极性，但这只有在健康的卫生状况下才会有。双因素理论强调，只有在满足激励因素的需求时，员工的动机才能得到充分触发。保健因素的存在旨在预防员工产生消极情绪。因此，即使员工的保健因素得到满足，他们的动机可能仍无法被激发，但如果保健因素无法得到满足，就可能引发冲突和矛盾。此外，保健因素是激励因素的前提条件。如果无法满足保健因素，那么寻找激励因素就没有意义。

赫茨伯格的双因素理论常被视为对马斯洛需求层次理论的补充，因为二者都强调确保员工的基本需求得到满足，包括安全、保障和薪酬等方面。

3. 成就需求理论

麦克利兰的需求理论指出我们都有三种动机驱动力，这并不取决于我们的性别或年龄。这些驱动力中的一个将在我们的行为中占主导地位，成为主导驱动力。主导驱动力取决于我们的生活经历。这三种驱动力中第一个就是成就需求，它指需要完成和展示自己的能力。成就需求高的人喜欢那些提供个人责任和基于自己努力的结果的任务。他们还喜欢对自己的进步迅速给予认可。第二是归属感，即对爱、归属和社会认同的需要。归属需求高的人是以被他人喜欢和接受为动力的。他们倾向于参加社交聚会，可能对冲突感到不舒服。第三是权力需求，它指需要控制自己的工作或他人的工作。对权力有高度需求的人，渴望在各种情况下对他人行使权力和影响。他们渴望获得有地位和权威的职位，并倾向于更关注自己的影响程度而不是有效的工作表现。举例来说，具有高目标价值的企业家或经理人，具有高成就、高权力和中等偏低的归属感需求。如果员工具有高成就动机，他们将努力实现高绩效，接受新的挑战，并不害怕失败。如果他们具有高权力动机，他们将寻求领导角色，努力控制自己的环境。如果他们具有高归属需求，他们将寻求与他人建立关系，并敏感地对待他人的感受。

4. ERG 理论

ERG 理论是生存（existence）、相互关系（relatedness）、成长（growth）三大核心需要理论的简称，是美国耶鲁大学教授克雷顿·奥尔德弗在大量实证研究基础上对马斯洛的需要层次评论加以修改而形成的一种激励理论。ERG 理论的需求和需要层次理论的需求是有相对应的。

生存需求，按照马斯洛的需求层次理论分类，涵盖了我们生存所必需的基本要求。这些需求包括空气、睡眠、食物、水、衣物、住所，以及与安全相关的需求，如健康、稳定的就业和财产。相互关系需求基于与他人的社交互动，并与马斯洛的爱/归属感相关的需求（如友谊、家庭和亲密关系）及尊重需求（如赢得他人尊重）保持一致。成长需求描述了我们对个人发展的内在渴望。这些需求与马斯洛的尊重需求的其他方面保持一致，如自尊、自信和成就，以及自我实现的需求，如道德、创造力、解决问题和探索发现。

克雷顿·奥尔德弗认为，当某一类需求没有得到满足时，人们会加倍努力去满足较低类别的需求。当一种需求得不到满足时，它会导致挫折，并出现另一种需求。

总的来说，上述基于内容的激励方法研究为理解影响个体动机的各种因素提供了框架，并帮助管理者确定最有效的方式和基于最核心的需求来激励员工。

（二）基于过程的激励理论

基于过程的激励理论是理解和描述员工积极行为的激发过程，并帮助管理者采取相应措施来促进这些积极行为的发生。这些理论包括弗鲁姆（V.H.Vroom）的期望理论、亚当斯（J.S.Adams）的公平理论和洛克（E.A.Locke）的目标设置理论。

1. 期望理论

期望激励是由个体的价值、效用或吸引力及行为实现的概率所决定的。具体而言，期望激励可以表示为价值和期望概率的乘积。换句话说，一个行为对个体的价值、效用和该行为实现的概率的综合评估，决定了激励的强度。这个观点强调了个体对行为结果的期望，以及对这些结果的评估和重要性，对于激发积极的行为表现起着重要的作用。

（1）期望。期望是指努力会导致业绩的提高，即如果我更努力工作，那么业绩会更好。这一点受到以下因素的影响：拥有适当的资源（例如，原材料、时间）；拥有适当的管理技能来完成工作；拥有完成工作所需的支持（如主管的支持，或关于工作的正确信息）。

（2）工具性。工具性是如果你表现得好，那么结果将是对我有价值的。也就是说，如果我做得好，对我有好处。这一点会受到以下因素的影响：对绩效和结果之间的关系有清晰的认识，例如，奖励的规则；对决定谁得到什么结果的人的信任；决定谁得到什么结果的过程中的透明度。

（3）有效性。有效性是指个人对预期结果的重视程度。例如，如果某人被金钱所驱使，那么他或她可能不重视提供额外的休息时间。

只有当个人认为某种行为有价值且在其能力范围内可以实现时，他们才会受到激励。因此，这个理论强调了在设计激励机制时要考虑目标的可达性。弗鲁姆的理论揭示了努力、目标和绩效奖励之间的关系，为管理实践者提供了一种科学方法来基于绩效确定奖励，而不是仅仅依赖于资源或单一的技能来确定奖励。这样的方法能够更准确地激发和鼓励员工的积极表现。

2. 公平理论

公平理论是美国心理学家亚当斯在研究分析人的积极性与分配方式的关系时提出的。亚当斯于 1963 年发表了论文《对于公平的理解》，1965 年又发表了《在社会交换中的不公平》一文，详细阐述了他的理论的基本观点。

亚当斯的公平理论侧重研究工作报酬分配的合理性、公平性对生产积极性的影响。他指出，人们总是要将自己所作的贡献和所得的报酬与一个和自己条件相当的人的所作贡献和所得报酬进行社会比较，也会将自己所作的贡献和所得报酬与自己过去所付出的劳动和所得到的报酬作历史比较。如果两者之间比值相等就会产生公平感，否则，就会产生不公平感。

亚当斯提出的公平关系方程式，如图 2-4 所示。

$$\frac{O_A}{I_A} = \frac{O_B}{I_B} \quad \text{报酬相当，感到公平}$$

$$\left.\begin{array}{l} \dfrac{O_A}{I_A} < \dfrac{O_B}{I_B} \\[2mm] \dfrac{O_A}{I_A} > \dfrac{O_B}{I_B} \end{array}\right\} \begin{array}{l}\text{报酬不足}\\\text{报酬过高}\end{array}\Bigg\} \text{感到不公平}$$

图 2-4　公平关系方程式

其中：A 表示存在公平或不公平的个体；B 表示 A 与之相比较的个体；O 表示个人从某项工作中所得的报酬；I 表示个人对该项工作所作出的贡献。

亚当斯认为，员工的激励程度不仅受到自己所得报酬的绝对值的影响，而且受到报酬的相对值的影响。例如一个员工对其所得报酬作社会比较（个人与别人的横向比较）或作历史比较（本人现在报酬与历史上曾获报酬的纵向比较），其收支比值相等时，则会觉得受到了公平待遇，于是心理平衡，工作或生产积极性就高；如果收支比值不相等时，就会觉得受到不公平待遇，于是心理失衡，工作和生产的情绪低落，甚至发牢骚，放弃工作，破坏生产。

尽管公平对于激励来说是至关重要的，但它并没有考虑到个人需求、价值观和个性的差异，这些差异影响了我们对不公平的看法。

3. 目标设置理论

洛克的目标设置理论，是一个综合的激励模型，它将目标视为行为的关键决定因素。目标设置理论可能是应用最广泛的，它强调目标的具体性、难度和接受度，并为如何将其纳入许多领域的激励计划和目标管理技术提供了指导。

洛克的有效目标设置的秘诀包括以下五点。①设定具有挑战性但可实现的目标，太容易、太难或不现实的目标都不能激励我们。②设定具体和可衡量的目标。这些可以使我们专注于我们想要的东西，并可以帮助我们衡量实现目标的进展。③应获得目标承诺。如果我们不对目标作出承诺，那么我们就不会为实现这些目标付出足够的努力，无论这些目标有多么具体或具有挑战性。实现这一目标的策略可以包括参与目标设定过程，使用外在奖励（奖金），以及通过提供关于目标实现的反馈来鼓励内在动力。这里必须提到的是，为了实现目标而施加压力是没有用的，因为它可能导致不诚实和肤浅的表现。④应该提供支持要素。例如，鼓励、所需的材料和资源，以及精神上的支持。⑤对结果的了解是必不可少的。目标需要可以量化，而且需要有反馈。

总之，基于过程的激励方法研究对于理解和促进员工积极行为有着重要的意义。通过了解员工对目标的期望、对待遇的公平感及对行为原因的认知，管理者可以采取有效的激励措施来促进员工的积极行为。过程型激励理论的贡献使管理者可以更加科学地设计激励机制，从而促进和提升员工的工作积极性和业绩。

（三）基于情境的激励理论

情境特征通过提供动机满足的条件和约束来影响动机和绩效。广泛的背景变量会影响工作的性质和工作环境，如一个人的职业；特定的工作情境变量反映了工作动机和行为情境的决定因素，如主管支持、同事关系等。情境理论研究通常强调工作环境的各种特征的强度。情境变量可以通过两种方式影响动机结果：强情境下，个人几乎没有行为自由裁量权，情境会通过限制行为的变化来削弱个体差异的影响；环境变量，如团队效能，也可以调节个体差异对激励结果的影响。

基于情境的激励方法研究涵盖了工作特征、工作角色和更广泛的工作环境背景。例如，海克曼（Hackman）和欧德汉姆（Oldham）在1976年提出工作特征理论，并进行了大量研究，表明工作的关键特征，即如何通过影响体验意义和对绩效结果的责任感来影响内部工作动机。监督关系对动机的影响的研究为内容型激励理论增添了内容，表明工作激励不仅涉及自主性、能力和公平，还与执行有意义的工作、承担责任和体验支持性监督有关。工作组织的最新变化（例如，从个人工作转向在团队和多团队系统中工作），以及日益全球化强调了这些发现对于理解个人在以复杂的目标层次结构和相互依赖性为特征的团队和多团队系统中的动机的重要性。目前，关于团队中个人动机的研究相对较少，主要集中在团队层面（例如，社会懒惰）的绩效影响上。有必要进行更多的研究，以了解社会动态和新兴的集体状态，如凝聚力、信任和团队认同，如何影响团队工作中的个人目标和资源分配政策。然而，这些因素也仅代表个人工作环境的一部分。因此，迫切需要进行深入研究，了解社会文化差异对员工目标实现策略的影响，以及职业特征对心理状态的影响，这些心理状态可能会随着时间的推移促进或减少工作积极性。

第六节 工作压力

一、工作压力概念

压力是人们对情绪、身体、社会、经济或其他因素作出反应时产生的一种反应。在工作场所中，当工作要求与员工的能力、资源或需求不相匹配时，会导致有害的反应，这就是工作压力。例如，雇员可能被要求长时间工作，在经济不景气的时候，以更少的报酬来工作。这种工作环境会导致恐惧、不确定性和工作压力。

工作压力与挑战不能混淆。挑战能激励员工学习和掌握新技能，是生产性工作的一个重要方面，这种压力是可以接受的。然而，当压力突然大量发生时，会对精神和身体健康产生负面影响。员工处理工作压力的能力可以决定他们在一个角色中的成功或失败。幸运的是，随着更多研究的完成，雇主和领导层对工作压力和如何应对有了更多了解。对于员工来说，找到管理工作压力的方法是关键。

二、工作压力源

工作场所的压力可以来自各种因素，其影响是深远的，对雇主和雇员都会产生影响。

目前，经济处于低迷阶段，工作安全感不确定，各种行业和公司都发生了缩减规模、裁员、合并和破产等，这对员工来说意味着巨大的变化。即使没有失业，员工也可能面临责任增加、生产要求提高、福利减少、减薪等问题。这通常会在工作场所和办公室周围创造出一种压力环境。

美国心理学会列举了一些常见的工作压力来源，包括工资低、工作量大、缺乏成长或晋升机会、工作缺乏吸引力或挑战性、缺乏社会支持、对与工作相关的决策没有足够的控制权，以及需求冲突或不明确的业绩预期等。工作压力主要来自以下几个方面。

1. 工作本身

士气低落是工作压力的一种常见表现，当员工感到无能为力时，他们的生产力会受到影响，这反过来又进一步降低了士气。一些最容易受到压力影响的职业包括秘书、服务员、中层管理人员、警察和编辑。这些职业都以服务为主，这些专业人员必须根据他人的要求和时间表行动，对事件的控制力很弱。这些类型的职业常常出现权力过小、不公平的劳动惯例和不明确的工作描述等问题。

2. 管理风格

管理风格是造成工作压力的另一个重要因素。当一个工作场所沟通不畅、员工的意见没有被纳入决策过程时，员工会感到缺乏同事和雇主的支持。此外，缺乏家庭友好政策也会对员工的工作与生活平衡造成影响，从而增加压力。因此，建立有效的沟通渠道、纳入员工参与决策、采取家庭友好政策等措施，可以有助于减轻工作场所的压力。

3. 任务分配

任务分配是造成工作压力的一个重要因素。这包括沉重的工作量、长时间的工作和轮班、不必要的常规任务及忽视工人的技能等因素。当工作期望不确定或有冲突时，员工感到他们有太多的责任和任务负荷。一个好的工作责任分配和管理可以使员工在工作中感到更有掌控力和成就感，从而减轻压力。

4. 职业担忧

工作压力的第 4 个因素是职业担忧，如工作不安全或缺乏晋升机会。快速变化、很少或没有学习曲线也被确定为有压力相关问题。这些担忧可能会导致员工感到没有安全感和失去动力，从而影响其工作效率和生产力。一个好的领导和管理团队应该提供清晰的职业发展路线和机会，以减轻员工的职业担忧。

5. 创伤性事件

有些职业比其他职业更危险，如警察、消防员、急救人员、安全人员、救援人员和军事人员等，每天都可能经历紧张的情况和个人风险。这些专业人员在工作中可能会遭受创伤性事件，如意外伤害、暴力袭击或意外死亡等。这些事件会对他们的身心健康产生深远的影响。

6. 工作环境

除了情绪上的压力外，不良的工作环境也会对员工身体产生压力。无论是噪声、缺乏隐私、温度控制不佳，还是设施不足，这些问题都会对员工的身体健康产生不利影响，降低他们的工作效率和幸福感。因此，创造舒适、安全和健康的工作环境对于减轻工作场所压力而言至关重要。

三、工作压力症状

受工作压力的影响不只在工作场所，回家后还会继续存在。持续的压力会对健康和幸福造成负面影响。紧张的工作环境会导致头痛、胃痛、睡眠障碍、脾气暴躁和注意力不集中等问题。长期的压力会导致焦虑、失眠、高血压和免疫系统的削弱。同时，过度的压力还可能导致健康问题，如抑郁症、肥胖症和心脏病等。更为复杂的是，经历过度压力的人通常会采取不健康的方式来处理它，如暴饮暴食、吃不健康的食物、吸烟或滥用药物和酒精等。

虽然指出生活中压力的原因很容易，但缩小其影响却不那么简单。了解什么是压力，能让我们看到它如何对员工的心理和身体健康产生负面影响。根据疾病控制和预防中心的说法，压力在大脑中触发了一个警报，使身体准备好抵御压力源。神经系统处于警戒状态，荷尔蒙被释放出来，使感官敏锐，脉搏加快，呼吸加深，肌肉紧绷。这通常被称为"战斗或逃跑反应"。这是一个生物程序化的反应，人类对其几乎无法控制。当压力情况持续或未解决时，这种反应不断被激活，对不同的生物系统造成磨损和撕裂。最终，人体会出现疲劳，免疫系统被削弱，从而增加患病或受伤的风险。

近几十年来，研究人员已经深入研究了工作压力与身体疾病之间的关系。工作压力可能导致多种症状，如睡眠障碍、胃部不适、头痛等，同时也会对家庭和朋友关系造成负面影响。此外，长期承受工作压力还可能引起高血压、消化不良、失眠、焦虑、抑郁、注意力衰减、食欲不振、拖延症、酗酒、吸毒等健康问题，还会影响工作表现。虽然一些迹象表现得比较明显，但压力对慢性病的影响却不那么容易被察觉，因为这些疾病通常需要经过长时间才能发展出来，而且可能由多种不同的因素引起。不过，越来越多的数据表明，压力在许多常见但严重的健康问题中扮演着重要角色。根据疾病预防控制中心的数据，承受高度压力的工作者的医疗保健支出比一般工作者高出近50%。疾病预防控制中心列出了一些长期受压力影响的健康问题。

（1）心血管疾病。高度心理要求的工作，使得雇员几乎没有控制工作的过程，这样会增加患心血管疾病的风险。

（2）肌肉骨骼疾病。压力可能增加背部和上肢肌肉骨骼疾病的风险。

（3）心理失调。不同职业的心理健康问题的差异与工作压力水平有关。这些问题包括抑郁症和倦怠。

（4）工作场所伤害。紧张的工作条件可能会干扰安全实践，增加工伤的风险。

（5）自杀、癌症、溃疡和免疫功能障碍。

工作场所压力与这些健康问题之间存在关联，但目前研究不支持确定性的结论。

四、工作压力理论

现代压力理论将压力视为个人和环境之间动态互动的产物，而非仅仅是外部事件的反应。这种理论明确地承认了心理过程（如感知、认知和情绪）在理解压力方面的核心作用。人们如何认知、体验和应对压力情况，以及他们如何试图应对这种经历，这些都是理解压力的关键。压力的四个主要理论被广泛引用，并用于指导干预方法。前三个是结构模型，描述了关键变量及其与感兴趣结果之间的相互作用。第四个是过程模型，描述了支持前因和结果之间关系的机制。

（一）人与环境匹配理论

人与环境匹配理论也称 P-E 匹配模型。该理论强调了个人和环境之间的互动，并指出了这种互动如何影响个人对工作情况和事件的反应。该理论认为，压力的产生是由于个人的技能、资源和能力与工作环境的要求之间不匹配。具体来说，这种不适应有三种形式：工作环境的要求超过了员工的能力；工作环境始终不能满足员工的需求；存在两种情况的组合，即员工的需求没有得到满足，同时他们的能力也被过度拉伸。因此，P-E 匹配理论为个人和组织管理者提供了一种方法来解决压力问题，即通过提高员工技能、资源和能力，或者调整工作环境的要求来实现 P-E 匹配，从而减小员工的压力。

（二）工作需求–控制理论

工作需求–控制理论也称 JCD 模型。JCD 模型的扩展版本——工作需求–控制–支持（JCDS）模型，在职业压力研究领域已经占据了 20 多年的主导地位。JCD 模型认为，工作压力是由工作环境的两个维度相互作用的结果：心理工作需求和工作控制。心理工作需求传统上指的是工作量，主要是在时间压力和角色冲突方面运作，但最近也包括认知和情感需求及人际冲突维度。工作控制（也称决策纬度）是指个人控制其工作活动的能力，由决策权（员工对其工作进行决策的能力）和技能自由度（员工在工作中使用技能的广度）两部分定义。JCD 理论认为，经历高要求和低控制的个人更有可能经历心理压力和与工作有关的压力，长期来看，这种压力可能导致身体和精神健康问题。JCDS模型将社会支持作为一个社会层面进行扩展，认为社会支持可以缓解工作压力对员工身心健康的负面影响。该模型表明，最容易出现身心健康问题的员工是那些暴露在高要求和低控制工作环境及低工作场所支持下的员工，这种现象被称为等效压力。

（三）努力—回报不平衡模型

努力—回报不平衡模型即 ERI 模型是由希格里斯特（Siegrist）在 20 世纪 90 年代初提出的。这个理论假设，工作中的努力是作为心理契约的一部分，基于社会互惠的规范，在工作中花费的努力与在金钱、尊严、职业机会等方面提供的奖励相匹配。如果花费的努力和获得的回报之间存在不平衡（非互惠）关系，就会导致与压力反应相关的情绪困扰，并增加了健康不良的风险。与努力和回报之间的不平衡有关的压力可能在三种情况下产生：工作合同定义不明确，或者雇员在其他就业机会方面没有什么选择；由于工作条件有望得到改善等原因，接受这种不平衡；通过过度承诺来应对工作中的要求。

（四）交易模型

交易模型建立在个人与环境之间的互动之上，并提供了一个额外的重点，即支撑整个过程的基本心理和生理机制。该模型认为压力是个人和环境之间动态互动的结果。与以前的压力模型不同，这个模型的核心是个人对工作的感知要求的认知评估，以及他们处理这些要求的感知能力、技能和资源。当感知到的要求超过个人的感知能力时，就会产生压力。一个人感知到的压力在个人之间和个人内部都是不同的，并且可以在不同的场合和时间里有所不同。因此，工作环境的任何方面都可能是压力源，与以前的模型不同，交易模型不受可以解释的社会心理危害的类型和数量的限制。员工对感知到的要求和能力的认知评估会受到许多因素的影响，包括个性、情境要求、应对技能、以往的经验及当前已经经历的任何压力状态。此外，这个模型承认压力可以在生理、心理、行为和社会方面表现出来，对个人和组织都有不利的后果。研究表明，社会心理危害和健康结果之间的关系是由各种因素引起的，交易模型通过承认压力过程中的个体差异和不同，来说明这种复杂的关系。

五、压力管理

（一）压力管理的概念

压力管理是一系列方法和应对策略的综合体，旨在减轻人们的身心压力。当人们的复原力和自我修复能力无法应对内外部压力导致的身心健康问题和表现下降时，压力管理方法可能会有所帮助。压力管理的目的是提高日常生活功能，使用不同的技巧或进行心理治疗来控制一个人的应激水平，特别是在处理慢性压力时。在许多实用的压力管理方法中，有些是由卫生专业人员提供的，有些则是借由自我操作来帮助减轻压力，提高个人的生活掌控感和整体健康状况的。

压力应对策略涉及心智资源的保护和促进，以及应激的心智、情绪和身体方面的管理。德国心理学家卡鲁扎（Kaluza）将应对策略分为三组：工具性压力管理（影响压力源）、心智压力管理（改变加剧压力的想法）及姑息—再生（姑息意指缓解疼痛，但不处理状态起因）压力管理（影响应激反应）。

（二）压力管理的方法

1. 分析应激来源

分析应激来源，即识别导致压力的具体因素。这些因素可能是工作压力、个人关系、财务问题等。写一两个星期的日记，找出哪些情况造成的压力最大，以及你是如何应对的，做笔记可以帮助你在你的压力源和你对它们的反应中找到问题所在。识别这些因素可以帮助人们找到解决问题的途径。

2. 将禁忌从心理应激中移除

有时候，人们的反应会加剧他们的压力。这些反应可能是负面的，如抱怨、焦虑或愤怒。了解如何控制和减少这些反应有助于降低压力。

3. 提升个人应对技巧

一些技巧可以帮助人们更好地应对压力。例如，深呼吸、渐进性肌肉放松和冥想等放松技巧，可以有助于减轻身体上的紧张感。正念练习可以帮助人们更好地关注当下，而不是被过去或未来的担忧所困扰。时间管理技巧可以帮助人们更有效地分配时间，减少压力源。坚持适当的身体活动和健康的饮食可以有助于提高身体的抵抗力，使人们更能够从容地应对压力。

美国心理学会还总结了一些额外的压力管理技巧。

1. 培养健康的反应

与其试图用快餐或酒精来对抗压力，不如在感到紧张时尽力作出健康的选择。锻炼是一种不错的压力克星，瑜伽可以是一个很好的选择，其实任何形式的体育活动都是有益的。同时，也要为爱好和喜欢的活动留出时间。无论是读小说、听音乐会，还是与家人一起玩游戏，确保为那些给你带来快乐的事情留出时间。获得足够的优质睡眠对有效管理压力也很重要。建立健康的睡眠习惯，如在晚间限制咖啡因的摄入量，尽量减少晚上刺激性活动，如使用电脑和电视等。

2. 确定边界

在如今的数字化时代中，我们很容易感受到一天 24 小时都要工作的压力。为自己建立一些工作和生活的界限非常必要。这意味着需要制定一个规则，在晚上不查看工作电子邮件，或在晚餐时不接电话。虽然人们在融合工作和家庭生活的程度上有不同的偏好，但在这些领域之间建立一些明确的界线可以减少工作和生活冲突的可能性，从而减轻压力。

3. 花时间来充电

为了抵御慢性压力和职业倦怠对我们的负面影响，我们需要时间来恢复到压力前的功能水平。这个恢复过程需要我们从工作中暂时抽身，一段时间内不从事与工作有关的活动或思考。这是非常重要的，因此请确保不时地以适合你的需求和喜好的方式断开联系，不要让你的假期白白浪费。在可能的情况下，抽出时间来放松自己，这样你回来工作时就会感到重新振作，并准备好以最佳的状态投入工作。当你不能请假时，可以通过关闭你的智能手机并将注意力集中在非工作活动上一段时间。

4. 学习如何放松

冥想、深呼吸练习和正念等技巧可以帮助缓解压力。首先，每天花几分钟专注于一个简单的活动，如呼吸、散步或享受美食。能够有目的地专注于一项活动而不分心的技能会随着练习而增强，你会发现你可以把它应用到生活的多方面。

5. 与上级沟通

员工的健康与工作的生产力息息相关，因此，你的上司有必要为员工创造一个有助于促进健康的工作环境。从与你的上司进行开放式对话开始，其目的不是列举抱怨清单，而是提出有效的计划来管理确定的压力源，从而让你在工作中发挥出最佳水平。计划的某些部分可能是为了帮助你提高在时间管理等方面的技能，但其他内容可能包括确定可以利用的雇主赞助的健康资源，澄清对你的期望，从同事那里获得必要的资源或支持，丰富你的工作，包括更具挑战性或有意义的任务，或改变物理工作空间，使自身更舒适，减轻压力。

6. 寻求支持

接受可信赖的朋友和家人的帮助，可以提高你管理压力的能力。你的雇主也可能通过雇员援助计划提供压力管理资源，包括在线信息、可用的咨询及在需要时转介给心理健康专家。如果你持续感到被工作压垮，可以考虑咨询心理医生，他可以帮助你更好地管理压力和改变不健康的行为。但同时，拥有更多的友谊有时会导致更多的压力，提高社交关系数量以提高幸福感的想法可能适得其反。而与同伴一致性较高（即与压力水平相似的社交联系）、神经质水平较高、责任心水平较低及具有外控倾向的个体更有可能调整自己的压力水平以适应社交，也就是说压力更容易传染。

本章小结

个体在环境刺激中进行行为选择，并通过知觉过程对感觉印象进行解释。影响知觉的客观因素包括对象的差异、活动的程度、新颖性等；影响知觉的主观因素包括知觉者的个性、知识和经验等。归因是个体根据有关信息对行为原因进行推测与判断的过程。常见的归因偏差有基本归因错误和自利性偏差。态度改变依据多种策略和理论，我们可以从改变态度成分、运用不平衡模式、造成认知失调和诱发初始行为等方式改变他人态度。激励需要考虑需求、动机等原理，策略上需要综合激励内容、激励过程和激励情境等多种方法。个体行为方面理论很多，对于理解和预测行为存在单一理论不足问题，应对多任务、多领域和多形态需要管理者格物致知，不断提升知行领悟力。

复习思考题

1. 什么是知觉？影响知觉形成的因素有哪些？
2. 什么是态度？改变态度的理论有哪些？
3. 组织承诺的三个维度是什么？
4. 大五人格模型包括哪些人格特质？
5. 激励理论包括哪些内容？
6. 什么是工作压力？工作压力的来源有哪些？

随堂测验

情 商 测 试

指导语：根据自身实际情况选择。

非常不同意：1 分；有些不同意：2 分；有些同意：3 分；非常同意：4 分。对以下10 个陈述题作出回答。

1. 我通常是冷静的、镇静的，甚至在非常时期也这样。
2. 我能承担自身的错误。
3. 我对是否能达到自己的目的负责。
4. 我经常从各种渠道寻求新思想。
5. 我善于提出新点子。
6. 我能很好地处理多重要求及改变优先次序。
7. 我追求的目标超出了对现有工作的要求或期望。
8. 困难或障碍也许会阻碍我，但不能阻止我前进。
9. 我的冲动或沮丧的情绪一般不会影响到我的工作。
10. 我对成功充满期望。

如果将 1～10 题的得分相加，得分低于总分的 70%（即 40 分中的 28 分），这可能表明您在情感智力方面存在一些问题。然而，即使您的得分低于期望分数，也不必感到沮丧。情商是可以培养的。事实上，著名心理学家戈尔曼曾说过：我们一生中都在不断培养自己的情感智力——这是一个成熟的过程。

案例分析

"数字控制"下的劳动秩序

从 2018 年 3 月初到 8 月中旬，陈龙开启了他长达 5 个多月的"外卖生涯"。第一天，他累到虚脱，却只挣了 72 块钱。但很快他就习惯了，一天能跑三四十单，甚至冒出了让自己都害怕的想法——如何能让平台再给自己多派几单。

随着自己的"胃口"越来越大，追求的业绩越来越高，平台与他的"矛盾"也就越来越大。

骑手作为人，最擅长的是积累经验。在经年累月的送餐中，陈龙从老骑手那里发现了一个诀窍——"挂单"。

一般来说，平台要求骑手一收到取餐提醒就要去餐饮商户取餐，不得拖延。老骑手们往往选择不立即向平台"确认取餐"，而是选择"报备"，意思是"这单我可能会晚到"，提前交付少量罚金。这样骑手便不用马上赶往餐厅取餐，而是等待系统派发更多同一方向的订单，收集满几单后，骑手再统一取餐。如果能够按时送餐，"报备"解除，罚款也会撤销。这种方式被行业内称为"挂单"。

但这样做就有可能导致送餐延误。为防止因送餐延误带来的惩罚，骑手们只需在餐饮商户附近 500 米的范围内即可向平台"报备"，而不用真正进店。这样，就既能送多单，又不会因迟到而罚钱。

然而，这种做法很快被平台"识破"，平台立即修补了这个漏洞，骑手们靠"挂单"多赚钱的方法行不通了。

陈龙总结：通过"报备"延长因"挂单"而延误的配送时间，这既是骑手工作自主性的表现，也是骑手反抗平台系统"数字控制"的体现。

靠捡漏多接单的方式行不通，骑手们只能想办法从争分夺秒的送餐过程中挤压时间。

陈龙曾经常去人民大学送餐。学校规定骑手们只能从北门进出，但北门有时离送餐目的地很远，他便停下电动车，小跑从一个侧门进入，抄近路，大大缩短了送餐时间。盈余出来的时间，他可以选择休息一会或是多接一单，大大增加了自主性。

可这个自主性也很快被平台"征用"。平台监测到了这个现象后，利用大数据发现这一路段的送餐时间普遍有盈余，便会立即修补漏洞，再次缩短规定的送餐时间。

很快，平台进一步要求骑手们"提速"。2018年6月的一天，系统大调整：缩短所有送餐时间。

那天陈龙所有订单都迟到了。不仅是陈龙，那天大批骑手都超时了，许多骑手在微信群里大骂平台。

外卖公司系统大调整的代价由骑手买单。一旦超时，骑手轻则白跑单或者罚钱，重则停号。停号意味着骑手半天至一天不能跑单，还得去做线下培训。

为了避免被罚款甚至封号，第二天，骑手们不得不再次突破极限，更快地奔跑起来。

陈龙发现，一切的经验和捡漏行为，在平台面前，都是"小儿科"。平台系统通过大数据总能发现更多可利用空间，从而进一步压缩骑手们的自主性，加强控制力。

资料来源：陈龙. "数字控制"下的劳动秩序——外卖骑手的劳动控制研究[J]. 社会学研究，2020，35(6): 113-135.

案例思考题：

（1）案例中包括哪些数字控制手段，收集了哪些相关数据？

（2）员工对公司"隐秘"的数字控制，有哪些反应方式？

（3）请用相关激励理论，讨论数字控制所"优化"的劳动过程对人的作用。

即测即练

自学自练　　扫描此码

第三章

群体心理与行为

◆ **学习目标**

　　理解群体与群体行为的概念及特征；掌握群体规范、群体压力、群体士气与凝聚力的概念及影响因素；理解沟通的过程及组织沟通的有效方式；掌握团队的概念、特征及高效团队建设的方法；掌握群体决策的特征及方法；了解冲突产生的根源，掌握解决冲突的方法。

◆ **内容提要**

　　群体是当今社会中普遍存在的现象，没有人能够脱离群体独自生活。群体的概念介于组织与个体之间。个体组成群体，群体构成组织。本章聚焦于群体规范与压力、群体士气与凝聚力、群体信息沟通、团队建设、群体决策及冲突管理等方面的内容。本章中，信息沟通和团队建设是重点，群体凝聚力和冲突管理是难点。

第一节　群体规范与压力

一、群体规范

（一）群体规范的概念

　　群体规范是指在一个群体中成员共同遵守的具有约束性的行为准则和规则。这些规范可以是明确的或隐含的。群体规范有助于维持秩序、促进团队协作，以及建立共同的价值观和文化。它们可以涵盖各个方面，如沟通方式、决策过程、责任分配、工作纪律等，有助于保持群体的稳定性和效率。

　　20 世纪 30 年代初，著名的霍桑实验观察到群体规范对群体成员的行为影响，在该实验中，梅奥（G. E. Mayo）及其他工作人员一致认为，在生产中起作用的相关社会因素几乎没有对员工生产率产生任何作用。工人们已经建立了一套无法改变的群体规范。该项研究认为，工作群体往往会因为彼此长时间的工作交集而形成一套属于该群体的行为规范及价值理念，因此，管理目标实现的关键是该组织能够直接从群体规范中获益。

知识链接 3-1

群体规范的来源

群体规范是群体成员逐步强化行为标准，并形成有效运作的行为过程。群体规范的形成通常来源于以下四种方式：①群体成员，尤其是领导者的明确陈述；②群体历史上的重要事件；③群体内部最初出现的行为模式；④新成员带来的其他群体的行为期望。这些方式对于群体规范的形成都起到重要作用。

资料来源：贾森·A.科尔基特. 组织行为学[M]. 大连：东北财经大学出版社，2010.

（二）群体规范的类型

每个群体都有属于自己的规范，群体规范并非完全一致，对大部分群体而言，群体规范可以分为以下几类。

1. 绩效规范

绩效规范是群体对成员在个人绩效方面作出的明确规定的规范，如设定什么样的工作目标，如何完成工作任务，应该达到怎样的绩效水平等。

2. 形象规范

形象规范是群体对成员形象的规范。这类规范包括适当的服装，对群体的忠诚度，所表现的精神状态，在何时应忙碌，何时可以放松等。

3. 社交规范

社交规范常见于非正式群体，用于规定群体成员的交往活动，如群体成员的工作交往或社交活动、上下班就餐伙伴选择等。

4. 分配规范

分配规范与组织内资源分配有关，主要涉及群体内不同成员的任务安排、报酬分配及工具分发等。

（三）群体规范的功能

1. 维护巩固功能

群体规范在所有社会群体中都有维护和巩固的作用，群体规范性越强，群体成员之间的关系也越密切。

2. 评价控制功能

凡事都需要一个标准，群体规范作为群体成员行动的标准，直接约束和控制着成员在交往过程中的知觉判断、态度及行为。群体规范作为一个标准，可用来评价成员的行为是否与群体的要求一致。

3. 行为导向功能

群体规范可以通过舆论或者强制等方式对成员的行为产生影响，当某一群体成员的行为不符合群体规范时，其他成员会谴责他、排斥他，个体为了消除这些不利的影响，会主动改变自己的行为。另外，群体中的一些处于较高地位的人也会利用某些方式去惩罚他，迫使其被动改变行为。

二、群体压力

（一）群体压力的概念

个体各有个性，群体则受到群体规范的约束，相较于个体情境下的行为选择，群体往往表现出不同的行为特征。这种反应不仅是群体压力的产物，也是个体适应环境的表现。通过对群体规范的讨论，不难看出群体规范在群体中对成员有很强的约束和控制作用，每个群体成员都必须遵守这些规范。当发现自己的意见或观点与群体大多数人不一致时，群体成员会产生紧张感和心理压力，这种压力就是群体压力。

个体是出于某些需要加入到某个群体中的，当个体与其所在群体的规范不一致时，就会有被群体排斥甚至孤立的风险。个体产生群体压力的心理有以下三种。

（1）人天生就有对社会孤立的恐惧感，害怕被其他成员孤立。

（2）人们倾向于相信多数人的观点和看法，往往认为大多数人拥有更准确的信息来源及更科学的行为选择，从而否定自我观点。

（3）群体赋予个体一定的归属感，这种归属感会强化个体维护群体形象的心理，个体的行为表现往往与归属群体保持一致。

（二）群体压力的表现

群体压力一般来说会表现在以下几个方面。

（1）理智压力，即以理服人，使成员明白应该做什么，不应该做什么。

（2）情感压力，即用深厚的情谊感化人，使其顺从群体。

（3）舆论压力，群体的舆论能够很轻易地对成员产生压力，这就是常说的"人言可畏"。

（4）心理隔离压力，即群体其他成员断绝与该成员心理上的沟通和行为上的接触，使其陷入孤立被动的状态，这就是所谓的"软暴力"。

（5）强制压力，即群体采用惩罚、开除等强制性的手段，迫使个体服从于群体。

（三）从众压力

所罗门·阿希（S. Asch）经典的从众实验证明，群体中的从众压力会对群体成员的个人判断和态度产生影响。在该实验中，阿希让7~8个被试者为一组，各自比较手中的两张卡片，如图 3-1 所示，第二张图片中的三条直线中的一条线和第一张图片上的直线等长。从图 3-1 可以看出，线段长短区别非常明显，通常情况下被试者几乎不可能作出错误的判断。研究人员让被试者大声汇报第一张卡片的线段和三条线段哪一条相等。这时如果群体成员最初的答案是不正确的话，会出现怎样的情况呢？群体中的从众压力能否使不明真相的被试者为寻求和群体中其他成员一致而改变回答？阿希正是想要得到这一问题的答案。为此，他"事先安排"了实验过程，瞒着"不知情被试者"让群体其他成员都作出错误的回答。此外，阿希在安排座位时，有意让"不知情被试者"坐在最后回答问题的位置上。

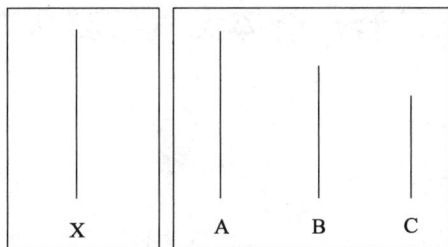

图 3-1　群体从众行为测试卡片

实验刚开始时，所有被试者均作出正确的回答。但是，在第三轮测试中，第一位被试作出错误的回答。例如，在图 3-1 中，他声称 B 线段与 X 线段等长。第二位被试者重复了相同的错误回答，随后的其他人也都如此，一直到不知情的被试者。但是，对于那些不知情的被试者而言，他们实际上知道正确的答案，但他们又会作何选择呢？

研究结果显示，在多次实验中，有 75% 的被试者至少给出了一个从众答案，也就是说，他们明知道自己的回答是错误的，但仍然如此回答。这是因为这个错误答案与群体其他成员的回答保持一致。平均而言，每个从众者给出了 37% 的错误答案。这一实验揭示了群体心理和行为中的从众现象，即个体倾向于跟随群体中的共识，即使这可能违背个人的知识或判断。这表明群体中的成员都渴望成为群体的一员，会尽量避免变得与众不同，研究结果证实了该结论：群体规范能够给群体成员带来一定的从众压力。

知识链接 3-2

群体压力源

群体压力源主要分为以下两类。

（1）组织凝聚力不足。根据霍桑实验的研究结果，我们清楚地了解到，对员工来说，尤其是处于组织底层的员工，凝聚力或"归属感"非常重要。如果由于任务设计的原因，或上级管理者限制员工凝聚到组织内部，或者由于团队其他成员对某个员工的排斥而导致凝聚力缺乏，给员工带来压力。

（2）社会支持不足。员工在很大程度上受到他所在群体中一个或多个成员的影响。通过与他人分享喜悦和解决问题，员工能够获得满足感。如果缺乏这种社会支持，那么将给员工带来很大压力。甚至有研究表明，缺乏社会支持可能给健康带来严重问题。

实际上，除了群体本身外，群体层面的动态过程也可能产生压力。例如，有研究发现组织政治是工作环境中的潜在压力来源。另外一项研究发现，社会压力源，如与同事和上级的冲突、各种社会性的反感或憎恶等，如果长时间持续，都会导致相关员工产生抑郁症状。

第二节　群体士气与凝聚力

一、群体士气

（一）群体士气的概念

群体士气是指群体成员在共同追求群体目标时所表现出的积极态度和精神状态。它反映了群体内部的凝聚力、合作性和动力。根据美国心理学家史密斯（G. R. Smith）的观点，群体士气是指群体中的成员对该群体感到满足，并且乐意为实现群体目标作出贡献的态度。良好的群体士气可以激发成员的热情和投入，促进协作与团队合作，提高工作效率和成果。群体士气的形成与群体文化、领导风格、奖励机制及成员之间的互动等因素密切相关。

雷顿（A. H. Leighton）则认为，士气是一群人为追求共同目标，持久地、自始至终地协调工作的群体能力。因此，士气不仅代表个人需求满足的状态，同时又是群体态度的集成。它与群体凝聚力相联系，一般来说，群体凝聚力强，则士气高，即群体成员对达到目标具有积极进取的态度和顽强奋斗的精神；反之，则士气低。

（二）群体士气与生产率的关系

群体士气与生产率相关。一般来说，群体士气高，群体的行为强度就大。因此，相对于士气不高的群体来说，士气高昂的群体，其绩效就会更显著一些。但群体行为包括行为方向和行为强度两方面。只有当群体行为符合现实目标和任务的要求时，才能带来高绩效。因此，群体士气同生产率的关系与凝聚力同生产率的关系一样，也取决于群体行为方向。

除此之外，大量的研究表明，士气与生产率的关系并非正比例关系，群体士气是提高生产率的必要条件之一，但不是充分条件。如果要提高生产率，除了提高士气以外，还需要同时具备许多其他条件，如机械设备、原材料、人员配置、职工素质等。

戴维斯（K. Davis）认为，士气和生产率的关系可能是如下三种关系，如图 3-2 所示，即①高士气，低生产率（A 线所示）；②高士气，高生产率（B 线所示）；③低士气，高生产率（C 线所示）。事实上，如果把目标的一致性这一变量加以考虑后，士气与生产率之间的关系则呈现如下四种情况。

（1）当组织的目标与个人的需求一致时，士气高，生产率也高。

（2）当组织的目标不能与个人的需求相联系时，士气高，但生产率低。

（3）当组织的目标不能与个人的需求相联系时，士气低，生产率也低。

（4）当组织过度使用物质和金钱刺激时，虽然士气低，也会产生较高的生产率，但是这种高生产率却缺乏持续性。

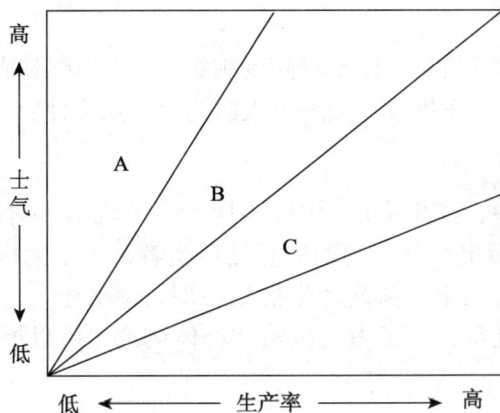

图 3-2　士气与生产率的关系

（三）影响群体士气的因素

影响群体士气的因素很多，概括起来主要包括以下几种。

1. 群体目标

高昂的士气是建立在对群体目标认同基础之上的。因为士气是群体成员对群体的集体态度，代表了一种个人成败与群体成败相一致的状态。当个人目标与群体目标一致时，个人赞同群体目标，表现出较强的认同感、归属感，愿意为组织和自身目标的实现而努力，使得群体士气高涨。相反，如果个体不认同群体目标，认为群体目标与自身个人目标不一致甚至相反，个体就不会受到足够的激励去努力，为实现群体目标而奋斗，群体也就变得不团结，最终甚至会导致群体成员的退出或群体的解散。

2. 人际关系

当群体内部的人际关系和谐，成员之间相互理解、相互关心时，这种群体有很强的认同感、外在的统一性和协作精神。此外，这种群体很少发生冲突或敌对行为。因此，这样的群体必然拥有高度的凝聚力和积极的士气。

3. 经济报酬

虽然金钱不是人们追求的唯一目标，但是金钱可以满足人们的许多需求。有时，它还代表一个人在组织中的成就和贡献，以及在社会中的地位。报酬是否合理、能否满足成员的需求是影响群体士气的重要因素。

4. 领导方式

领导者和管理人员的品质和风格，对下属的工作有很大影响。一个士气高昂的群体，其领导者有着积极向上的精神状态，可以影响和调动群体成员的工作情绪。领导者在领导过程中，能够保持群体的民主性，能广开言路、乐于接纳不同的意见和建议；领导者自身公平公正、廉洁高效，与群体成员之间保持着良好的人际关系。这样的领导才能让群体成员对其有足够的认同感，使得他们愿意服从领导者的决策，并积极地为群体工作。

5. 工作满足感

工作满足感是指群体成员对工作本身感到满意。对工作感到满足促使群体成员精神振奋，斗志昂扬，愿意接受工作挑战，施展个人的抱负，从而使整个群体保持高昂的士气。

6. 沟通渠道

研究表明，在群体中，如果沟通受阻，则可能引起职工的不满而使士气低落。莱维特（T.Levitt）通过实验指出：单向沟通的意见接受者，由于无机会核对意见的正确性，容易陷于情绪不安的状态之中，从而产生抗拒心理，降低士气。反之，通过双向沟通的方式改善沟通关系，并经常让员工参与决策和群体讨论，可以提升员工的工作精神。

7. 工作环境

人们的身心健康受到工作环境的影响很大，群体成员在工作时身心感到舒服，就会减少心理疲劳和焦虑不安。只有群体成员身体健康、心情愉快，才有可能保持较佳的精神状态，从而提升群体的士气。

二、群体凝聚力

（一）群体凝聚力的概念

群体凝聚力是指群体中成员之间相互联系和团结的力量与程度，以及群体对成员的吸引力。它衡量了群体内部的凝聚程度和成员之间的联系紧密程度。群体凝聚力反映了成员之间的互信、合作和共享目标的意愿。当群体凝聚力强时，成员们更愿意共同努力、支持彼此，并为群体的利益而奉献。群体凝聚力可以通过共同的价值观、团队合作、共同目标的设定及积极的内部沟通等因素来促进和加强。它对于群体的稳定性、效率和成果具有重要的影响。

（二）群体凝聚力的影响因素

1. 群体规模

群体规模大小是影响群体凝聚力的一个重要因素。群体规模越大，群体成员之间的相互交流越困难，从而群体凝聚力就越弱，并且在较大的群体内部会产生非正式群体，这会加大群体内的冲突规模与层次。群体规模小，意味着群体成员间有更多的直接交流的机会，从而产生更多的理解，更少的分歧。因此，在通常情况下，群体规模越大，群体凝聚力越弱。

2. 成员相似性

当群体成员拥有相似的背景、相近的兴趣和爱好，以及共同的目标和利益时，群体的凝聚力就会增强。在这些因素中，共同的目标和利益扮演着至关重要的角色。

3. 成功经历

当一个群体成功高效地实现了重要目标，群体成员会因共同的成功经历而增强荣誉感、自豪感和归属感，从而增强群体的凝聚力。相反地，如果一个群体经常无法达到预期目标或完成计划任务，那么这个群体的凝聚力就会显著减弱。

4. 奖励方式

许多研究发现，奖励方式对群体凝聚力具有一定影响。个人与群体相结合的奖励方式对增强群体的凝聚力有一定作用，而个人奖励方式则会削弱群体的凝聚力。

5. 领导方式

心理学家勒温（K. Lewin）的实验研究表明，民主型领导方式的小组成员之间能产生更加深厚的感情和更加紧密的人际关系，因此群体凝聚力更强。一个有魅力、尊重下属、愿与下属沟通的领导，其所属的群体成员会有更强的向心力和凝聚力。

6. 外部环境

一般来说，当群体与外界距离较远时，它的凝聚力往往较好。实际上，当群体存在着外部威胁时，群体凝聚力会增强。因为外来的威胁会加强合作群体一致对外。但是，如果当群体成员认为他们所在群体无法应对外部威胁的时候，群体的凝聚力反而会降低。此外，如果群体成员认为其所面临的威胁是由于群体的存在造成的，只要离开或解散这个群体就能消除威胁，群体凝聚力也会下降。

7. 群体地位

各个群体在其组织内往往可以进行等级地位的排列。一般来说，群体在诸群体间所处的等级地位越高，群体成员的自豪感就越强烈，群体凝聚力就越强。

（三）群体凝聚力与生产率

不同的群体具有不同的凝聚力。凝聚力在一定程度上影响群体生产率。有研究结果表明，群体中的绩效规范取决于凝聚力和生产率之间的关系。如果这些绩效规范要求很高（如高产出、高工作质量、与群体外的人保持良好的协作关系），那么高凝聚力群体的生产率就会高于低凝聚力群体。但如果凝聚力高而绩效规范要求很低，生产率就会下降。如果群体凝聚力低，但绩效规范要求很高，则群体生产率也会较高，但不如凝聚力高且绩效规范要求也高的群体。如果群体凝聚力低，而且绩效规范要求也低，则生产率可能处于中低水平。这些结论如图 3-3 所示。

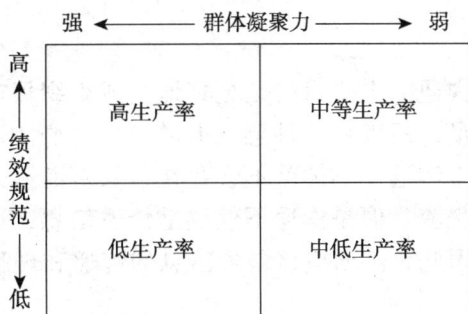

图 3-3　群体凝聚力、绩效规范与生产率的关系

知识链接 3-3

群体凝聚力的评价

评价群体凝聚力通常有两种方法：问卷调查法和数量评价法。

1. 问卷调查法

问卷调查法是使用事先设计好的问卷，在群体内部进行调查。问卷的内容一般包括：

（1）对群体目标的理解和认知程度；

（2）对群体现状的满意程度；

（3）出现外部压力时群体成员的态度；

（4）对领导者的态度；

（5）对群体成就与个人成就关系的认识。

2. 数量评价法

数量评价法普遍采用的是美国社会心理学家多伊奇（M. Deutsch）提出的 GC 值计算公式

$$GC = 成员之间相互选择的人数/成员可能相互选择的人数$$

其中，GC 代表群体凝聚力（group cohesiveness）。显然，$0 \leqslant GC \leqslant 1$。较大的 GC 值代表较高的群体凝聚力。事实上，单一的 GC 值难以说明问题，还需要进行横向或纵向比较。例如，将本群体的 GC 值与其他群体 GC 值相比，以此说明哪个群体的凝聚力相对较高；或者将现在的 GC 值与过去 GC 值相比，以此说明群体凝聚力的变化。

第三节 信 息 沟 通

一、沟通概述

（一）沟通的概念与过程

1. 沟通的概念

在一个组织群体中，沟通的主要目的是更好地完成组织目标。人际交往间的冲突最常见的原因可能是沟通不足，所以从某种意义上说，阻碍群体达成高绩效的主要因素之一是缺乏有效的沟通。没有沟通，群体就不会存在，只有通过人与人之间的沟通，才能达到信息和观点的传播和交流。但是沟通不仅仅是传送信息，还必须让接受信息的人能够了解你所传达的信息。因此，沟通应该包含信息的传递和理解两方面的含义。

2. 沟通过程

要实现沟通，就必须要有一个信息发送者（即信息的来源）和一个信息接受者，信息首先转化为信号形式（即被编码），然后从发送方经过一定的沟通渠道后传递到信息接受方，最后由接受方将接收到的信号进行解码转译为信息，这样信息就实现了从一个人传递给另一个人的过程。这个过程，如图3-4所示。

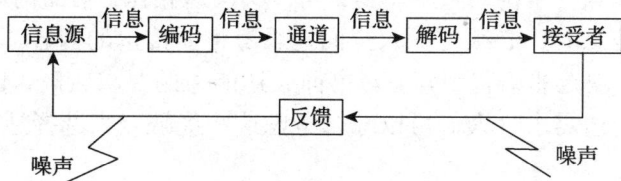

图3-4　沟通的基本过程

沟通是一个复杂的信息传递过程，包括以下基本要素。

（1）信息源。信息源是传达有目的的信息主体，可以是个人或组织。

（2）信息。信息包括表达沟通主体的观念、消息、需求、意愿等内容，既可以是客观事实，也可以是个人主观感受和情感反应。

（3）编码。编码是信息源将需要传递的信息内容进行描述或转换为信息接受者能够理解的形式的过程。

（4）通道。通道是信息传递的路径，特定通道使信息能够在发送者和接受者之间传播。

（5）解码。解码是信息接受者将通道中的编码信息翻译成可以感知和理解的形式的过程。

（6）接受者。信息接受者可以是个人或群体，沟通需要在至少两个人或群体之间进行。

（7）反馈。反馈是沟通过程中信息接受者对传递信息作出的反应。反馈将相关信息返还给信息源，帮助信息发送者了解信息传递和接受者理解情况，并及时调整沟通内容。

（二）沟通方式

常见的沟通方式有口头沟通、书面沟通和非语言沟通。其中，口头沟通和书面沟通称为明确的沟通，非语言沟通称为不明确的沟通。

1. 口头沟通

口头沟通是指通过口头语言进行的信息传递和交流的方式。它是人们通过直接面对面或通过电话、语音会议等方式进行的沟通形式。口头沟通是即时的，能够迅速传递和获取信息，方便处理紧急情况和即时交流需求。同时，口头沟通可以通过语音、语调、表情、肢体语言等非语言因素传递更多的信息和情感，有助于增进理解和建立人际关系。在进行口头沟通时，双方可以立即获得对方的反馈和回应，能够及时解决问题、澄清疑虑，并进行实时的讨论和交流。但口头沟通的内容不会被永久记录，除非双方进行额外的记录或整理，容易在后续回顾中遗忘或记忆模糊。除此之外，口头沟通也存在易受干扰、容易产生误解和跨时区、跨地域限制等缺点。

2. 书面沟通

书面沟通是指通过书面形式进行的信息传递和交流。它是一种以文字为主要媒介的沟通方式，包括电子邮件、信函、报告、备忘录、公告、留言等形式。用书面的沟通方式是因为它具体而且直观。通常信息的发送者和接受者都有该信息的副本，这类信息具备储存性高且易于反复查询的特点。一项新产品的营销计划通常包含较长时间段的许多任务，把它写成文字后，在计划的执行过程中，计划的制定者可以很容易地随时查询。书面沟通最重要的优点在于沟通过程本身。与口头沟通相比，书面沟通在用词上更谨慎；在用文字方式传达信息时，必须更深入全面地思考将要传达的内容。而书面沟通的缺点则在于非实时交流、缺乏非语言因素，对书面表达能力的要求较高，也可能产生误解等。根据具体的情况和沟通需求，人们可以综合考虑这些优缺点来选择适当的沟通方式。

3. 非语言沟通

在很多情况下，沟通并不是完全通过语言文字来进行的。每次我们传送口头信息时都会伴随着一些非语言的信息。比如说，在你生气时告诉别人某件事，脸上的表情会告诉别人你在生气；当大家在议论一个令人高兴的消息时，每个人都会露出高兴的表情。显然，若不考虑这种非语言沟通就讨论沟通是不全面的。通常来说，非语言信息包括身体动作、面部表情、语言的声调和重点，以及信息沟通时双方的身体距离。

身体动作也可以传递某种信息，最常见的就是点头表示同意，摇头表示不同意，还有我们常见的交警的手势。语言的声调和重点也向别人传递信息。当我们上课的时候，如果很多同学都心不在焉地听课，老师会突然提高音量表示这里是重点或者你们再这样我就要生气了。面部表情是我们常用的传递信息的非语言方式，如惊讶、板着脸、笑嘻嘻地对别人等。信息发送者和接受者之间的身体距离也是一种表达信息的方式，如果你不喜欢正在和你讲话的人，你会站得离他远一些。

对信息的接受者而言，注意信息发送者非语言方面的表现非常重要。在沟通过程中，非语言信息和语言信息具有同等重要的地位。信息接受者要特别注意非语言信息和语言信息在表达同一事物时的矛盾。比如说，你的上级说有时间会和你讨论紧迫的债务问题，但你可以观察到非语言暗示，现在不是讨论这个问题的时候。当你在和一个人谈话时，如果发现他经常看表就说明他想终止这次谈话。

二、沟通网络

（一）沟通网络的概念

沟通网络是指组织或群体中成员之间相互联系和信息交流的结构和模式。它描述了沟通在组织或群体中是如何传播和流动的。一个良好的沟通网络可以促进信息共享、合作和团队凝聚力，提高群体或组织的绩效。

沟通网络可分为正式沟通网络和非正式沟通网络。沟通网络能否充分地发挥作用，关键在于是否符合下述要求。

（1）沟通网络必须有清晰的规定。

（2）组织中每一位成员必须有自己明确的沟通网。

（3）沟通线路必须是直接的或间接的。

（4）要经常使用正式的沟通线路。

（5）负责沟通的中心人物必须具备一定的能力，能够胜任工作。

（6）当组织开展活动时沟通线路不可中断。

（7）所有的沟通资料必须真实，没有虚假的成分。

（二）沟通网络的类型

不同类型的沟通网络在群体中会直接影响其活动效率和情绪状态。因此，建立适合的沟通网络对于提高管理效率而言至关重要。这样的沟通网络能够有效地促进信息传递和团队合作，提升群体的整体表现。大多数对群体的研究是在实验室进行的，因此，研究结论受到人为因素的限制。

1. 正式沟通网络

不同类型的沟通网络对群体效率有不同的影响。美国心理学家莱维特（Leavitt）对正向沟通网络的效率问题进行了研究和实验。实验中莱维特用若干块隔板把坐在桌子四周的五名被试者分开，隔板上打有若干个小洞，小洞的数目可依实验的需要进行增减或改变布局。被试者不允许说话，只允许通过传递纸条来交流信息。莱维特比较和研究了群体中不同的沟通网络结构，并总结出了五种沟通网络类型，如图3-5所示。

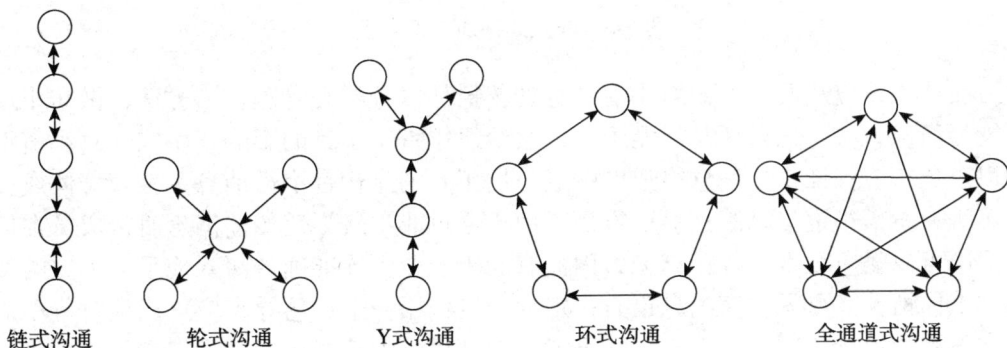

| 链式沟通 | 轮式沟通 | Y式沟通 | 环式沟通 | 全通道式沟通 |

图 3-5　正式沟通网络类型

图 3-5 中所列举的沟通网络结构反映的是一个由五人组成的群体进行双向沟通的不同类型，每种网络结构都既有优点，又有缺陷。比如，链式沟通的传递速度最快；环式沟通有利于提高全体成员的士气，使大家都感到满意；轮式和链式对于解决简单问题比较高效；环式和全通道式对于解决复杂问题更为有效；Y 式具有传递信息快的优点，但缺点是成员的满意度较低。虽然上述五种沟通形态是在实验条件下提出的，但对企业管理的实践却有着一定的启发意义。同时还需注意的是，实际中的沟通形态多种多样，不仅仅局限于上面所介绍的五种形态。因此，企业的管理者应结合本企业的实际情况来选择正向沟通形态，以保证上下左右及各部门之间的信息沟通渠道的有效和畅通。

2. 非正式沟通网络

非正式沟通网络是指在组织或群体中基于个人关系和社交连接而形成的一种信息传递和交流方式。这种沟通网络通常是在正式沟通渠道之外，由成员之间自发建立的"小道消息"的传播途径。"小道消息"的传播属于典型的非正式沟通网络的表现形式。经实验研究发现小道消息的传播方式主要有以下四种，如图3-6所示。

（1）单串型。它是信息发送者通过一连串的人把消息传递给最终的接受者。

（2）饶舌型。这种沟通形式比较常用，它是有选择性地把小道消息传递给其他人。在非正式沟通网络中，此种形式最为普遍。

（3）集合型，也称闲谈传播式。小道消息的来源是某一个人的主动传播。

（4）随机型。小道消息偶然地被传播开来，又随机地没有特定路线地传播给了其他人。

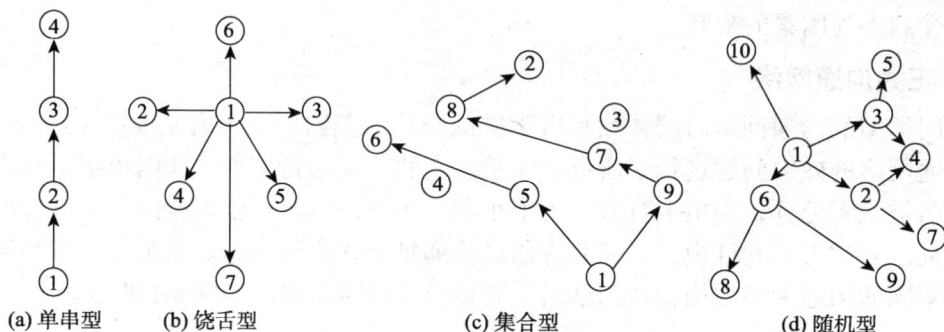

图 3-6　非正式沟通网络类型

一般认为，应从两个方面对小道消息的传播加以分析和管理。一方面，散布小道消息可能会涣散人心，如果任其泛滥下去，会给组织带来不良的影响。所以，对小道消息应加以避免，应保证正式信息渠道的畅通，用正式消息代替小道消息，教育群体成员不传、不听、不信小道消息等；另一方面，由于通过非正式渠道传播消息时，成员在信息的传播中可以畅所欲言，各抒己见，因而有利于企业领导准确、深入地了解下属的思想情绪和工作情况。可见小道消息也有一定的积极作用。企业领导者应正确地对待小道消息并在不违背保密原则的前提下，尽可能多地利用各种正式沟通渠道把有关消息传递给下属。

三、有效沟通技巧

1. 确定沟通目标，明确沟通主题

管理人员首先必须明确通过此次沟通真正希望达到的目标是什么。确定了沟通的目标后，再确定主题，对沟通的内容进行计划。最后，要对各种概念作出明确的定义。总之，在进行沟通之前，管理人员需要系统地思考和分析沟通的内容。

2. 善于倾听，不要轻易下结论

在听取别人的陈述时，应专心致志，成为一个好的听众，这样才能明白对方要表达的观点和想法。要学会听的技巧，不要轻易对对方的谈话发表评论和下结论，以免作出错误判断，影响沟通的效果。

3. 创造相互信任的沟通环境

组织管理过程中，管理人员不仅要获得下属的信任，而且要获得上级和同僚们的信任。要赢得别人的尊重和信任，并实现良好的沟通，就必须诚心诚意地争取。因此，管理人员应该言行一致。如果他们口头表达的与实际行动不一致，那么他们实际上就否定了自己的指令，这样就不可能赢得他人的尊重和信任，也无法实现良好的沟通。因此，在管理过程中，言行一致是至关重要的，它建立了管理者与员工之间的信任和有效沟通的基础。

4. 沟通时不仅要着眼现在，更要着眼将来

在组织中，沟通主要涉及当前情境下的工作安排。然而，沟通也必须与企业目标和未来发展密切相关，不能脱离这些重要因素。因此，为了确保信息的畅通和完整性，应该缩短信息传递链，拓宽沟通渠道，从而保持沟通的顺畅，并使其与组织的整体目标和未来发展保持一致。

5. 传递有用信息，进行反馈跟踪

人们很容易记住对自己有利的信息，因此管理人员在沟通时应考虑到信息对下属的作用，应时刻考虑对方的需求和利益。信息沟通过程中必须重视并设法取得信息反馈，信息反馈是为了确保员工明白工作指示并承诺采取行动等。在组织管理过程中一般会建立由管理人员与一线员工组成的特别委员会，主要负责定期加强上下级沟通，并相互讨论组织在运行过程中存在的问题。

第四节　团队建设

一、团队概述

（一）团队的概念

团队是一种特殊类型的群体，是由少数具有互补技能、为了实现一个共同的目标作出承诺并彼此负责的人组成的群体。团队最早起源于以日本丰田公司为代表的精益生产系统，在 20 世纪 70 年代，戴尔、沃尔沃等公司将其引入生产过程中。近年来，在以苹果公司为代表的现代企业中，团队被当作企业的一种基层组织的主要管理模式。

团队模式是组织提高运行效率的可行方式。在多变的环境中，团队的优点主要表现在三个方面：①根据情况可快速反应进行团队结构调整或重组；②可以有效激励团队中的成员；③有助于增强组织的民主气氛。

（二）团队与群体的区别

团队与群体都是组织中成员的集合体，两者存在很多共同之处，但是也存在着根本的区别。团队与群体的区别主要体现在以下几个方面。

1. 绩效

从绩效方面来看，群体绩效依赖于个人贡献，是每个成员个人贡献的总和；团队绩效依赖于团队成员之间积极的协同工作，产生的总体绩效远远高于成员个人绩效之和。

2. 责任

从责任方面来看，在一个群体中，主要责任是由群体的主要领导承担的；而在一个团队中，责任由全体团队成员共同承担。

3. 技能

从成员技能方面来看，团队成员的技能必须是协调互补的；而群体则不一定，成员的技能可能是重复赘余的。

4. 领导

从领导方面来看，群体中一般有明确的领导者，在进行决策的时候，群体成员不具有充分的决策权；而在团队中，领导角色一般是共享的，尤其是当团队发展到成熟阶段时，团队成员共享决策权，并对团队的最终目标负责。

（三）团队的类型

1. 问题解决型团队

当团队刚刚兴起的时候，最多的就是这种问题解决型团队。这种团队是一种临时性的团队，为了解决组织面临的专门问题而设立。这种团队一般由来自组织的 5～12 人组成，他们定期聚集在一起，就如何改进工作程序和工作方法来提高产品质量、生产效率和改善工作环境等问题交流看法和提出建议，但这类团队往往只能提出建议，无权进行最终的决策或采取改进行动。质量管理小组是这类团队的典型代表，这种工作团队是由职责范围相同的相关部门员工和主管人员组成，一般由 8～10 人组成，质量管理小组会定期开展质量管理讨论会，探讨目前企业中产品质量存在的问题，并提出相应的改进建议。

2. 自我管理型团队

相对于问题解决型团队而言，自我管理型团队同时具有提出方案和执行方案的权利，因此更为独立自主。这类团队的人数通常是 10～15 人，他们被赋予相当的自主权，承担了过去由他们的领导所承担的责任。团队成员承担的责任主要包括任务分配、工作进度把控、休息时间安排等。从完整意义上来讲，自我管理团队可以独立选择团队成员并进行绩效互评，由此该组织的主管监督责任就降低了。

自我管理型团队的优点是员工具有较大的工作自主权，能够对外界的经济、技术等变化快速作出反应，改善工作态度和工作质量。但是对自我管理团队效果的总体研究表明，这种形式并不一定能带来积极的效果。因为自我管理团队往往不能很好地处理冲突，当出现争执的时候，成员的有效合作就会大打折扣，或者终止，最终降低团队绩效。同时，自我管理型团队成员的出勤率可能较低，稳定性较差。

3. 多功能型团队

多功能型团队是由来自不同部门或领域的平级同事为了完成任务而组成的临时团队。这些员工在任务完成后又回到各自的部门，由于团队成员所属的职能部门都不完全相同，多功能团队也被称为跨职能团队。多功能团队融合了不同部门的员工，能促进组织内不同领域的员工之间的信息交流，有利于激发新的观点，协调解决新的、复杂的问题。但是，这种类型团队的成员通常需要花费大量的时间学习任务处理的方法，同时，由于成员的知识背景经历和观点不同，彼此之间较难建立良好的信任关系。在处理问题的过程中，团队成员之间也存在着协调和配合等复杂的问题。

4. 虚拟团队

上述三种团队都是属于面对面直接交流的团队，随着计算机通信技术的飞速发展，不同地域的个人可以通过计算机技术来实现与其他成员的及时交流。这样的团队成员可能来自一个或多个组织，他们使用宽带网络、视频会议或电子邮件等方式作为沟通桥梁，为了共同的目标和任务一起工作，从而形成一个虚拟团队。虚拟团队在虚拟的工作环境下，同样借助互联网、云计算等工具可以完成讨论问题、提出建议、执行方案等现实团队能做到的工作，而且能够提高效率，有效控制成本。但是虚拟团队成员之间往往缺乏良好的沟通交流，群体之间信任度比较低，从而使虚拟团队可能缺乏信任的氛围。同时，以计算机为沟通媒介，可能增加决策制定的风险。

二、团队建设与管理

（一）团队建设条件

团队对企业，特别是大型企业来说是非常重要的，越来越多的组织也在开展团队建设。但是现实生活中有的组织通过团队建设为企业的发展带来了好处，而有的组织却是白白浪费了时间和精力。似乎并不是所有的企业都适合以团队的方式开展工作，那么团队建设需要的条件是什么呢？

1. 团队建设需要适当的压力

对团队来说，适当的压力是一种动力，无论这个团队在组织中处于什么样的地位，高层管理者都应该为团队制定适当的目标，保持团队一直有前进的动力，并且维持团队的稳定性，这样才能使团队达到预期的效果。

2. 团队建设需要适当的环境支持

团队建设需要有合适的管理体系来支持，其中包括对成员的培训，成熟的评价团队绩效的指标体系，一个与之相适应的人力资源和物质资源调度系统等。合适的管理支持结构能够塑造和强化团队成员的行为，保证团队能持续高效地运行。

3. 团队建设需要适度的约束

团队建设需要有适度的约束，这种约束包括组织的约束和团队内的约束。俗语说，"无规矩不成方圆"，由于团队有比较高的自主性，因此，如果组织对其施加适当的约束，就可以保证团队的行动方向与组织的整体方式是一致的。此外，并不是每个成员天生就非常适合承担团队中的某种角色，团队对其施加适度的约束，可以规范其行为和思想。这个过程需要不断的实践和学习，最终使成员能够调整自己的行为和思想，促进团队的目标达成。

（二）高绩效团队特征

团队相比群体而言具有更高的绩效，高绩效是组织所追求的目标。高绩效团队具有如下特征。

1. 高效率

在一个高绩效的团队中，团队成员的素质普遍较高，能够很好地发挥自己的能力。他们清楚地知道团队的目标是什么，自己的任务是什么。懂得与他人进行有效协作，从而高效率地做正确的事。

2. 成员稳定

一个高绩效的团队，成员一般都比较少而且比较稳定。有关研究表明，高绩效的团队，成员往往在 12 人以内。而如果成员变动频繁，团队成员就得花更多的精力到与他人的人际交往中而不是实际决策的执行中，从而降低工作效率和效果。

3. 成员技能多样化

高绩效的团队不仅成员技能是互补的，而且应具有善于决策、善于解决问题和善于协调关系的人才。

4. 善于变化

高绩效的团队能够保持高绩效的原因在于，它能够根据不断变化的需求来提升自己的综合能力，使团队能够保持稳定高效地运行。

（三）高绩效团队的塑造

1. 选拔合适的成员

人才的选拔和培训对团队的构建而言至关重要。塑造高绩效团队需要选拔一批技能互补的团队成员，包括专业技术成员、能够解决问题和进行决策的成员、具有沟通协调技能的成员。因此，在挑选团队成员的时候，就需要考虑到这些成员是否具有这些技能，另外，要根据团队不同的需要，对具备不同技能的成员进行合理搭配。

2. 进行必要的培训

当团队成员被选拔出来以后，要进行必要的培训、塑造共同的价值观，提升成员的业务能力。培训专家们通常会在培训过程中与员工沟通、谈判、处理冲突，并指导他们。例如，在大西洋贝尔公司，培训集中关注团队在最终形成前要经过几个阶段，提醒员工耐心的重要性，因为团队作决策所用的时间比员工个人决策的时间要长。

3. 建立清晰的目标

团队存在的最终目的是要为组织目标服务的，但是团队在执行目标任务的过程中面临着外界环境的不确定性，以及信息传递的不对称性，再加上某些团队成员各自的价值观、利益观不同，往往容易导致团队目标肢解，从而失去目标导向功能。因此在一个高绩效团队塑造过程中往往需要重视建立团队成员对目标的清晰认识和高度一致性。

4. 增强成员间的相互信任

高绩效团队需要团队成员彼此互相信任，群体士气和凝聚力建设有助于增强团队成员间的信任感，这种信任感会使团队成员更好地配合，发挥彼此的技能特点，完成各自的任务。团队成员越能相互信任，团队关系越和谐，团队内耗也越小，团队的绩效就能更高。

5. 有效的激励

具有自我实现需要的团队成员对团队的期望值会更高，为将团队成员的自我实现期望变成有效的团队绩效，需要发挥有效的激励机制的作用。奖酬体系的设置应该是以激励团队成员共同合作为目的的。例如，公司拿出部分利润用于奖励团队绩效完成度较高的团队成员。

第五节 群 体 决 策

一、群体决策的概念

群体决策是由群体中大多数人共同作出的决策，通常群体中的个人先提出决策方案，然后再由群体对所有方案进行筛选和择优。参与群体决策的可能包括组织领导者、相关专家和工作人员代表。在实际工作中，群体决策占组织决策的大多数，尤其是对组织影响重大或深远的决策。

群体决策是影响群体绩效的重要方面，与个体决策相比，群体决策既有利，也有弊，效果和效率也不相同。

（一）群体决策的优点

群体决策相比于个体决策有其自身的优点。

（1）更多样的观点。群体成员的共同参与可以为决策提供更多不同的视角，从而使可行的方法和方案更加多样化。

（2）更完备的信息和更丰富的知识。由于每个群体成员所掌握的信息都不相同，而且没有一个成员可以拥有作出决策完备的信息，因此通过多名群体成员的参与可以提高决策信息的丰富程度。

（3）更容易被接受的决策。许多决策的夭折并不是因为决策本身的正确性，而是因为决策在执行环节出了问题。那么为什么决策的执行总是不到位呢？原因在于决策方案的被接受程度。所以群体决策的一大好处就在于通过群体成员的共同参与，所形成的决策方案具有较高的接受程度，而且执行决策的员工的满意度也会提高。

（二）群体决策的缺点

群体决策机制不是完美无缺的，它的主要缺点包括以下几点。

（1）从众压力。由于受到从众压力的影响，在进行群体决策的时候，个体成员的意见会受到压抑，从而使许多独到的见解和创新的建议不能被表达出来。

（2）耗费时间。组织一个群体需要花费时间。群体形成后成员之间的沟通效率往往有所降低，增加了群体决策的时间消耗，进而限制了管理人员在必要时作出迅速反应的能力。

（3）少数人控制。在进行群体决策的时候，有可能会出现一两个人控制整体讨论风向的局面，如果这类主导者水平较低，就会不利于群体决策的有效运行。

（4）责任推诿。群体决策的结果由整个群体负责的会导致责任的不合理扩散，大家都认为结果不该由自己来负责的。那么一旦出现问题，责任的不清晰就会导致彼此互相推卸责任。

总之，群体决策更为准确，还能提高决策的创造性和可接受性，所以群体决策比个体决策的质量更高。但是，个体决策比群体决策所花费的时间更少，所以个体决策比群体决策有更高的效率。因此，在不同的情况下要采用不同的决策方式。例如，企业在考虑一项重大的投资决策时，可以采用群体决策方式来提高决策的有效性；在处理突发事件时，个体决策往往效率更高。

二、群体决策的障碍

在群体决策的过程中，常常有两种现象值得管理者注意，即群体思维和群体转移。这两种现象可能会不利于群体对不同解决方案进行客观的评估，降低群体实现高质量决策的能力，从而影响决策的客观性和有效性。

（一）群体思维

群体思维是指由于从众压力使群体对不寻常、少数派或不受欢迎的观点缺乏客观评价的现象，这种"思想疾病"往往是由群体成员的思想作风所致，他们在追求思想一致性方面赋予了更高的重要性，而忽视了对各种可能的行动方案进行客观评价的必要。这种现象往往会阻碍群体作出理性、明智的决策。

在群体工作中避免群体思维至关重要，可以采用以下方法尽量减少群体思维的产生。

（1）制定规范。讨论并通过一些规范，不仅包括群体交流和完成任务的规范，还包括保持开放，保护持有异议者的权利，以及领导者坚持原则且做到开明的规范。

（2）验证设想。要校对事实、价值取向或提出的主观设想。其中是否有牢不可摧的错觉、道德上的优越感及绝对一致的情况。要避免将群体外成员简单化，避免对别人的行为和价值观做主观设想。

（3）搜寻信息。积极努力地搜寻外部资源及相关信息。鼓励每个群体成员与其他群体交流思想，并将他们的反馈带回自己的群体。

（4）发出挑战。让所有成员都扮演批判性评估者的角色，使他们定期挑战一些想法、信息和提议。在讨论问题时，指定某人充当魔鬼代言人，让他尽可能有力地为反方辩护。

（5）进行结构转换。组织本群体以外的一些群体进行同样的项目，然后将考虑结果进行比较。在进行决策时，可将群体再分为几个小组，各小组分别碰头，然后再回到群体进行讨论，直到得出结论。

（6）审视。召开"二次机会"会议让人们审视第一次会议的决定，并且就这些决定提出新想法和建议。

总之，群体在交流和完成任务的过程中，管理者对每一步骤都要进行审视和评价，以确保每个成员的声音都能被听到，确保保持一致的压力控制在有限的范围内，而且确保团队在没有群体思维的情况下能紧紧团结在一起。

（二）群体转移

群体转移又叫群体决策的风险转移现象，是指相较于群体内部成员的个人决策，群体决策更倾向于极端决策的现象。群体讨论之前，个人对决策的偏好通常会影响群体决策是否会产生更为保守或更为激进的结果。也就是说，群体讨论倾向于进一步夸大群体的最初观点。一般认为影响群体转移的因素有以下几种。

（1）群体气氛。群体成员之间的熟悉度、关系融洽程度及同质性的高低等因素，会对决策制定过程中的冲突和制衡力量产生重要影响。当群体成员之间缺乏冲突和制衡力量时，群体转移现象更容易发生。

（2）决策责任分散。在群体决策过程中，参与者承担各自的责任和风险。由于群体决策权限和责任不明确，群体决策可能不如个体决策谨慎，倾向于作出冒险性的决策。

（3）文化价值观。群体决策的方向和结果往往会受到群体成员所具有的社会文化背景和信奉的价值观的影响。

（4）关键人物的影响。群体中的少数领导或者关键人物往往会影响群体的决策，这些人的冒险或保守倾向会直接或间接地影响到群体转移倾向。

三、群体决策方法

群体决策常见于面对面的互动群体中。群体中的个体可能会迫于群体压力而选择从众。为减少群体决策的固有问题，如压抑非主流意见、群体转移等，常见的有效方法有头脑风暴法、名义群体法、德尔菲法和电子会议法等。这些方法通过不同的方式帮助群体成员更自由地表达个人意见，平衡群体中的权力和影响，从而避免或减轻群体思维的风险。

（一）头脑风暴法

头脑风暴法是一种促进创造性思维的群体决策方法，有利于克服互动群体中产生的从众压力，以产生更多的创意方案。其核心思想是通过一种系统化的思维，鼓励群体成员自由表达、发散思维，并创造尽可能多的创新性方案。

在典型的头脑风暴法讨论中，通常有 6~12 人参与，先由群体中的领导者明确需要讨论的问题，然后每个成员在规定的时间内自由地发表想法，想出各种解决问题的方案，并且禁止对他人的想法进行评价。所有方案都会被记录下来，直到没有新的方案出现才会开始分析和评估最合适的方案。值得注意的是，头脑风暴法往往只能产生初步的方案。

（二）名义群体法

名义群体法是一种建立名义上的群体，实际上是个人独立决策的方法，旨在解决传统互动群体法的缺陷。群体成员需要提前作出自己的决策，然后出席会议。其具体方法如下。

（1）选择参与者并告知决策问题，要求参与者在正式会议开始前先想出观点或方法。

（2）每位参与者依次独立口头发表观点，由专人记录以便其他参与者参考，但成员间不允许讨论。

（3）在所有参与者都陈述完后，每位参与者对提出的观点或方法进行独立匿名投票。

（4）得票数最多的方案即为最终方案。

名义群体法具有能够使群体成员以正式的方式集合起来，而不会对个人的思想形成约束的显著优点。此外，该方法可避免群体思维和过度从众，鼓励个体思考和表达自己的观点。

（三）德尔菲法

德尔菲法，又称专家意见法，是一种更为复杂、更费时间的方法。德尔菲法的工作步骤包括以下几点。

（1）明确问题，设计一份问卷，要求群体成员匿名并且独立地填写能够解决问题的方案。

（2）整理第一次问卷调查的结果，并将整理的结果匿名分发给每个人。

（3）要求群体成员再次给出其他方案，激发新想法，进一步改善原有方案。

（4）重复以上步骤，直到大家意见达成一致并形成最终方案为止。

在运用德尔菲法进行决策的过程中，群体决策的各个参与者并不见面，因此能最大限度地降低从众压力对决策的影响，然而，德尔菲法的最大缺点是非常费时，虽然可能最终形成比较完善的方案，但是极有可能已经失去了解决问题的最佳时机。

（四）电子会议法

电子会议法是将电子计算机技术与名义群体有机融合的一种方法。在电子会议中，需要解决的问题会通过电脑屏幕呈现，决策参与者则把自己对问题的看法输入到电脑中，并且可以在电脑屏幕上或是会议室中的大屏幕上看到所有人的意见和票数统计。

电子会议参与者可以在没有公开姓名的情况下发表自己的意见，而不必害怕被处罚。同时，参与者将自己的想法录入电脑后，其他人都能通过屏幕观看。由于没有多余的交谈，这样的决策方式速度很快，不会跑题。

但是这一方法也不是完美无缺的。比如，打字速度的快慢决定了一个人表达想法的效率。此外，那些提出最佳建议的人可能无法得到他们应得的奖励。另外，利用计算机交流可能会造成信息壁垒。

表3-1对各个群体决策方法进行了对比，管理者可根据实际情况选择合适的决策方法。

表3-1　群体决策方法对比

效果标准	头脑风暴法	名义群体法	德尔菲法	电子会议法
观点的数量	中等	高	高	高
观点的质量	中等	高	高	高
社会压力	低	中等	低	低
财务成本	低	低	低	高
决策速度	中等	中等	低	高
任务导向	高	高	高	高
潜在的人际冲突	低	中等	低	低
成就感	高	高	中等	高
对决策结果的承诺	不适用	中等	低	中等
群体凝聚力	高	中等	低	低

第六节　群 体 冲 突

一、群体冲突的概念

冲突是指不同事物之间的对抗、抵触和矛盾，是矛盾的一种表现形式。冲突的范围非常广泛，既包含了一个人内部的心理矛盾，也包含了人与人之间的冲突，如在群体中的意见分歧、争吵，企业中不同部门之间的指责等；此外，冲突还可以是发生在群体之间，如阶级、政党、国家、民族或集团之间的斗争、战争等。

在现实生活中，冲突是必然存在的。一般来说，冲突必然会给人带来一些不愉快的感受，这种不愉快还会进一步引起紧张或者焦虑。如果一个人长期处于冲突带来的消极情绪中，甚至可能会患上心理疾病。人们的惯性思维认为冲突只会带来破坏，冲突就是暴力和无理取闹，不利于群体正常活动的进行，因此，要采取各种办法避免冲突。

然而随着研究的深入，心理学家提出了新的、更为科学的观点，即冲突并不总是坏的，不能一概而论地反对和避免冲突。冲突可以产生破坏性的影响，妨碍群体实现目标，起到消极作用；也可以产生建设性的影响，帮助实现群体目标，起到积极作用。例如，在组织中讨论一项重大决议，在作出决议之前的不同意见的阐述和辩论其实都属于冲突，但是这种冲突却是有利于组织的。根据以上的观点，在组织管理中，要化解、避免破坏性冲突，也要促进、发展建设性的冲突。

二、群体冲突的原因与结果

（一）群体冲突的原因

冲突的原因，从总体上看可以归为以下几点。

1. 人的本性

在自然界中，许多动物都具有好斗的本性，人类也在一定程度上继承了这种天性。正如英国政治家托马斯·霍布斯（T. Hobbes）所言，人性本质上是利己且富有侵略性的，因此人类常常处于激烈的对抗状态。组织中往往存在错综复杂的利益关系，不同的成员基于利己和侵略的本性，往往会为了维护自己的利益而发生冲突，并且通常表现为指责、争吵、打架等有形的冲突。

2. 信息冲突

因为人们有不同的获取消息的途径，而且相互之间也不交流，或者是在沟通时发生了偏差，往往容易造成冲突，如小道消息、搬弄是非等引起的矛盾即属此类。这种冲突具有破坏作用，要加以防止和消除。

3. 认知差异

每个人的知识、经验和态度的不同，导致了不同的人对同一事物的认知往往存在正确与错误、先进与落后、创新与保守等差别。这些差别也必然会引起人与人之间的冲突，而且在工作中比较普遍。

4. 价值观冲突

价值观是指一套判断是非善恶的标准。价值观的不同也可能是引发冲突的原因。例如，有的人能说会道、左右逢源、善走后门，在某些领导者的眼里，他是能人，而在另外领导者的眼里，他不是能人。有人认为增加产量、扩大规模是企业的首要任务，而有些人则认为提高质量才是头等大事，这些都是由于人的价值观不同而造成的冲突。

5. 本位主义

归属不同群体的个人在处理问题时往往都会首先考虑本群体的利害得失。如果都从自己的利益出发，公说公有理，婆说婆有理，则势必引起冲突。

6. 个性差异

个体的性格、能力、兴趣、爱好不同会导致工作过程中出现冲突。例如，工会要组织一项集体活动，有的人喜欢体育，可能会极力主张搞球赛；有的人喜欢跳舞，可能会要求办舞会；而有的人偏好游山玩水，他们则可能会力争去旅游。这样也难免会产生矛盾冲突。可以看出，在现实生活中冲突是不可避免的，关键是在具体处理时，要正确分析其产生的原因，区别不同类型再给予合理的解决措施。在工作中，由于不同的观点而引起的一些矛盾，如果能够在适当的时候加以解决，就可以帮助完成团队的目标。而对于一些往往会导致破坏性后果的不正常冲突，应防患于未然。

7. 争权夺利

权力是组织中人人都想获得的东西，因其背后代表着利益。从政坛里的腥风血雨到企业中的明争暗斗，历史上由于争权夺利而产生冲突的例子不胜枚举。究其实质，是将个人或小团体"小我"的利益置于整个组织"大我"的利益之上。争权夺利引发的冲突往往会造成极为严重的后果，因此组织应尽量避免这类冲突。

（二）群体冲突的结果

由于各种各样的原因，在群体内部或外部常常会发生冲突。而群体成员的认知、态度和行为都会受到冲突的影响。

1. 冲突对群体内部的影响

（1）群体内成员间的分歧减少，其成员更为团结，对群体更加忠诚。

（2）群体成员对群体目标任务的实现关心程度增加，逐步减弱个人需求。

（3）领导方式由民主型逐渐转变为专制型，并且成员愿意接受专制型领导。

（4）群体的组织与结构变得更加严密；群体会制定一些规章和制度，成员的职责明确具体，群体纪律严明。

（5）群体要求其成员效忠服从，会严格控制与对方的交往，防止泄露本群体的策略和机密，形成坚固的阵线。

2. 冲突对群体间关系的影响

（1）每个群体均把与之产生冲突的群体视为对立的一方，敌意会逐渐增加。

（2）在认知上出现了一种偏见，对于自己所在的群体只见长处而不见短处，而对于其他群体则只见短处而不见长处。

（3）随着对其他群体的敌对情绪的逐步加深，群体成员之间的交往和信息往来也越来越少，导致偏见难以被修正。

（4）在解决问题的过程中，双方互相攻击，只留意那些支持他们观点的言论。

三、群体冲突管理

随着社会分工的细化、外部环境的变化和信息技术的快速发展，各利益相关者的交互作用日益增强，多层次、多类型的矛盾日益突出，冲突问题的急迫性和重要性日益突出。因此，能否科学地处理冲突，并有效地利用冲突来达成自己的目的，对个体、群体、组织的生存和发展起着至关重要的作用。冲突是一种必然存在的社会与组织现象，单纯依赖经验与本能并不能有效应对，需要不断地进行学习与实践，以提高冲突管理的能力与水平。

（一）冲突管理原则

冲突管理可以分为广义和狭义两个层面。广义的冲突管理是指冲突主体对于冲突问题的发现、认识、分析、处理、解决的全过程。这个过程涵盖了对潜在冲突、知觉冲突、意向冲突、行为冲突及结果冲突等不同阶段进行研究和管理。狭义的冲突管理则更加专注于冲突发生后的反应行为，研究冲突的应对策略和方法技巧，以便对实际冲突进行更有效的管理。

在冲突管理中，必须遵循一定的基本原则，只有把握好这些原则才能更好地应对冲突。在处理冲突时，应当遵循下列基本原则。

1. 控制冲突水平

西方现代冲突理论认为，冲突对组织具有正面和负面两方面的作用。适当的冲突水平对组织具有正面作用，过高与过低的冲突水平都会对组织及团队产生负面作用。所以，我们应该对引起冲突的各种因素、过程和行为进行合理的处理和控制，将已经产生的冲突引导到积极的轨道上，尽可能地防止破坏性冲突的产生和发展，同时也要创造出适当的建设性冲突，达到冲突管理的目的。

2. 实行全面系统的冲突管理

传统的冲突管理专注于冲突发生后的控制和处理，具有被动性。实际上，冲突的形成和影响是一个系统的过程。现代冲突管理理论提出，要从整体上解决冲突的全过程、全要素、全矛盾、全问题，从而降低破坏性冲突的负面影响，发挥建设性冲突的正面影响，使冲突的代价降到最低。

3. 随机制宜处理冲突

没有一成不变的、适用于所有场合的理论与方法。因此，需要结合特定的情境，对问题进行分析与认知，并且要在不同的情境下，灵活地运用合适的策略与方法，来应对不同的冲突。

（二）冲突管理策略

组织对冲突的管理策略可分为两类，一类是试图减少或避免冲突的发生。以托马斯（K. Thomas）提出的冲突处理二维模式与布莱克（R. Blake）和莫顿（J. Mouton）提出的冲突方格理论为代表。另一类冲突管理策略是试图激发建设性冲突，以布坎南（D. Buchanan）等人提出的"激发冲突理论"为代表。

1. 托马斯的冲突处理二维模式

社会心理学家常常将人们在冲突中的行为简化为竞争和合作两个极端，认为人们倾向于竞争或者合作。但是，近年来的研究表明，这种简化的观点不能全面反映冲突行为。因此，美国心理学家托马斯提出了一种更为全面的冲突处理模式，该模式将冲突处理策略定义在二维空间中，其中一维是合作性（即试图满足对方关心点的程度），另一维是坚持己见（即试图满足自己关心点的程度）。通过将"合作性"作为横坐标，"坚持己见"作为纵坐标，该模式将冲突处理策略分为五种：竞争（坚持己见，不合作）、合作（坚持己见，合作）、回避（不坚持己见，不合作）、迁就（不坚持己见，合作）和妥协（在坚持己见和合作之间作出折中），如图 3-7 所示。

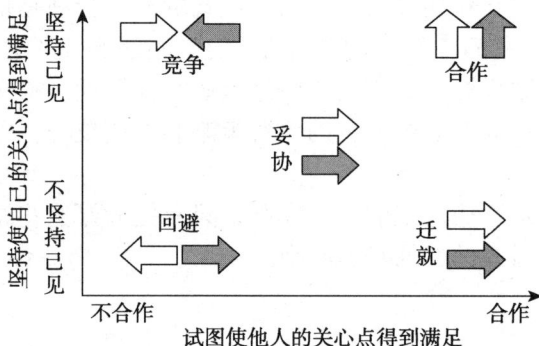

图 3-7　托马斯二维模式

（1）竞争策略。竞争策略也被称为强制策略，是一种非常固执且不肯合作的策略。它的特点是通过竞争手段强迫一方牺牲利益来解决组织冲突，即只考虑自己的利益而不考虑他人。在这种策略中，双方都不肯承认错误，固守自己的立场，并试图通过施加压力、威胁或惩罚来迫使对方牺牲利益或做出让步。这种策略往往只能让对方被迫屈服，难以从根源上彻底解决冲突，通常仅在双方实力悬殊或应对紧急危机时适用。

（2）回避策略。回避策略的特点是当冲突发生时，采用"一走了之""难得糊涂"的态度来忽视和回避冲突，或者以保持中立的方式来处理冲突。例如，在人际冲突中，当两个人产生矛盾时，可以选择离开原来的工作单位或部门，或避免与发生冲突的人发生联系，当问题只是一些无关紧要的小事，或个体没有时间、没有能力去解决冲突的时候，回避策略是适用的。但由于一味回避的态度会使得其他人感到不悦，如果过度使用回避策略，容易招致工作中其他人的负面评价。

（3）妥协策略。妥协策略也称为折中策略，它是在双方都需要做出一定的让步才能解决冲突的一种策略，通过一系列的谈判和讨价还价来"各让一步"，以避免陷入僵局，最后的结果通常是双方都能接受的一种不是完全满意的方案，为了保持主动权，双方可能会推迟做出让步，而不是一开始就做出让步。在进行妥协时，必须明确双方的底线，对越过底线的方案应坚决反对，并保持灵活应变的态度和相互信任。妥协被认为是一种务实的、有利于维护长期关系的冲突解决策略，但这种策略也可能会产生为了短期利益而牺牲长期利益的弊端，因此不适用于解决冲突的初期，而应当在清晰了解双方真正的争议焦点后使用。

（4）迁就策略。迁就策略是一种合作但态度不坚决的策略，是指当事人将对方的利益置于自己利益之上，通过退让屈服、迎合对方来解决冲突的一种方式。实行迁就策略的人可能希望通过一时的忍让，改善双方的关系，以换取合作的机会；也可能是在面对复杂问题或在重大压力之下的无奈选择。当冲突双方情绪过于激动时，采用迁就策略，有助于稳定情绪，避免发生过激行为，以便更好地沟通解决方案。值得注意的是，妥协策略只能暂时缓和冲突，而长期来看会过度压抑个体的真实情感，无法彻底改善冲突双方的关系，因此通常只是暂时的权宜之计。

（5）合作策略。合作策略指的是尽可能地满足双方的利益，力图达到双赢结果的冲突处理方式。实施合作策略的冲突处理者认为冲突是双方共同面临的问题。同时，在合作中双方应本着合作务实、平等沟通的态度，互相尊重理解，求同存异，以便寻求双赢的方案。在处理冲突时，双方应该充分沟通，了解冲突情境。合作策略在于通过对冲突的充分交流沟通，力图分析并解决真正的分歧，而不是一味地迁就或回避，通过合作最终提出双方都满意的方案。使用合作策略需要考虑冲突的类型及双方利益的情况，当双方都需要对结果负责，或各种解决方案可以整合为一个的时候，合作策略是有效的。例如，在某些企业进行劳资谈判时，企业提出要改善员工的待遇和福利，营造良好的工作条件，员工也承诺会努力提高生产效率和产品质量，双方合作共同提升企业的经营业绩，这就是运用合作策略达到双赢的典型。

对于以上五种冲突管理策略，每个人依据自己性格特质的不同，都有各自的偏好，且策略并不是一成不变的，成功的管理者应该根据具体的情景，选择合适的冲突管理策略。我们在表3-2中总结了每种策略的具体适用情景，供读者参考。

表 3-2　冲突管理策略的适用情景

冲突管理策略	适用情景
竞争	在面对紧急情况时；将要实施的方案对组织非常重要，可能招致激烈的反对，且管理者坚信自己是正确的
回避	这件事无关紧要，有其他更重要的事项等待处理；稳定各方情绪，重新思考方案；提出令人满意的方案是毫无希望的；冲突的破坏性极强，可能超过了潜在收益；有其他人可以更有效地解决冲突；解决这一问题可能牵出更大的问题
妥协	不值得为决策目标付出过多努力；冲突双方势均力敌，且互不相让；为了暂时解决过于复杂的问题；在压力下实施的权宜之计；当合作和竞争策略失效时，作为备选方案
迁就	当和谐稳定的关系非常重要时；当冲突一方发现自己确有错误而为了听取更好的意见；为以后其他问题的解决奠定人际基础；如果竞争策略失败将面临极大损失
合作	决策目标或涉及的利益太重要，无法妥协或回避；双方本着相互学习的态度；需要将各种角度的观点和方案进行融合；提出的方案需要得到冲突各方的广泛认同

2. 布莱克-莫顿的冲突管理模式

美国管理学者布莱克–莫顿基于"管理方格"理论，提出了名为"冲突方格"的冲突管理模式。该模式基于两个维度——关心员工和关心工作，旨在分析管理者处理冲突时的态度与风格。图 3-8 展示了该模式的具体内容。

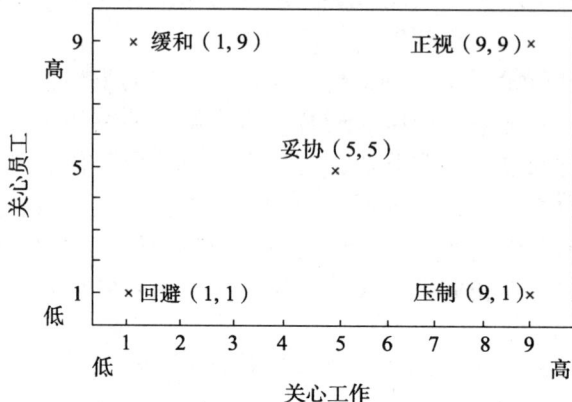

图 3-8　布莱克–莫顿的冲突方格

根据布莱克–莫顿的冲突方格理论，管理者在处理冲突时可以选择 5 种不同的策略。

（1，1）方式：回避。管理者采用回避、逃避或保持中立的态度来解决冲突。这种方式一定程度上可以缓解矛盾，但无法从根本上解决冲突。

（1，9）方式：缓和。管理者利用表面上的紧张气氛来缓和双方矛盾，试图让双方和平共处。与回避类似，这种方式仅能维持双方暂时的和谐关系，难以从根本上化解冲突。

（9，1）方式：压制。管理者运用自己或他人的权力逼迫对方服从，通过压制不同意见来全面压制冲突行为，如将冲突交由上级部门进行仲裁。这种方式可以快速解决争议，但从长期来看，可能会损害组织成员间的关系。

（5，5）方式：妥协。管理者让冲突双方进行谈判，双方各做出一定让步和妥协来解决冲突。这种方式在大多数情况下均可行，但也有可能造成"双输"的局面。

（9，9）方式：正视。管理者在面对冲突时，既不选择逃避也不选择一味维持表面关系，而是正视冲突的存在，深入分析冲突产生的根源，积极协调冲突各方利益，力求提出让各方都满意的方案，以彻底化解冲突。从理论上说，这是一种最为积极有效的冲突处理方式，能够从根本上解决冲突。

但需要指出的是，虽然从内容上看，冲突方格理论和托马斯的二维模式存在相似之处，但两者的主体不同，托马斯的二维模式侧重于从冲突当事人的视角提出处理方法，冲突方格则是从管理者（不一定为冲突当事人）的视角出发，指出管理者在面对冲突时的处理方法。

3. 布坎南的"组织—协调"四阶段模型

上面主要讨论了抑制化解冲突的若干方法，然而，在一些学者看来，组织有时需要增加建设性的冲突，即布坎南等学者提到的"激发冲突"理论。布坎南关于组织冲突的

"组织—协调"四阶段模型提到了实现激发冲突的几种方法。

（1）沟通。管理者故意不提供完整、准确的信息或故意对信息进行隐瞒，从而唤起员工的危机意识，激发员工讨论。

（2）重组公司。通过改变公司组织结构来激发冲突，如调整工作群体，成立新的部门，并改变规章制度。

（3）引进外部人员。这种方法主要是将一些拥有与现有人员不同背景、价值观、态度或者管理风格的人加入群体，如波音公司前总裁、有 37 年航空业工作经验的穆拉利（A. Mulally）在 2006 年"空降"到陷入严重亏损的汽车业巨头福特公司任总裁。穆拉利在福特公司实行大刀阔斧的改革，福特公司出现组织冲突，不到半年时间就有好几位副总裁辞职。2008 年发生的金融危机，福特公司是美国三大汽车公司中受影响最小的一家。金融危机后，福特迅速走出了低谷并实现了盈利。

（4）魔鬼代言人。在组织中，需要有人扮演"魔鬼代言人"，即在决策时故意尽可能多地提出批评和反对意见，以促使人们进行批判性思考，提高决策质量。

（5）辩证的方法。在进行重要决策时，可以通过"头脑风暴"等方式充分激发团队成员的思维，产生尽可能多的备选方案，从而为决策提供更多充分的考虑。

（6）领导风格。在组织变革的规划中，领导风格的改变是关键部分，组织可以任命能够鼓励而非压制成员提出非传统观点看法的管理者。

（三）激发建设性冲突

在管理过程中，为了更好地推动组织不断发展，促进创新和变革，除了要掌握解决破坏性冲突的技能外，管理者还需要掌握策划、激发建设性冲突的方法。

1. 识别是否需要激发冲突

当组织中存在以下问题时，表明组织需要激发冲突：你的下属不敢反对你的意见；你的下属害怕被你认为是无知的，决策者在处理冲突时过分倚重妥协策略和回避策略，忽略了深层次矛盾和组织的长远目标；管理者认为组织中最重要的目标是维持表面上的和谐关系，为此花费了大量精力；管理者认为相较于能力和绩效出众，得到他人肯定评价的员工更应该获得奖励；决策者过于注重不伤害他人情感；管理者过分注重在决策中"求同"，而忽略了"存异"；员工非常抗拒进行组织和工作变革；组织中缺乏创新思维；很少有员工提出换岗和离职。

2. 激发冲突的方式

为了激发组织内部的建设性冲突，可以采取以下措施。

（1）要建立鼓励冲突的文化。例如，定期开展"我为组织献一计"等意见建议征询活动，对提出对企业经营有重要价值的意见建议、成功激发建设性冲突的员工，公开给予加薪、升职等奖励，在组织中营造出鼓励建设性冲突的良好氛围。

（2）可以改变组织结构来有效激发冲突。调整部门数量、改变各部门工作内容、职权范围，促使组织调整权责关系，通过组织结构调整激发出新的创意和灵感，为组织注入活力。

（3）可以利用信息和信息渠道来激发冲突。具有威胁性和模糊性的信息可以促进积极思考，减少漠视和提高冲突水平，如危机言论或晋升传言等。透过非正式的信息渠道提前透露一些消息，试探组织中的反应，也是一种常用的方法。

（4）可以利用鲶鱼效应激发冲突。在长期的共同活动中，员工的行为方式会逐渐趋同，导致组织活力下降。引入一些个人背景、知识体系和处事风格与现有员工不同的成员，可能会对组织的陈规陋习形成冲击，从而激发更多的创意。

（5）可以树立对立面，激发建设性冲突。在群体层面，可以建立群体间的竞争对手关系，以激发群体斗志。在个人层面，可以有意提出与大多数人背道而驰的观点或做法，即使自己实际内心同意，也要换位思考，故意提出反对意见，并陈述出理由，以激发团队创新和辩证的思维，防止"一言堂"，避免决策失误，提高决策质量。

本章小结

群体是指为了达到某种特定的共同目标，由两个或两个以上相互联系、相互影响的个体所组成的人群组合体。群体的形成原因很多，不同的群体对组织和个人产生不同影响。群体规范、压力、凝聚力、士气、信息沟通、团队建设、群体决策及群体冲突等方面是群体展开研究和进行群体管理的几个重要方面，本章对这几个方面进行了深入的探讨。

复习思考题

1. 什么是群体？举例说明群体的心理与行为特征。
2. 影响群体凝聚力的因素有哪些？群体凝聚力是否越高越好？请举例说明。
3. 信息沟通常存在哪些障碍？你认为应如何克服？
4. 团队有哪些构成要素？为什么说"团队是有机结合的群体"？影响团队效能的因素是什么？请举例说明。
5. 冲突的定义是什么？解决冲突的途径有哪些？

随堂测验

倾听技能测试

[说明] 下面所陈述的反映了人们听别人说话时的各种习惯。对于每条陈述，请根据你本人的实际情况，在量表中选择一个数值表示你同意或者不同意的程度，1=非常不同意，2=不同意，3=不确定，4=同意，5=非常同意。记住，答案没有对错之分。完成调查后，把 17 项的分数加总，然后把它记录在空白处。

下面陈述的是一些倾听别人时的一些行为或习惯，请你根据自己的情况，在右边的李克特五分量表中选择合适的数字并打钩，然后把所有题项打钩的数字加总，即可得出你的倾听技能得分（1～5 依次表示从非常不同意到非常同意）。

1. 听别人说话我会开小差或发呆。   1 2 3 4 5
2. 我会自觉总结我听到的内容。   1 2 3 4 5

3. 我会观察说话者的体态、表情等非语言因素来辅助理解说话者的意图。

4. 在上课时，我关注更多的是内容。　　　　　　　　　　　　　　1 2 3 4 5

5. 即使他人讲话非常枯燥，我也会认真听讲。　　　　　　　　　　1 2 3 4 5

6. 即使我非常讨厌说话者，我也会专心听讲。　　　　　　　　　　1 2 3 4 5

7. 在说话人讲完之前，我不会提前对所讲的内容作判断。　　　　　1 2 3 4 5

8. 即使我觉得内容无趣，我仍会认真听。　　　　　　　　　　　　1 2 3 4 5

9. 即使说话人开了我认为不适当的玩笑，我仍然能保持克制。　　　1 2 3 4 5

10. 当说话人语气很冒犯时，我仍能保持冷静。　　　　　　　　　　1 2 3 4 5

11. 在倾听时我会全神贯注、毫不分心。　　　　　　　　　　　　　1 2 3 4 5

12. 当我不在听时，我不会假装在听。　　　　　　　　　　　　　　1 2 3 4 5

13. 当听别人讲话时，我能全程集中注意力。　　　　　　　　　　　1 2 3 4 5

14. 即使听到我不同意的观点或意见，我仍能保持专注。　　　　　　1 2 3 4 5

15. 我会不时地反省和提高我的倾听技能。　　　　　　　　　　　　1 2 3 4 5

16. 在听讲时，我会关注并利用主办方提供的视听辅助设备。　　　　1 2 3 4 5

17. 在听讲时，我会对所听内容做笔记。　　　　　　　　　　　　　1 2 3 4 5

[评分标准]17～30分，较差的倾听技巧；31～50分，中等的倾听技巧；51分以上，良好的倾听技巧。

案例分析

把珍珠串成项链

联想集团从 1984 年创业时的 11 个人、20 万元资金发展到今天年收入 4 847 亿元、贡献各类税收超过 150 亿元的国际化大型产业运营和投资集团。联想成功的密码到底是什么？很多学界和业界专家从不同的角度进行了分析，在这里，我们主要从人力资源管理的角度对联想集团进行剖析，通过几个例子可以分析出联想集团的一些管理经验。

一、观念的转变，提出"项链理论"

要想做好人力资源管理，必须首先树立正确的人才观念。和其他企业类似，联想集团在初创时并不太重视人的工作，由于在创业初期，大多数员工都是从中国科学院计算机所"下海"的科研人员，因此在初期人力资源管理观念方面仍然沿袭了科研院所的作风，强调学习老一辈科学家为国无私奉献的情怀，倡导"春蚕到死丝方尽，蜡炬成灰泪始干"的蜡烛精神。而随着企业员工的不断增加，特别是 1988 年首次面向社会招聘员工及 1995 年上市之后，公司逐渐意识到需要转变人才观念，将人看作宝贵的资源，意识到企业和个人是相互成就的，个人在为企业奉献的同时，也在自己的岗位上发挥潜能、得到锻炼，最终实现人生价值。因此公司大力提倡员工关怀，努力为员工创造一个积极向上、健康、和谐的工作环境。

在强企如林的北京中关村，如何在和微软、IBM 等国际大企业的人才竞争中找到自己的优势？联想提出了人力资源管理的"项链理论"，正如一条项链包含珠子和串起珠子的线，各类人才就像项链的珠子，而人力资源管理制度就像一条线。要想广纳贤才，就必须在公司内部建立完善科学的人力资源管理制度，有了好的制度，才能使优秀人才进得来、用得好、留得住，最终串成属于联想的"人才项链"。

二、在赛马中识别好马

年轻人是公司的未来，联想始终高度重视培养年轻员工的工作。一方面，每年投入大量指标用于招聘应届毕业生和实习生，并通过完善的培训发展计划，让新员工迅速适应职场环境，了解联想公司；另一方面，大胆起用年轻干部，每年都会有一批有知识、有能力、有作为的年轻员工被破格提拔，进入到公司管理层。联想对年轻人的总策略是"在赛马中识别好马"，即在年轻员工的彼此竞争中，使优秀者有机会脱颖而出。这就要求做好以下几方面工作：第一，要为年轻人提供足够多的合适的岗位；第二，要倡导专业发展，为员工建立了多个专业发展通道，帮助员工明确当前发展阶段的目标及未来的发展方向；第三，制定科学合理的绩效考核体系和激励制度。

联想几乎每年都会进行组织机构和业务单元的调整，这样频繁的调整在外界看来似乎过于折腾。但联想认为，一方面，现今高度不确定的外部环境要求企业必须快速变革；另一方面，频繁的变革也有利于识别出真正有才干的年轻人。正所谓"疾风知劲草，板荡识诚臣"，只有能快速适应改变并始终作出卓越绩效的人才是公司最需要的"千里马"。

三、善于学习者善于进步

联想作为脱胎于中国科学院的高科技企业，始终坚持"尊重知识"的良好作风，喊出"善于学习者善于进步"的口号，致力于在全公司营造良好的学习氛围，鼓励员工不断学习，不断提高，打造学习型组织，从而促进公司整体进步。

联想注重向世界知名公司学习管理经验，如在数字化转型方面，早在 1998 年，联想就聘请了由 SAP 公司和德勤公司联合组成的 ERP 咨询团队，"摸着石头过河"，用时两年使得联想 ERP 系统得以成功上线。而面对当今的数字化浪潮，联想借鉴其他大企业的经验，成立了全新的方案服务业务集团（SSG），将 IT 部门整体并入 SSG，从而为全公司实现整体数字化转型赋能。在人力资源管理方面，聘请戴尔、惠普等国际知名企业的人力资源管理人员作为讲师，对公司的人员"选、育、用、留"实行全方位指导。特别是在收购 IBM 的 PC 业务后，进行了大规模人力资源管理转型，在人力资源管理体制方面，采用了由知名管理学家戴维·尤里奇（Dave Ulrich）提出，并在国际实务界比较流行的 HR 三支柱体系，由原先的职能部门逐渐转型为业务部门的合作伙伴，聚焦于核心事务，即战略性的人力资源管理，并将一些边缘业务标准化后实行外包。通过变革精简了人力资源部门的职能，提升了工作效率。同时在员工管理上，联想特别注重轮岗制度，要求员工能在多种角色、多种工作之间迅速转换。尽管联想属于高科技企业，但其科技成果并不能自动地转化为公司利润，因此不仅需要技术研发类人才，还需要市场营销、财务管理等成果转化类人才。联想特别强调不能为了当"尖子"而变成"书呆子"，全体员工特别是领导者必须广博地学习各类知识，成为多面手。同时联想也特别重视领导人员的管理，"火车跑得快，全凭车头带"，联想相信，一批具有远见卓识的领导人组成的团结奋进的领导班子是企业能够成功的关键，联想要求领导人员必须具备品行端正、胸怀大志、善于学习、审时度势等核心胜任素质。而善于学习和善于总结是其中最重要，也是最难的一点。正如公司创始人柳传志所言，在今天这个时代，外部环境瞬息万变，而企业不仅要保证不犯错误，还要继续前进，就必须从书本上和别人身上吸取教训，一个企业的管理者千万不能自满自大，而应该虚怀若谷，不断学习总结，才能不断进步。

资料来源：陈恩元. 把珍珠串成项链：联想集团人力资源管理经验[J]. 人才瞭望，2002(7)：44.

案例思考题：

（1）请你从理论上总结联想集团的管理经验。

（2）联想集团起用年轻人的政策有什么理论依据？

（3）联想集团的管理模式给你带来什么启示？

即测即练

自学自练　　扫描此码

第四章

组织心理与行为

◇ **学习目标**

理解组织结构与组织设计的基本内容；掌握组织变革的概念、动因和阻力，理解组织变革阻力的解决方法；了解组织发展的概念与方法；掌握组织文化的含义与特征、组织文化的结构与内容、组织文化建设；理解学习型组织的概念、特征、构建模型。

◇ **内容提要**

组织是社会化大生产的产物，既是生产的组织形式，又是进行生产的有效手段。它是由许多个体和群体组成的一个有机整体，具有自己的特点和行为规律性。本章聚焦于探讨组织结构与设计、组织变革与发展、组织文化管理等内容。在学习过程中，组织结构、组织变革、组织文化建设是重点，组织变革解决方式和组织发展方法是难点。

第一节 组织结构与设计

一、组织结构

（一）组织结构的概念与内容

1. 组织结构的概念

组织结构是指组织各部门之间的一种相对稳定的结构模式。这种结构模式不像机械系统的结构或生物系统的结构那样具体，而是体现在组织的实际活动中。在生物系统中，结构与过程（或功能）的区别是明显的，而对于组织的这种复杂的社会系统常常难以作出很明确的区分。人们通常把组织结构看成是静态的，把组织功能看成是动态的。

2. 组织结构的内容

（1）部门结构。部门结构是指管理部门的设置及相互之间的隶属与协作关系。

（2）职责结构。职责结构是指业务部门的职责及相互关系。

3）职位结构。职位结构是指各层次职位及相互关系，如局长、处长、科长、股长等。

（4）职权结构。职权结构是指与权责、职位相对应的权力范围的划分及相互关系。

（5）人员结构。人员结构是指各部门的人员配置及人员的相互关系。

（6）信息结构。信息结构是指各部门应该拥有和提供的信息及相互之间信息沟通的逻辑网络。

科学的组织结构是实现组织目标的关键因素。组织结构不仅决定了组织的运营模式，还影响着组织效率和成员们的心理健康，是实现组织目标的基础和保障。

（二）组织结构的基本模式

随着时代的发展，组织结构也在不断演变，从传统的直线型、职能型到现代的多维立体型。这些结构不仅满足了企业的需求，而且也为企业提供了更加灵活的运营模式，从而更好地实现企业的目标。

1. 传统型组织结构

（1）直线型结构。直线型结构是一种以上下级之间的权力分配为基础的组织架构，它以一条明确的直线作为指引，上级拥有完整的责任和权限，而下级则仅接受上级的指示，没有任何交叉。这种组织结构最初源自军事机构，因此也被称为军队式结构。使用直线型结构可能会带来许多好处：结构简洁，分配的权力清晰，组织稳健，指挥集中，决策快捷。但是，它也存在着一些问题：层次分工烦琐，缺乏灵活性，无法及时传递信息，并且容易导致管理层的工作量增加。因此，它并非所有的企业都适用的。

（2）职能型结构。职能型结构是将领导层的职责划分为多个部门，每个部门都有自己的权限和责任，并且负责指挥下属。这种架构允许多个部门协同工作，共同完成一项重要的任务。采用职能型结构的好处是：它既能满足工业技术的需求，又能提供更加精准的分配；它的管理更加有条理，更加有效，同时也有助于缓解管理人员的压力。然而，它也有局限性：由于上层的指挥权过大，命令的执行可能会出现混乱，而且还容易出现本位主义，责任也很模糊。对于一些特定的部门来说，使用职能型结构会更有效，而对于更高的领导层来说，这种架构并不总是适用的。

（3）直线职能型结构。直线职能型结构将直线式管理模式与职能管理模式相融合，使得管理者可以更好地控制团队的运营。该结构的特点之一就是管理者可以通过设立专家团队作为参谋来协助管理团队，并且可以根据团队的需求进行调整。采用直线职能型结构可以充分发挥其独特的优势，既可以有效地维护和改善整个组织的运行，同时也可以充分利用其专业的特色，以此来极大地提升组织的运营效率。然而，这种形式也存在着明显的弊端：每个职能部门都有其独立的运行机制，这种独立运行机制的存在可能导致信息的传递过程受到阻碍，从而出现组织重复运营的情况，提高组织的运营成本；此外，该结构缺乏灵活性，容易受到外界的影响。目前，直线型结构已经成为使用频率较高的组织结构。

2. 现代型组织结构

随着现代化大生产的发展，组织结构也随之发生了变化，其特征从集权转变为分权，由单一的直线结构转变为纵横交错、多维多层的立体结构，以满足不断变化的市场需求。

（1）事业部型组织结构。事业部型组织结构是指在总公司的指导下，根据产品或地域划分为若干个子部门，每个子部门都独立进行经营核算，自负盈亏，规定了其组织目标的制定和实施，而这些目标的具体执行和实施则由子部门自行完成。事业部负责确保公司的利润目标得到实现，并且可以根据实际情况调整组织结构，以满足不断变化的市场需求。采用事业部型组织结构的优点是：可以让最高管理人员从烦琐的日常管理中解放出来，担任重要的决策职能，实现大权独揽、小权分散的目标，激发每个子公司的积极性与创造力；可以促进公司的整体协同，实现跨界融合；可以帮助公司更好地适应不断发展的市场环境；还可以帮助公司培育并不断改进其管理人员的能力。但由于事业部型组织结构的存在，使得不同的子公司很难建立良好的合作伙伴关系，从而导致单一子组织仅仅考虑自身的短期收入，无法充分考虑到全面发展的需要，从而使得企业的总体效率受到影响，同时也会导致子组织的工作量过大，从而给企业带来更多的压力。对于那些拥有庞大的客户群、丰富的产品线、复杂的生产流程、迅速的市场反馈及对可持续发展的高度需求的大型集团公司，采取事业部型组织结构可能是一个更好的选择。

（2）矩阵型组织结构。矩阵型组织结构是一种将多个职能部门的工作流程有机地结合起来的组织结构，它将不同的职能部门的工作流程有机地融合在一起，以实现一个共同的目标。每个职能部门都会派出一支专业的团队，由一位负责人领导，任务一旦完成，团队就会解散，所有成员都会返回原来的部门。小组由负责人和本职能部门共同领导，共同努力实现目标。矩阵型组织结构具有多种优势，包括灵活性高、适应性强、可以汇聚各方资源，促进创新；可以增强各部门之间的业务联系，促进彼此学习，提升整体水平；可以灵活调整人员配置，充分发挥人的潜力。因此，它非常适合那些需要创新思维和灵活应对的高科技公司，如军工企业、航空航天企业等。

（三）组织结构模式的新发展

近年来，许多学术界的专家们都认识到，不断的组织创新才是获得企业竞争优势的关键所在。因此，许多公司都积极地改善自己的组织结构，从而更好地满足市场的需求，并且使公司具备更强的灵活性与反应速度。通过实际应用，我们发现采用新的组织结构，如网络结构、工作团队等，能够增强企业的竞争优势。

1. 团队型组织结构

工作团队是一种由个体组成的团队，旨在通过团队协作来实现共同的目标。它的主要特点是：跨越部门的界限，能够快速地组建、重组、解散并促进员工之间的合作，从而提高决策的效率和工作的成果。在小型组织中，团队结构是一种重要的组织结构，它不仅可以帮助企业实现更高的效率，还可以提升企业的灵活性，使企业更加有效地完成其职责。在大型组织中，团队结构则是企业发展的重要支撑，它不仅可以帮助企业实现更高的目标，还可以提升企业的整体绩效。

随着时代的发展，团队的定义也在发生变化。从原本的单纯的员工群体，到现在的多元化的项目小组，都在努力实现着团队的协作与创新。如今，团队的理念已经从单纯的员工群体转变为将客户的利益放在首位，致力于提供高质量的服务，实现全方位的沟通与协作。随着时代的进步，企业的管理理念已经大大改变，过去的单一性和局限性已经被更加灵活的多元化的团队所取代。因此，企业的管理模式也正在朝着更加多元化和灵活的方向演进，权力结构也正在朝着更加灵活的方向演进，更加注重客户的需求。

2. 网络型组织结构

网络型组织结构是一种以网络为基础的组织结构，它将企业的核心职能转移到外部组织，通过与其他组织的合作，实现企业的制造、分销、营销等关键业务的运营。网络型组织的核心是一个由经理组成的小组，负责监督企业的运营，协调企业内部的各种组织关系，实现企业的目标。管理者应该把大量精力投入到协调和控制外部关系的工作中，包括与外部组织签署、执行合同，并且深入了解全球的文化、法律环境，以此来提升自身的商业谈判技巧。网络型组织结构图，如图 4-1 所示。

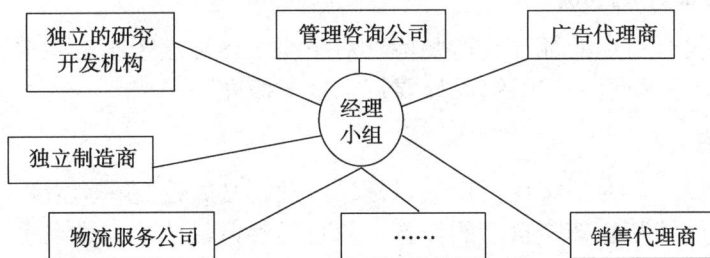

图 4-1 网络型组织结构图

资料来源：袁凌，雷辉，刘朝. 组织行为学[M]. 北京：中国人民大学出版社，2012.

随着科学技术的进步，虚拟公司已经成为一种全新的商业模式，它也属于网络型组织结构。它拥有一个全面的架构，包括设计、制造、市场、资金管理、客户服务、物流、支持服务、知识分享、资源共享、数据挖掘、数据分析、数据挖掘机制。通过采取多种手段，如利用互联网技术、数据分析、模拟技术等，企业可以实现对核心功能的有效控制，并利用这些控制来提升自己的市场份额。这种全新的经营模式，自问世以来就受到广泛的认可，并且具有极高的发展潜力。

网络型组织结构具有效率性、灵活性、环保性和节约性等特性。这些特性使这种组织结构更加符合当今社会的需求，而且它们的灵活性使得它们更加便捷，从而减少了企业的经济负担，使得企业能够更加轻松地实现其目标。尽管网络型组织结构可能更加灵活，更容易应对市场的多样性，但是由于缺乏足够的监督，一旦出现问题，就可能导致更加恶劣的后果。因此，不能完全依赖这种形式，尤其是针对那些面临着日新月异的市场需求的企业。

二、组织设计

（一）组织设计的概念

当今世界的组织无论是要对现有组织进行变革，还是建立一个全新的组织，都要对组织进行设计。赫雷季尔（O.Hellriegel）、伍德曼（W. Slocum）和斯洛克姆（W. Woodman）认为，组织设计是创造一个能够有效地传达、执行、监督、激励、约束的机制，以便有效地将各种职能和资源有机地整合在一起，以达成共同的目的。西拉吉（A. D. Szilagyi）和华莱士（M. J. Wallace）认为，组织设计是将不同的职能、职责与行动有机地整合在一起，从而达到有效地协同行动的目的。

组织设计是一种通过有效的方式来改善组织结构、实现组织目标的过程。它涉及多个方面：第一，通过分析和评估组织内部的因素，如战略、技术、人员等，来确定最佳的组织结构；第二，通过分析和评估组织外部环境，来优化组织的运作方式，从而达到最佳的组织效益。

优秀的组织设计是提升组织绩效的关键因素。组织设计为提高工作效率提出了一系列明确的指令，以促进组织内部的协作和合作，并建立一个完善的组织架构，以确保组织活动的持续性，并且能够准确地确定组织活动的范围和劳动的分配。

（二）组织设计的标准

组织设计要符合一定的标准，这些标准对组织设计提出了基本要求，是衡量组织设计有效性的依据。一般说来，组织设计要符合以下标准。

1. 目标明确

组织机构的设立是为了实现特定的目标，因此，必须建立一套清晰的目标体系，以便每位成员都能够清楚地知晓自己的任务，并且能够以最佳的方式来实现这些任务，从而达到组织的最终目标。明确的目标是激励团队成员行动的动力和指引。

2. 决策迅速

良好的组织设计，必须符合决策程序的要求，从而保证各级管理者迅速作出正确的决策。

3. 结构简单

在完成目标的前提下，组织设计越简单，产生的问题越少，从而使职责更加明确，沟通更加方便，决策更为迅速，灵活性、适应性更强。最简单的组织是最好的组织。

4. 管理效率高

组织的高效率是组织设计的核心。一个组织机构，如果以最少的人力、物力、财力投入就能维持正常运转，实现组织目标，那么它就是一个有效的组织。

5. 信息渠道畅通

组织的优劣程度很大程度上取决于信息沟通的能力，组织的共同目标是通过信息沟通使组织中的成员有所了解。组织成员的一切活动也是以信息沟通为基础的。因此，良好的组织设计必须使组织结构的信息渠道明确、直接、完整和畅通。

6. 人际关系和谐

组织是由人构成的，组织设计不能忽视人的因素，必须考虑人的社会和心理需要，使组织内部有和谐的人际关系。良好的人际关系能提高组织的凝聚力，提高成员的士气，有利于组织目标的实现。

7. 稳定性和适应性

一个组织必须有充分的稳定性，能在动荡的环境中进行工作，并能连续地、持久地进行活动。但追求稳定性需要避免走向僵硬。同时，组织结构要有高度的适应性，能适应新的要求、新的需要、新的条件，只有这样才能继续存在。

（三）组织设计的原则

1. 传统组织设计的原则

（1）明确等级原则。这一原则是指将组织目标、责任、权力从组织最高层向最低层垂直分解，并建立起一个等级层次结构。明确规定上下级的关系并公之于众，以便大家共同遵守。各级都有各自的目标、职权范围，各级主管在权限范围内对下级有决定权，超出权限范围则要向上级请示。一般来说，组织等级划分为以下几个基本层次：一是最高管理层，负责制定总体目标并安排人力、财力和物力资源，并进行重大人事调整；二是中级管理层，负责分解的目标，并协助最高管理者进行决策，提供有效的信息和指导下属的工作；三是低级管理层，负责执行指令，并确保实现组织的目标；四是操作层，主要是根据命令进行各项实际操作。

（2）统一指挥原则。统一指挥意味着每个人都只有一个直接的领导，他们必须遵守一个领导的指示，并且要与其保持密切沟通。这样，他们就不会被多个领导同时指挥。每个领导都负责管理自己的团队，并向下属传递所有的指示，但不能越级授权或指挥。贯彻统一指挥原则要处理好两个方面的关系。一是集权与分权的关系。集权是指有关组织全局的重要权力集中在上级手中，以保证统一命令的贯彻执行，下级必须服从上级领导，不能自行其是。分权是指上级将非必要的权力授予下级，使下级能承担有关的任务，以加强组织的灵活性和适应性。二是直线职权与参谋职权的关系。直线职权是实现组织目标的重要手段，它既要求按照统一指挥原则进行行使，又要求参谋职权提供有效的支持、建议和参考，以确保其有效性和可持续性。

（3）专业分工原则。不同的专业分工可以通过任务、职能、流程、产品、客户需求和地域等方式来实现。随着企业规模的不断扩张，生产经营活动变得更加复杂、多元，管理者需要根据劳动分工的原则，将不同的工作结合起来，形成一个个专业化的部门，以满足企业发展的需求。自 20 世纪 90 年代以来，顾客导向战略的推行，使许多组织开始重新审视传统的部门化原则，并将其作为一种新的管理模式。这种新的模式不仅拓宽了组织的边界，而且也改变了原有的僵化的部门划分，从而更好地满足了客户的需求。

（4）权责对等原则。权责是指职权与职责。职权可以分为直线职权和参谋职权。在直线职权和参谋职权的两者之间还存在一种职能职权，这种职权来自管理人员将自己手中掌握的直线职权赋予其他人员——或是参谋人员，或是参谋部门来行使，掌握这种职权的人员不仅掌握参谋职权，还具有一定的指挥权力。职责可以分为执行职责与最终职责。管理者向下授予执行职责，并且这一职责还有可能继续下授，最终职责则是不可下授而需保留的，管理者应对授予了执行职责的下属的行动最终负责。因此，管理者应当负起授予所授职权相等的执行责任，但最终的责任永远不能下授。权责对等原则的要求是：职权与职责对等，如果职权大于职责，则可能出现滥用职权的现象；相反，如果职权小于职责，则可能出现指挥失灵的现象。

（5）适当管理幅度原则。管理幅度会影响组织的复杂性和结构。如果管理幅度较大，组织的层次会变得更加紧密，形成扁平结构，从而使管理人员承受更大的压力；而如果管理幅度较小，组织的层次会变得更加简单，形成直式结构，从而使管理人员承受更小的压力。

2. 现代组织设计的原则

现代组织设计是在传统组织设计的基础上发展了一些新的原则，主要有以下原则。

（1）以人为中心的原则。组织设计应以人为中心，而不应该以物为中心。我们可以将组织视作以人、财、物、信息等多种元素在一定时间和空间内的有效组合，但这些组成组织的多种元素之中的"人"是组织的主体。管理者为了使组织目标得以实现，必须将人的积极性、主动性、创造性发挥出来。

（2）符合人的需要和特点的原则。人有被他人理解、尊重、信任、支持的社会心理需要。组织设计应该充分考虑人的心理需求，并且避免将组织层次划分得太多。这样可以减少上下级之间的距离，使得他们更容易进行有效的沟通，并且更容易获得上级的认可，从而提升组织的整体观念，激发员工的积极性。

（3）弹性原则。组织设计应该灵活多变，不能故步自封，而是要根据当前的环境、技术、战略和人员状况，灵活运用多种组织设计，并及时调整和完善，以达到最佳的组织效果。

（四）影响组织设计的因素

影响组织设计的因素有很多，其中组织规模、组织战略、环境因素、技术因素是最重要的影响因素。

1. 组织规模

组织规模会对管理层次和管理幅度产生重要影响。管理层次是指将组织划分为不同的等级，而管理幅度则是指一个领导者能够控制的范围。这两个因素共同决定了组织的纵向结构，同时使组织的横向结构也会受到影响。

在组织管理中，管理层次与管理幅度具有相关性。在组织规模一定的情况下，如果管理幅度较大，那么它相对应的层次就会较少；而管理幅度较小，那么意味着它有较多的层次，这两者呈负相关关系。根据组织层次的多少和组织幅度的大小，我们可以将组织结构分为直式结构和扁平式结构。

直式结构的特点是管理幅度小，但分工明确，上下级之间能够有效协调。然而，它也存在一些缺陷，如管理成本较高，信息传递需要更多的时间；此外，由于管理过于严格，可能会影响到下属的满意度和创新能力。

扁平式结构的优势是管理层次少，使得管理成本低，信息传递迅速；管理范围广，使得成员拥有更多的自主权，从而提升满意度。然而，它也存在一些缺陷，如无法对下属进行有效的监督，以及上下级之间的沟通不够顺畅。

在组织中采用直式结构还是扁平结构，应考虑如下因素。

（1）随着工作任务的相似性增加，管理范围会变得更加广泛，因此可以采用扁平式结构，以减少管理层次；而当工作任务之间存在较大差异时，则应该采用直式结构，以缩小管理范围，并适当增强管理层次。

（2）当员工的工作岗位相似时，可以通过扩大管理范围来实现扁平式结构；相反，应该采用直式结构来实现更好的管理效果。

（3）如果员工具备良好的工作自觉性和责任感，并且具备较强的工作能力，那么应该鼓励他们自主管理自己，并发挥他们的创造性。为了达到这个目的，建议采用扁平式结构。相反，如果员工的素质较低，则建议采用直式结构。

（4）主管人员的素质水平。如果主管人员的素质高，有较强的管理能力，可以拓宽管理幅度，宜采用扁平式结构；反之，宜采用直式结构。

（5）如果工作任务需要跨部门、跨层级、跨系统协调，那么最好采用直式结构，以最大限度地提升协调效率。

因此，我们要根据组织的实际情况，因地制宜地选择组织结构，提高组织的效能。

2. 组织战略

组织战略是组织发展的核心，它指引着组织在未来的发展方向和水准，其变化将直接影响组织的发展。因此，在制定战略时，必须充分考虑组织的实际情况，并且要及时调整组织结构，以便更好地实施战略。

1978年，美国著名的企业管理学家雷蒙德·迈尔斯（R. E. Miles）和查尔斯·斯诺（C. C. Snow）在《团队策略、架构和流程》一书中提出了一系列有助于改善企业绩效的见解，如表4-1所示。

表 4-1　战略与组织结构

战略	目标	环境	组织结构特征
防守型战略	追求稳定和效益	相当稳定	严格控制，专业化程度高，规范化程度高，规章制度多，集权程度高
进攻型战略	追求快速和灵活反应	动荡复杂	松散型结构，劳动分工程度低，规范制度低，分权化
分析型战略	追求稳定效益和灵活性相结合	变化	适度集权控制，对现有的活动实行严格控制，但对一部分部门采用分权或相对自主的方式，组织结构采用部分有机式，部分机械式

资料来源：袁凌. 组织行为学[M]. 长沙：湖南大学出版社，2008.

3. 环境因素

环境因素主要指组织的内外环境因素。其中，在外部环境中，受组织间的竞争、购销的状况与市场的需求及整个社会文化背景对组织的要求和影响。在内部环境中，主要有组织管理、目标价值、技术结构、社会心理等因素。任何一个组织系统总是与社会环境有着极其密切的联系。企业的组织结构必须适应内外环境的变化，面向社会和职工的需求，不断地调整自己的结构，确保企业保持高竞争力。

为了应对不断变化的环境，组织内的管理者需要评估的环境因素主要有：①目前面对的和将来可能面对的环境特征；②这些要求如何影响组织处理信息、应对市场及技术变化、取得理想的专业化（劳动分工）和联合（协作）水平的能力。一些行业，如家电、航空、个人电脑的超水平竞争要求管理人员对他们的环境采纳新的思维方法。随着政府调节的参与和市场的全球化，追求生产率、质量和速度使大量的新组织设计应运而生。许多组织都因不能重新设计自己，不能领先于竞争对手而感到沮丧。

任务环境可分为同质–稳定、异质–稳定、同质–不稳定及异质–不稳定 4 种情况，如图 4-2 所示。

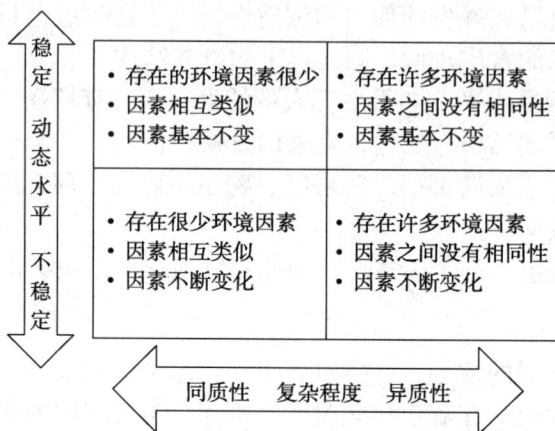

图 4-2　任务环境的基本类型

资料来源：袁凌. 组织行为学[M]. 长沙：湖南大学出版社，2008.

最简单的组织设计在同质–稳定环境（象限 2）可能是有效的。该环境包含的意外情况很少，经理的作用是确保员工始终如一地遵循既定的日常程序。在这种环境中的组织成员相较于在其他环境中对能力和正规训练及工作经验的要求较少，也可以成功地进行操作经营。在这种环境中工作的组织，包括地方运输服务公司、汽车清洗公司、邮政服务公司及一些自助的仓储公司。当然，这些公司也的确面临着由竞争者的行为、顾客不断变化的喜好及它们的产品和服务的替代品所造成的不稳定性。

异质–稳定环境（象限 1）给经理和员工带来了一些风险，但人们对该环境及其他选择相当了解。因为环境比较稳定，员工需要大量的培训和经验去理解它，并使其有效。

同质–不稳定环境（象限 3）要求经理、员工及组织设计要灵活，能够以适当的技术水平和积极性来处理经常发生的变化。计算机信息系统通常可以帮助大家应对以上这些变化。

异质–不稳定的环境（象限 4）代表的是对一个组织来说最困难的情景，因为该环境提出了众多的不稳定性。在这种环境下，要求管理人员和员工都要具有高度的成熟度，有洞悉力和解决问题的能力。管理人员不能仅依靠标准的程序来解决他们面对的问题。

4. 技术因素

技术因素是一种重要的经济手段，它能够帮助企业从投入到产出实现最大的效益。由于技术活动存在复杂性和多样性的特征，这样的特征可以让企业借助技术手段优化组织结构，从而提升企业的竞争力。相反，组织结构需要具有更高的灵活性。

琼·伍德沃德（J. Woodward）是一位著名的美国管理学者。他早期就开始探讨技术如何影响组织的发展。他将企业的发展过程划分成三个阶段：单一的、规模化的、持久的。他的研究成果深刻地影响着当时的经济发展。查尔斯·佩罗（C. Perrow）深入探讨了三种不同的技术类型的组织架构，详细地探讨了它们之间的联系，包括管理水平、控制范围、劳动力配置等。他的研究成果为企业提供了一种有效的解决方案，有助于提升企业的效率。佩罗认为，随着科学技术的发展，结构也在变得更加精确和统一，然而，无论采用何种类型的科学技术，都必须遵循一种有序的、协调的方法。

综上所述，由于工作流程的复杂性、任务的多样性和任务之间的相互关联性，这些技术因素都会对组织设计产生重大影响。同样，技术因素在创立团队和部门，授予权力和责任及需要建立正式的联合机制方面都会影响组织设计。

（五）组织设计的程序

组织设计是一项工作量大、涉及面广、技术复杂的工作，应该按一定程序有步骤地进行，以提高组织设计的成效。组织设计的程序步骤如下。

1. 确定目标

设计组织机构的关键在于确定组织的总体目标，并将其细化为不同的层次和部门的目标，以及制定详细的组织目标任务表，以便更好地实现组织的发展。确立一个明确的目标体系是组织设计的基础。

2. 业务流程设计

业务流程是组织内部的一种重要的管理方式，它旨在实现权力、信息的有效传递，并且能够帮助企业实现更高的效率。因此，业务流程设计的任务就是要综合考虑多种业务流程，找出最简单、最节约成本、最适合企业发展的路线，并且通过统筹规划，制定出完善的业务流程图，以提高企业的整体运营效率。

3. 按业务流程设立职位

职位是企业运营的核心，它决定了企业的发展方向和业务流程。因此，设计职位的目标是提升企业的效率和绩效，重新划分职位范围，并进行平衡，以便制定一个完整的职位体系。

4. 规定职位的内容

为了保证工作效率和质量，我们必须明确规定每个职位的权限和责任。这包括确定职责范围，制定考核标准。此外，我们还需要编写职位说明书，以便让所有人都能够清楚地了解自己的职位和责任。

5. 配备人员

为了满足不同的岗位的需求，我们必须精心挑选最符合岗位需求的人才。首先，我们必须评估这些人才的技术水平，以便更好地满足岗位的要求；其次，我们必须精准地计算出岗位的总人数，以便更好地完成各项任务；最后，我们还必须建立完善的岗位名单。

6. 设置组织机构

通过对组织的目标、权力、岗位及相应的人力资源的全面考量，我们可以建立完善的组织机构。这个过程包括明确岗位的类型，建立相应的功能区域，明晰权利与义务的界限，讨论并优化组织结构，绘制出有效的权利网络与结构图。

知识链接 4-1

21 世纪组织的特征

21 世纪组织应该具备责任感、自治能力及应对各种风险的能力。虽然这可能不是一个公平的社会，但它却是一个充满活力的社会。传统的管理模式已经被淘汰，取而代之的是一个充满变革与机遇的世界，这正是人类社会的真实写照。

21 世纪的组织具备以下特征。

（1）我们衡量成功的唯一尺度是找到有价值的顾客或潜在顾客，找到他们的需求，以其他企业无法比拟的价值满足他们。

（2）没有什么能比为我们的顾客创造最好的价值更重要了。

（3）为顾客服务和创造价值意味着企业里的每个成员都必须是专业人士。不论何时，我们都要掌控全部工作，而不是其中的细枝末节。不要总是和老板协商，你自己必须清楚怎么做才是最好的，你有义务服务顾客，而不是总要征得上级同意。如果你需要帮助，尽管张口。

（4）为了有效地服务顾客，你必须独立自主，同时必须成为专业人士。

（5）如果我们成功地为顾客创造了价值，传统概念上我们就不再需要老板对工作的分配了。我们已经知道该去做什么，我们所需要的就是跟上时代的步伐，让自己变得更成功。

（6）没有任何人安排我们做任何事，我们每天都在为自己工作，我们无法忍受那些对团队毫无贡献的个体。

第二节　组织变革与发展

一、组织变革

（一）组织变革的概念

组织变革是一种持续的过程，它涉及工作流程的重大调整、员工的招聘、机构的重组、战略的调整、组织文化的转型、新技术的引入等方面。这种变革是为了帮助组织更好地适应内外部环境的变化，并通过有效的系统方法和措施，使其达到预期的目标，以及实现未来的发展。组织在不断发展壮大的过程中，不可避免地会面临多种因素的挑战，因此，改革和创新已经成为企业管理必不可少的一环。

组织变革可以理解为变革对象的内在变动与革新。组织变革的挑战在于，要改变现有的、稳定和平衡的状态，以满足日新月异的环境变化和自身发展的需求，并且构建一个具有创新性、灵活性、可持续性的新的组织结构，以满足新的需求。组织变革是一个复杂的过程，它涉及组织内部结构、行为和技术的调整，以满足外部环境的变化，并且能够有效地实现组织的目标。这一过程需要组织有意识地调整自身，以便达到最佳效果。总的来说，组织变革包括结构调整、技术创新、管理体系改革、人力资源配置和环境变化。

（二）组织变革的动因

任何一次组织变革都是一个复杂的过程，它的成功取决于我们对其背后的动机的深入理解。因此，我们必须仔细研究变革的根源，以便制定一个科学的、有效的变革对策，以便让变革的行动取得最终的成功。因此，深入探讨组织变革的根源是实现变革的关键。这种变革的发生受到多种因素的共同影响，其中包括内在动因和外部动因。

1. 内在动因

（1）组织目标的重新选择与调整。组织随着时间的推移，其目标需要进行重新选择与调整，这种重新选择和调整对组织变革的方向起决定作用，同时在一定程度上规定了组织变革的范围。组织目标的重新选择与调整有三种基本情况：一是组织过去定下的目标已经实现或将要实现，这时候组织需要寻求新的发展，制定新的目标；二是组织过去定下的目标无法实现，这时候组织需要及时地放弃沉没成本，转轨变型，寻求新的发展；三是组织过去定下的目标在实现过程中存在与组织环境不相适应的情况，这时候组织要对原有目标进行调整。

（2）组织结构的改变。重塑组织结构意味着重新定义权力、职能和流程，以及重新设计部门职责。这需要组织进行全面的改革，包括调整管理范围、层级、重新划分职能、协调各部门的职责等。当组织结构设计不能满足当前的发展需求时，就必须对其进行重新调整和完善，以适应新的环境和挑战。这也是现代企业变革的重要驱动力之一。

（3）组织职能的转变。现代企业的职责与目标正在不断演进，以适应时代的需求。这些改进已经成为企业改造的重要因素，如在传统社会向现代社会的转变中，社会组织的职能发生了两种重要的变化。第一，社会组织的职能正在从一种模糊的状态转变为一种更加精细的状态。为此，组织必须重新审视其权责体系，明确其内部的管理层级和范围，并建立有效的沟通机制。第二，社会组织正在越来越多地重视其社会服务职能。现代企业组织应当更加关注社会的利益，而不是仅仅追求利润。企业组织不仅要维持股东、职工、顾客和广大公众之间的利益平衡，更要对大众负责。还包括消除种族歧视、防治公害、保护消费者利益等一系列社会责任。随着组织职能的不断变化，企业必须采取有效措施来适应新的环境，以确保其可持续发展。

（4）组织成员期望的改变。组织成员的行为必须符合组织的期望，才能使组织取得最佳的绩效。因此，良好的组织结构和合理的团队管理必须能够满足每位成员的不同需求。随着社会的发展，每位公民的需求都会发生巨大的变化，这种变化会对企业的运营产生深远的影响。为了满足这种新的需求，企业必须对其组织结构和管理模式进行调整，以适应新的社会经济形势，满足公民的多样化需求，提升企业的整体效率、整体形象和社会声誉，从而实现企业的可持续发展。通过重新定义薪酬水平、优化工作条件、灵活安排上下班时长，来满足组织中各级成员的多样化和持续发展的期望。

2. 外部动因

引起组织变革的外部动因可以归纳为以下几个方面。

（1）随着科学技术的飞速发展，为组织的结构、管理层次和运行要素带来了深远的影响，并且为组织的变革提出了更高的要求。

（2）随着现代组织环境的不断变化，组织变革面临的挑战也越来越多。尤其是对于企业来说，它们面临的挑战更加复杂，包括市场的扩张、产品的更新换代、科技的飞速发展、复杂的组织结构、不断变化的社会价值观及更高的企业社会责任感。

（3）管理现代化的实施是促进组织变革的关键，它要求组织能够准确预测未来的发展趋势，并能够使组织内部的资源得到充分、有效的协调。

知识链接 4-2

旭日升的变革之殇

大家熟知的旭日升冰茶，在短短几年中经历了井喷式的迅猛发展，受到来自国内外竞争对手的围追堵截，其自身的一些弱点也逐步被暴露出来。为了应对新环境，旭日升冰茶高层决定进行一场"大破大立"的管理变革。一是将原来粗放、经验主义的管理转变为量化、标准化的管理。为此，集团引进了 30 多位博士和高级管理人员，其中集团的营销副总经理就是可口可乐（中国）公司的原销售主管。二是进行人员大调动，把 1 000 多名一线的销售人员重新安排到生产部门，试图从平面管理向垂直管理转变。集团总部建立了物流、财务、技术三个垂直管理系统，直接对各大区公司进行调控，各大区公司再对所属省公司进行垂直管理。三是把集团的架构重新划分为五大事业部，包括饮料事业部、冰茶红酒事业部、茶叶事业部、资本经营事业部、纺织及其他事业部，实现多元化经营。然而，这些变革措施不仅没有使原来的问题得到解决，反而导致公司内部矛盾激化，使公司陷入一片混乱。最后，一系列"内忧外患"使旭日升冰茶在人们的视线中消失了。

（三）组织变革的内容

组织需要解决的问题是组织在进行变革之前首先需要确定下来的。换句话说，组织需要解决的问题就是组织需要改变的焦点。这些改变包括人员、工作流程、技术手段、组织结构及环境因素。解决不同的问题需要采取不同的改变对策。

（1）以人为中心的变革，即通过改变组织成员的知识、技能、行为准则、态度、动机和行为，来实现组织的发展目标。

（2）以任务和技术为中心的变革，即重新设计组织工作流程，改进实现目标所需的方法和设备，并建立新的目标体系。

（3）以适应组织环境为中心的变革，即以调节和控制外部环境为中心的组织变革。组织的发展和变革不仅要关注外部环境的变化，在关注之余，主动地调整并尽可能控制外部环境也是组织在进行变革的时候需要考虑的问题。因此，除了要对组织的外部环境进行变革与调整来适应环境之外，还应该创造一种新的环境使之有利于组织的变革。例如，开辟新的市场，建立广泛的社会联系，加强同外界的信息交流，增加有关的资料输入等。

（四）组织变革的阻力来源

组织变革是组织权力、利益和关系的大调整，因此不可避免地会触犯一部分人的既得利益和权利，会切断一些人已经形成的亲密关系，或者使人们感到不习惯、不舒服。变革的阻力主要有个人阻力、组织阻力和社会阻力。

1. 个人阻力

个人阻力是指阻碍组织变革的个体因素。个人阻力主要包括以下几个方面。

（1）注意力和保持力。一个人一旦确立了自己的态度后，他对别人的建议只是在他既定态度的框框内作出反应，即使是正确的措施，当与他本人的态度不一致时，也会产生阻力。

（2）人们的习惯。除非情况发生了显著的变化，否则人们通常总是按照自己的习惯对外部环境的刺激作出反应。

（3）依赖性。如果人们没有培养自我尊重的观念，对他人的依赖性就可能成为变革的阻力。

（4）认知障碍。员工不明确变革的意义，心理承受力低；担心变革不能成功，对发动变革缺乏信心。

（5）经济上的原因。员工担心变革会影响自己的利益。例如，担心变革后被解雇，职务改变而降薪，只增加产量而不增加个人收入等。

（6）职业的心理定势。员工在经常性的工作中和长期从事的职业中，容易形成心理上的准备状态。职业的心理定势对常规性工作有积极作用，可以大大提高生产效率。但对变革来说，心理定势会使员工感到生产、工作不习惯，难以适应而产生心理上的压力，影响生产、工作效率，对变革产生消极影响。

（7）嫉妒心理。有嫉妒心理的员工，往往对变革取得的成绩不满，常用流言蜚语攻击和中伤变革者；有的用匿名信诬陷和威胁变革者；有的甚至直接攻击变革者。这种病态心理和行为，不仅给变革者造成心理压力，而且给积极支持和参加变革的员工制造心理障碍。

2. 组织阻力

组织阻力是指阻碍组织变革的组织因素。组织阻力主要包括以下几个方面。

（1）权力和地位受到威胁。组织中某些人可能把变革看成是对他们的权力或地位的一种威胁，因而在思想和行动上以各种形式抵制对权力和地位有威胁的变革。

（2）组织结构障碍。组织的等级层次过多，可能使一些触犯了组织某一层利益的好主意、好方法因信息沟通渠道过多，而遭到抵制。

（3）资源限制。资源的缺乏使某些企业愿意维持现状，而当能够获得可利用的资源时，他们愿意变革。因此，资源的缺少也构成对变革的一种阻力。

（4）组织效益预期。变革如果能给组织带来发展，提高效益，人们会乐意变革；如果不能促进发展，提高效益，就会成为一个阻碍因素。

（5）群体自动制衡。如果变革的意义一时尚未被群体成员所认同，或群体目标与变革目标不一致，那么由于群体规范和群体压力的作用，群体成员会采取一致行为加以抵制，以保持原有的平衡，阻碍变革的进行。

3. 社会阻力

社会阻力是指阻碍组织变革的社会因素。社会阻力主要包括以下几个方面。

（1）随着社会的发展，许多人已经习惯于安逸的工作氛围，他们更倾向于遵循传统的规则，而非创新的方法。尤其是那些有着较强安全意识的高管，他们更加重视安全，更加不愿冒险，这些都构成了影响变革的重要障碍。

（2）随着时代的发展，一项变革可能会导致原有的体制或结构发生变化，从而改变组织内部的权力和地位关系，这可能会导致某些人失去或减少他们的地位和权力，从而引发不满和反抗情绪。

（3）组织变革的阻力还可能源于经济因素。这里有几种情况：有的人担心采用新技术或新制度，将会使自己失去工作；有的人则害怕改变职务可能降低薪水；有些计时工资制的工人则担心改成计件工资制后，因不熟练而减少收入；等等。这些都将形成抵制的力量，从而增加组织变革的阻力。

（4）组织内成员根据习惯对变化产生抵触。人在工作和生活中形成的习惯，可能使其获得满足。当原来的生活方式和工作方式发生改变时，不免会产生某种不安全感，抵触情绪也会随之产生。

（5）社会因素对于一个工作群体的成功来说至关重要。它们不仅影响着团队的运转，还影响着个人的工作表现。如果一个改革的实施破坏了这种社会关系，导致个人的价值观和行为准则发生冲突，那么这个改革的进程将受到严重的阻碍。

（五）减少组织变革阻力的措施

1. 加强思想教育与宣传

为了更有效地推动组织变革，我们应该加强对员工的思想教育与宣传，并进行深度交流与探讨，让他们清楚地了解到组织的核心价值观、实施的具体措施，从而更有效地激发员工潜力，更加有效地参与变革。

2. 鼓励员工参与

通过鼓励员工的参与，我们希望员工能够在变革的过程中拥有自己的意见。通过这种方式，我们希望员工不仅能够支持变革，而且还能够认真遵循变革的步骤。我们希望通过共识，将变革的成果融入我们的团队，并且得到员工的认可。为了让所有的成员都能够积极地参与并且取得成功，我们必须认真负责地安排并且指派好成员。

3. 心理支持与技能培训

随着组织变革的不断深入，人们面临着更加严峻的心理和技能挑战，因此，我们应该采取积极的措施，以便让管理者和员工能够更好地适应新的环境，并且根据不同的情况，给予他们心理上的支持和技能上的培训，从而有效地克服可能产生的抵触和阻力。

4. 激励培养优秀员工

通过激励培养优秀员工，可以帮助企业更好地实现其发展目标。为此，应该定期表彰优秀的员工和单位，并且对那些妨碍组织变革的行为给予批评，以此来激励组织不断前行，推动组织的可持续发展。

5. 调动员工积极性

通过充分调动员工积极性，我们才能够真正实施组织的变革。这需要我们把握好每位参与者的角色，让他们的行为、认知与我们的愿景相符，从而激励他们更加主动地参与变革，从而消除变革过程中的障碍，达到变革的最终目标。重要的是要加强不同社会团体的合作与交流，以确保此项活动能够在全社会范围内得到广泛认可与推广。

6. 运用力场分析技术

勒温（Lewin）的"力场分析"技术为实现变革的目标提供了一种重要的手段。当面临挑战时，通过该技术，我们能够从多个角度来识别并评估影响改革的各种因素，并通过图表的形式将这些因素划分到不同的部门，从而更好地实现变革的目标。勒温提出，要想成功地完成改革，必须采取双管齐下的策略：首先，要加大鼓励性的政策，以激励更多的人参与其中；其次，要减少抵制性的政策，以减少不必要的压制；最后，要采取积极的措施，以促进变革的顺利开展，并确保变革的成功。如果两种力量得以均衡，那么我们将能够有效地改善生产效率，并且能够促成一些重大的改变。为此，我们应该采取多种措施，例如加大推动力，减少障碍，以及在两者之间取得均衡。

二、组织发展

（一）组织发展的概念

组织发展是指通过实施有计划的、基于人本主义价值观的干预措施，来提升组织的效率，并让员工获得更多的成就感。因此，组织发展应该被视为一个完整的概念，而不仅仅是一个单一的概念。

组织发展的核心是人才的培养、团队协作、参与性活动及持续的反思。虽然变革者在组织发展中扮演着关键的角色，但他们也必须认识到合作的重要性。大多数组织发展活动都有一些共同的价值观，这些价值观包括尊重他人，每个人都应该尊重、关爱他人，并且应当得到尊重；组织的成功离不开信任、真诚、开放和支持，这是一种有效且健康的关系；在有效的组织中，权力应该被平等对待；不应该回避问题，而是要勇于面对它们；随着参与变革的成员数量的增加，越来越多的人参与变革的决策，从而更有可能去实现决策。

（二）组织发展的干预措施

在组织发展的过程当中引入干预措施，可以提升组织的运作效率，以帮助组织实现转型，实现更高的绩效。

1. 敏感性训练

敏感性训练是一种独特的、非正式的、基于团队合作的行为改变方式。它让参与者在一个相对宽松的环境中，了解及探索自身和他人的行为，并受到专业的行为科学家的指导和帮助。这种小组以过程为导向，即个人通过观察、参与和实践来获取知识，而非仅仅依靠他人的指示。专业人员为其提供了一个平台，让参与者发表自己的见解、信念和态度，而不需要担任任何领导角色。

无结构小组能够帮助参与者更加清晰地认识自身的行为，更好地理解小组活动。它的具体目标包括培养对他人的同理心，更加诚实和开放，增加对个体差异的接受度，以及提高冲突管理技能。

如果个人不清楚自己的价值观，那么参加无结构小组训练可以帮助他们更好地认识自己，增强团队凝聚力，减少人际冲突。此外，敏感性训练的最终目标是让个人与团队更加融合。

2. 调查反馈

调查反馈是一种评估组织成员所持态度的工具，可以识别成员之间的认知差异，并消除这些差异。组织中的每个人都可以参与调查反馈，但最重要的是"组织家庭"（即任何部门的经理和直接向他们汇报的下属）的参与。调查问卷通常由一个组织或部门的所有成员填写。调查问卷询问员工对决策实践、沟通有效性、部门间合作及对组织、工作、同事和直接主管的满意度的认识、理解和态度。调查人员通过提问或访谈来确定哪些问题是重要的。调查人员根据"组织家庭"和整个组织收集问卷信息，并分发给员工。这些数据是识别和澄清问题的起点。有时，一个外部的变革代理人会告知管理者问卷回答的重要性，并为关于"组织家庭"的小组讨论提供指导。特别值得注意的是，调查反馈法鼓励小组讨论，并强调讨论应该集中在问题和想法上，而不是人身攻击。最后，小组讨论的调查反馈法应该使成员意识到问卷结果的意义。人们会听这些信息吗?它会带来新的想法吗?决策、人际关系和任务分配能否得到改善?对这些问题的回答将致力于解决所确定的问题。

3. 过程咨询

没有一个组织可以完美地运作，管理者经常发现他们部门的表现可以改进，但他们不知道该改进什么及如何改进。过程咨询的目的是让外部顾问帮助客户（通常是管理人员）认识、理解并对他们必须处理的问题采取行动。这些事件包括工作流程、各部门成员之间的非正式关系、正式的沟通渠道等。

过程咨询类似于敏感性训练，它基于这样的假设，即组织的有效性可以通过协调人际关系和重视参与来提高。但过程咨询比敏感性训练更注重任务导向。过程咨询中的顾问，他们使管理者知道其周围发生了什么，与其他人之间发生了什么，他们不解决组织中的具体问题，而是在过程中充当向导和教练，提出建议，帮助管理者解决自己的问题。顾问和管理人员一起工作来诊断哪些流程需要改进。这里强调的是"合作"，因为经理们在分析部门问题时也培养了一种技能，这种技能即使在顾问离开后也会持续存在。此外，通过积极参与诊断和方案制定过程，管理者可以更好地了解过程和解决方案，并减少对所选活动方案的阻力。

需要注意的是，流程顾问不必是解决特定问题的专家，他的专长在于诊断和发展帮助关系。如果经理和咨询师都不具备解决问题所需的技术知识，咨询师将帮助经理找到这方面的专家，然后指导经理如何从专家那里获得尽可能多的资源。

4. 团队建设

随着时代的发展，团队合作已经变得更加重要。通过开展有效的交流和沟通，团队能够更好地实现目标，并且增强彼此的信心和忠实度。这种方法不仅适用于个人层面，还适用于集体层面，如参加集会或者参加社交活动。通过团队建设，我们能够更好地识别并明晰各位成员的职责，从而更有针对性地解决各种挑战。这不仅给一些人带来了更多的发展空间，而且还能让大家更加全面地探索，从而实现更高的目标。而且，团队管理和过程管理的目标是一致的，即深入挖掘团队中的核心环节，清晰地指出实现目标的方式，并采取有力的措施来优化和提升整个组织的运行效能。

5. 改善关系

如何有效地改善群体之间的关系，解决群体功能失衡所带来的矛盾，是组织发展面临的一个重要挑战。因此，改善群体关系已成为当今社会的热门话题。

群体间发展是为了消除彼此的偏见、偏好和认知，并可以通过各种方式改善他们的关系。其中，最重要的是通过分析问题来解决问题。为此，每个群体都应该详细地列出他们的看法，他们与其他群体的比较，以及其他群体是如何看待他们的。接下来，小组应该交换信息，讨论他们的相似点和不同点。特别是，明确指出分歧，寻找分歧的根源。如果能够找到冲突的根本原因，团队就可以进入整合阶段，寻求解决方案，改善团队之间的关系。

第三节 创建学习型组织

一、学习型组织的概念与特征

（一）学习型组织的概念

随着全球经济的发展，管理模式也发生了巨大的变化。许多企业已经开始摒弃传统的层级管理，转而采用更加灵活的、让每个员工都能够参与的新型管理模式。这种变化体现在各种新型的组织结构，如网络组织、虚拟组织和横向组织等。

基于众多管理科学家对学习型组织的研究，我们可以给学习型组织下一个简单的定义，即通过培养弥漫于整个组织的学习氛围，充分发挥成员的创造性思维能力，建立一个有机的、高度灵活的、扁平化的、符合人性的、可持续发展的组织。这种组织具有持续学习的能力，整体绩效高于个体绩效的总和。

（二）学习型组织的特征

1. 组织成员拥有一个共同的愿景

这一愿景来源于成员个人的愿景，高于个人的愿景。它是组织中所有成员的共同愿望，是他们的共同理想。它能使不同个性的人凝聚在一起，朝着组织共同的目标前进。

2. 组织由多个创造性团体组成

在学习型组织中，团体是最基本的学习单位，团体本身应理解为彼此需要他人配合的一群人。组织所有的目标都是直接或间接地通过团体努力来实现的。

3. 善于不断学习

不断学习是学习型组织的本质特征。善于不断学习包括终身学习、全员学习、全过程学习和团体学习。学习型组织通过保持学习的能力，及时铲除发展道路上的障碍，不断突破组织成长的极限，从而保持持续发展的态势。

4. "地方为主"的扁平式结构

传统的组织结构通常是金字塔型的，从最上面的决策层到最下面的操作层，中间有许多层。而学习型组织的内部结构则是扁平的，即从最上面的决策层到最下面的操作层，中间相隔层次极少。这样的体制，能使上下级沟通顺畅，使组织内部形成互相理解、互相学习、整体互动思考、协调合作的团体，产生巨大的、持久的创造力。学习型组织转变了组织的结构，它尽最大可能将决策权下放到离最高管理层或公司总部最远的地方，即决策权向组织机构的下层移动，让最下层单位拥有充分的自主权，并对产生的结果负责，从而形成以"地方为主"的扁平式结构。

5. 自主管理

自主管理是使组织成员能边工作边学习，并使工作和学习紧密结合的方法。通过自主管理，可由组织成员自己发现工作中的问题，自己选定改革进取的目标，自己进行现状调查，自己分析原因，自己制定对策，自己组织实施，自己检查效果，自己评定结果。在这一过程中，团队成员能够形成共同愿景，能以开放求实的心态互相切磋，不断学习新知识，不断进行创新，从而增加组织快速应变、创造未来的能力。

6. 组织的边界将被重新界定

学习型组织的边界的界定，建立在组织要素与外部环境要素互动关系的基础上，将超越根据职能或部门划分的"法定"边界。例如，把销售商的反馈信息作为市场营销决策的固定组成部分，而不像以前那样只作为参考部分。

7. 成员家庭与事业的平衡

学习型组织努力使成员丰富家庭生活与充实的工作生活两者相得益彰。学习型组织将对成员承诺支持每位成员充分地自我发展，而成员也以承诺对组织的发展尽心尽力作为回报。这样，个人与组织之间的界限将变得模糊，工作与家庭之间的界限也将逐渐消失，两者之间的冲突也必将大为减少，从而提高成员家庭生活的质量，达到家庭与事业之间的平衡。

8. 领导者的新角色

在学习型组织中，领导者扮演着多种角色，既可以是设计师，也可以是仆人，甚至可以是教师。设计师的职责是将组织的各种要素有机地结合起来，不仅仅是制定组织的机构、政策和策略，更重要的是要确立组织的发展理念；而仆人的职责则体现在他们有责任去实现组织的愿景，并且能够主动地接受这些愿景的指引；而教师的职责则是帮助组织建立一个有效的框架，以便能够有效地指导组织的发展，并且能够帮助组织成员更好地理解和掌握组织的目标，从而达到最佳的绩效效果。通过加强对组织机制的理解，激发每个人的潜能，从而实现全面发展。

📚 知识链接 4-3

关于学习型组织的七个比喻

（1）学习型组织像雷达——敏锐发现。这种比喻是要告诉人们，学习型组织有很多不同的触觉，使它能得到各方面的变化信息，使其成为学习的基础。

（2）学习型组织像人类大脑——创意发明。这种比喻主要告诉人们，学习型组织应该具有发明和创造能力。

（3）学习型组织像筛子——不断选择。组织只有建立像筛子这样的选拔机制，才能不断地进行自我淘汰，选出优秀成分，以更好地满足外界环境的要求。

（4）学习型组织像军队——不折不扣执行。学习型组织在选择出最好方案后，也要像军队一样去不折不扣地实施这些新方案，即所谓"智欲圆而行欲方"。

（5）学习型组织像水中涟漪——复制推广。学习型组织也应该像涟漪一样，不断将组织中某处（如某个人、团队或部门）的经验和做法，通过一定方式传播到组织内更广的范围，使组织减少重复努力，充分利用资源。

（6）学习型组织像飞机驾驶系统——不断反思。真正的学习型组织能不断给组织提供组织动作情况的各种信息，人们根据这些信息进行反思和调整，使动作的结果符合既定目标（单环学习）或者调整目标本身，使其适应于环境变化（双环学习）。

（7）学习型组织像水库——获取、输出和沉淀知识。真正的学习型组织也就像一个充满生命力的水库一样，具有获取、输出、存储、共享、保护知识的能力，并且能够让不同形式知识之间相互转化的功能，最终为组织的生存发展和自我更新提供充足的知识资源。

二、学习型组织的构建模型

学习型组织有多种构建模型，其中具有代表性的有鲍尔·沃尔纳（P. Woolner）的五阶段模型，约翰·瑞定（P. Redding）的"第四种"模型及彼得·圣吉（P. M. Senge）第五项修炼模型。这里主要介绍彼得·圣吉所构建的模型。

1. 自我超越

通过自我超越，可以更好地把握内在的渴求，更专注于事物本身，更具备耐性，更全面地审视当下，从而拓宽自身的视野，获得更多的机会，从而达到更高的水平，为团队带来更多的活动，激励每一位团队成员追求更高的梦想，最终实现他们的期待与抱负。构想一种新的目标可以帮助我们不断进步，但更为关键的一步在于维护一种能够激发我们思考和行为的能力。通过不断地思考，可以让我们的目标更加明确，从而更好地达成目标。组织的发展和进步，关键在于领袖是否有勇气和魄力去实践，并且要比其他人更加积极地去实现这一目标。

2. 改善心智模式

心智模式可被视作一种有效的解决问题的工具，可以帮助人们重新审视他们的思考过程，并且可能会发现这些过程中存在着一些潜在的、稳定的、有利的因素，从而有效地调整他们的心理状态，提升他们的能力。当心理模型被建立起来时，它会让人无意或有意地从特定的视角来理解和处理现实中的事情，甚至会变得更加依赖于它。这种心理模型不但会改变我们对外部环境的理解，还会对我们的实际行为产生重大的影响。当人们的思维模式发生重大转折时，他们的行为也将随之调整。优秀的思维模式能够为领导提供更加明确、快速的指导，从而提升企业的整体表现。

3. 建立共同愿景

所谓共同愿景，就是组织成员所认同、向往和渴望的愿望。正如斯巴达克斯（Spartacus）的共同愿望是有一天获得自由一样，百事可乐的愿望是击败可口可乐。愿景实际上包含两个含义：一个是愿望，另一个是远景。因此，共同愿景必须能够反映组织未来发展的广泛目标和组织成员的共同愿望。建立一个共同的愿景包括以下要素：愿景（我们想要的未来图景）、价值观（我们想要在短期内实现的里程碑）、目的和使命（组织存在的理由）和目标（我们想要在短期内实现的里程碑）。

4. 团队学习

团队学习是一种有效的沟通方式，旨在帮助团队成员更好地协作，实现共同的目标。深度会谈提倡通过深入讨论，激发团队成员的创造性思维，从而提升他们的知识水平，超越个人的能力。这种学习方式不仅可以帮助团队成员更好地了解彼此，还可以帮助他们更好地应对挑战。如果深度会谈能够取得成功，那么每个参与者都将成为胜利者，他们可以从彼此的观点中获得超越自身的见解。在这种情况下，参与者可以放开思维，以不同的视角去探究复杂的问题，并且可以自由地交换彼此的想法。在这种自由的探索过程中，参与者可以把自己的经历和思考完整地展示出来，互相交流和讨论，从而共同进步。

5. 系统思考

系统思考是一种深入探索复杂情境的有效方法，它可以帮助我们更好地理解各种因素之间的关联，并且可以更加准确地识别出高杠杆解与低杠杆解之间的差异，从而更好地把握事物的发展趋势，而非仅仅停留在表面现象上。系统思维的核心在于将思维与行动相结合。

（1）研究环形因果关系，而非仅仅局限于单一的线性因果关系。

（2）观察一系列复杂的变化，而不是仅仅局限于某一特定的瞬间。

（3）从看部分转为看整体。

（4）从被动接受现状的被动反应者，到积极参与改变现状的主动行动者。

（5）从只对现状作出反应转为创造未来。

系统思考表明，世界的复杂性可以分为两种：一种是由许多变量组成的细节复杂性，另一种则是由动态变化所构成的复杂性。当这种复杂性出现时，就意味着我们正处于一种因果关系不一致的状态，即使我们最初认为这是一个正确的答案，但实际上却没有达到预期的效果。管理者的日常工作常常是应对各种突如其来的事件和烦琐的任务，但很少去关注它们背后的结构和行为变化。通过系统思考，我们可以更好地理解这些结构和变化，并且更好地探究为什么常规的解决方案会失败，以及哪些因素会产生更大的影响。

系统思考虽然只作为学习型组织的第五项修炼，但它是构建前四项修炼的坚固基石。通过综合运用这五项技能，我们可以避免把这五项技能当作无关紧要的事情，也可以避免只关注当下的潮流。通过全面的思维和行动，我们可以更有效地实现目标：综合运用多个方面的能量，可以获得比单独行动更为显著的成果。

第四节　组织文化管理

一、组织文化的概念与结构

（一）组织文化的概念

组织文化是指一种共同的价值观、信念、行为准则，以及它们所代表的独特的行为方式和物质表现。组织文化是组织在长期的生产经营实践中形成的，因此，它们可以被视为一种综合性的文化现象。

组织文化是一种复杂的社会现象，它源于多种因素的交互作用，其中最重要的是阶级属性、民族特点、社会物质生产方式、地理环境、政治模式等，它们共同构成了一个国家的文化框架，并且对于未来的发展具有重要的影响力。

（二）组织文化的结构

研究组织文化的结构，可以帮助我们更好地理解它的独特性，并且更深入地探索它的各个组成部分之间的联系和相互影响。通过这种方式，我们可以更好地了解组织文化的整体性，并且更加深入地探索它的细节。由于人们对组织文化的理解各不相同，因此对其结构的理解也有所差异。组织文化既涵盖了组织内部的精神文化，也涉及精神文化的外在表现形式，包括三个主要层面。

1. 物质层文化

物质层文化是体现组织精神文化的生产经营过程和产品的总和，包括具有组织文化色彩的实质性文化设施，如生产环境、生产经营技能、图书馆、俱乐部、公园等。物质层是组织文化最表层的部分，是人们能直接感受到的，是直观把握不同组织文化的基础。

2. 制度层文化

制度层文化是具有组织文化特征的各种规章制度、道德规范和员工行为规范的总和，包括生产经营过程中的组织规章制度、组织纪律、沟通方式和行为规范等。制度层是组织文化的第二层或中间层，它构成了各个组织在管理中的文化人格特征。

3. 精神层文化

精神层文化是组织员工的共同意识活动，包括生产管理理念、以人为本的价值观念、审美意识、管理思维方式等。它是组织文化中最深层的结构，是组织文化的源泉。它是组织文化中相对稳定的核心。

组织文化的物质层、制度层和精神层是不可分割的，它们相互影响、相互作用，构成了完整的组织文化体系。其中，组织的精神层面是最根本的，它决定了组织文化的其他两个方面。因此，我们在研究组织文化的时候，要牢牢把握精神层面的内容，只要把握了精神层面的文化，组织文化的其他内容自然会显露出来。这就是为什么很多人对组织文化的研究集中在组织哲学、价值观和伦理上，也就是为什么有些人把组织文化误解为组织的精神。

二、组织文化的内容

组织文化研究来源于三层结构中提出的组织文化理念，旨在通过文化手段，以及物质层、制度层和精神层这三层面，来提升公司员工的主观积极性，并将其融合到公司管理工作中。他们都是以独特的文化形式存在的，只要满足特定的要求，就可以成为组织文化的一部分。组织文化的内容可以大致划分为显性文化和隐性文化两类。

（一）显性文化

显性文化是指那些能够被人们直接感知，并且与社会组织文化本质相符的、具有象征意义的、可以被视觉或触觉感知的元素，如机构的名称、环境、制度、管理行为等。

1. 组织标志

组织标志是一种独特的象征，它体现了一个组织的文化特征的与众不同。例如，一个公司的标志，可能包括公司的名称、标志、标志性建筑物等。组织标志的设计是为了突出组织文化的特色，让人们更容易辨认出组织与其他组织的差异。因此，组织标志不仅仅是一种装饰，它还可以促进组织文化的发展，提升组织形象，增强员工的自豪感和责任感，使全体员工自觉维护组织的声誉。

2. 工作环境

随着以人为本的组织哲学被普及，工作环境已经成为组织文化的一个不可或缺的组成部分，它涵盖了员工在组织中的办公、生产、休息等活动区域，从而使员工能够更好地发挥自身的潜力。组织文化的重要组成部分之一是环境建设，它既体现了组织领导对员工的关怀和尊重，也体现了对员工权益的保障。通过改善员工的工作环境，可以激发员工对组织的热爱，并促进员工积极工作。

3. 组织制度

组织文化的核心在于组织制度。组织制度不仅仅是一些约束性的规章，还是一种激励机制，它们可以帮助组织达成更高的目标，提升公司员工的责任心和能力，进而提升组织的总体绩效。其中，民主管理制度是最重要的一种，它可以让组织更好地实现目标，让公司员工更加自觉地参与组织的运作，进而提升组织的总体绩效，达到更高的绩效。组织文化的理论强调了软约束的重要性，它要求在组织内部构建一种有效的沟通方式，以便让公司员工可以独立地表达独特的思想，并且引导公司员工进行创新，以及完善其他相关的制度。这些规章制度是为了贯彻以人为本的理念，激励员工积极参与，共同达成组织的目标，以此推动组织的发展。

4. 管理行为

团队文化建设不仅涉及管理行为，还涉及以人为本的管理哲学，以及以所有人员一致意愿为基本的自觉实践活动，如"品质第一位"的思想政治建设工作、"客户为首"的产品经营活动、"创建良性的关系"的销售实践活动、"创建良性的关系"的公共关系活动等，它们构成了一个完整的团队文化建设，使得团队能够更好地实现其目标。这些行为不仅是对哲学、价值观念和道德规范的有效实践，更是这些理念的有力体现，是这些理念的有效传播和实践的重要桥梁。

（二）隐性文化

隐性文化是组织在长期的生产经营活动中形成的，存在于人们的观念中，成为一种精神文化，它们必须通过一定的方式表现出来。隐性文化主要包括组织哲学、价值观念、道德规范、组织精神等几个方面。这些内容的整合性使它直接影响组织的各项活动，给组织带来了高效率和高效益，使组织充满生机和活力。

1. 组织哲学

组织哲学是一种以理论为基础、以系统为框架的思维模式，它将个体的观点融入组织的整体框架，以此来指导组织的运作，构建一个完整的、有效的管理机制，并且能够帮助组织实现其目标，从而达到解决人际关系问题的目的。因此，组织哲学可以被视为一种深刻理解组织运作的统一规律的思维模式。它既是组织文化的核心，又是组织发展的向导。它是组织的精神支柱，是组织发展的灵魂，是组织实现其目标的重要支撑。组织哲学是一种全面的、系统的、有效的组织管理方式，它提供了一种有效的思维框架，以指导组织的各项行动。

2. 价值观念

价值观念是一种深刻的思维模式，它不但反映了人们对客观事物的认知，而且能够衡量一个组织的价值，从而决定其存在的意义、目的、规章制度的价值和作用，以及组织内部人员之间的行为和利益关系。它不仅仅是一种思维模式，还是一种深刻的认知，它可以帮助我们更好地理解和把握客观世界。价值观念是组织文化的核心，它为组织的运营提供了指导思想，并且为每个成员建立了一个共同的行为准则。价值观念的影响力可以深远地影响员工的行为，使他们能够自觉地遵守组织的规章制度，而不受外界的影响。

3. 道德规范

道德在拉丁文中为风气、习俗之意，在我国一般是指人的品质和人们的行为准则，而规范就是人们行为的依据或标准。道德规范可以理解为人们在品行方面的准则，而这种准则是自然形成的，它的实现也是靠人们的自觉行为，它的监督是靠舆论的力量。组织的道德规范是在组织的长期活动中形成的人们自觉遵守的道德风气和习俗，包括对与错的界限、善与恶的标准、荣辱观等。道德规范是规范人们行为的一种手段，它对应于组织的规章制度。它们的区别在于，规章制度是明确的，是刚性管理，依靠约束力来保证执行；而道德规范是含蓄的，是软约束，依靠人的意识来保证执行。道德规范是通过影响员工的思想观念，建立明确的是非观念，从而形成员工自觉的行为。因此，组织道德规范的作用不容忽视。良好的道德规范主要表现在尊重知识、尊重人才、友好共处、自觉工作、组织命运等方面，其核心作用是激发人的自觉性。组织文化不同于其他管理理论，它是以组织伦理为重要内容。

4. 组织精神

组织精神是指组织共同的心理定势和价值取向。组织精神是组织理念、价值观和伦理道德规范的综合体现和高度概括，反映了全体员工的共同的价值追求。组织精神是组织员工在长期活动中形成的。由于这些影响因素的差异，形成了各具特色的组织精神，如大庆的"铁人精神"、鞍钢的"孟泰精神"、日立的"和"品格精神。虽然这些组织的精神差异很大，但其核心内容都是激发员工的积极性，增强责任感。它主要包括创业精神、奉献精神、主人翁精神、集体主义精神、创新精神、竞争精神、民主精神、服务精神等等。这些组织精神是对组织哲学、价值观和道德规范的升华和概括，并将其提升为一种精神。组织精神的这种普遍性和精神性，使其具有巨大的激励作用和强大的凝聚力。组织文化不仅包含上面显而易见的内容，它还涉及美学观念、心理状态、管理思维模式等，因此，我们在深入探索这些内容时，必须特别关注它们。

三、组织文化的功能

（一）导向功能

组织文化具有导向功能，它可以帮助组织实现其目标，并且可以影响每个成员的价值观和行为方式。这种功能的存在，是因为组织文化一旦形成，它就会建立起一套完善的价值观和行为准则，从而使其能够更好地服务于组织的发展。

（二）约束功能

组织文化的约束功能可以说是一种潜移默化的影响力，它可以影响到每一位成员的思维、情绪和行为，它不仅仅是一种制度性的强制性规定，更是一种潜移默化的文化氛围、社会行为准则和道德规范。群体的认知、社会的观念、共同的价值观念及文化习俗，构成了一种强大的群体心理压力，使得个体的行为受到群体的影响，从而形成一种心理共鸣，并且促使他们自觉地进行行为的自律。

（三）凝聚功能

当一种价值理念被广泛接受并被认可时，它就会成为一条强有力的纽带，将团队中的每一位成员联系在一起，构成一股强劲的凝聚能量。组织文化是一个由成员共同构建的团体意志，它涵盖了价值理念、团队文化精神、目标、职业道德标准、行为等，这些都是他们追求的目标，也是他们实现自身梦想的基础。认同感的出现使他们深刻地认识到，无论是工作、学习、生活，还是其他方面，都需要依赖团队，把它当作自己的家园，并且认识到团队的利益是所有人共同的利益，因此，他们把维护团队的发展作为自己的责任，并且乐于与团队一起分担艰辛。组织文化的凝聚力可以通过排外性来体现，这种排外性有助于将个体团结起来，创造一个共同的命运。

（四）激励功能

组织文化的激励功能可以让组织成员感受到一种积极的情感，并且激发他们的积极性。这种文化强调以人为本，它不仅是一种外部的鼓舞，更是一种内在的指引，让他们朝着更加美好的未来前进。它不仅是一种被动的满足，更是一种激励，一种让每个组织成员都能够发挥出自己的潜能，以及为组织的发展和进步而奋斗的精神。

（五）辐射功能

组织文化的辐射功能是指当组织文化被建立起来并被广泛接受时，它不仅会对组织内部的员工产生影响，还会通过各种方式影响社会。这种影响可以通过多种方式来实现，包括通过宣传活动、个人交流等。组织文化不仅能够为组织提供良好的公众形象，而且还能够极大地推动社会文化的发展，从而实现社会的和谐与繁荣。

四、组织文化建设

（一）组织文化建设的影响因素

组织文化的形成需要多方面的因素的共同作用，因此，在构建组织文化的过程中，必须清楚地认识到影响组织文化的各种要素，并且要深入分析它们的强度和作用机制。

1. 经济体制

改革和创新的政策与法规对促进企业的可持续发展至关重要。当前，我们正在努力推进社会主义现代化建设，其目标之一就是增进民生福祉，提高人民生活水平和质量。随着时代的进步，中国正在推进具有中国特色的社会主义市场经济体制的建设，以促进经济的可持续增长。因此，中央采取了一系列宏观调控措施，以支持经济的可持续增长，同时，各级机关也需要根据经济形态的变化，制定出更加灵活的经济管理模式，以满足社会经济的需求。因而，我们更应该以满足当前市场需求为导向，积极推动企业文化的发展，以期实现企业的可持续发展。

2. 政治体制

组织文化建设还受到政治因素的影响。在社会主义制度下，组织文化强调国家、集体和个人利益的统一，并且重视工人阶级的权利和责任。在资本主义制度下，组织文化的核心目的是保护资本家的利益，以及维护社会的稳定。它不仅体现了科学的思想，也反映了当时的政治环境，为实现当时的政治目标提供了有效的支持。因此，要想成功地构建一个健全的组织文化，就必须充分考虑当时的社会背景，以及如何更好地满足当时的政治需求。

3. 社会文化

组织文化建设应当与当今社会文化环境相协调，以适应其发展需求。从我国古老的传统文化中可以看出，中庸之道、人伦之道等思想仍然深深地影响着组织的成员，使他们更加重视自身的价值观念。社会文化是一种复杂的综合体，它受到许多因素的影响。在中国，由于生产资料的公有制，社会主义文化占据了主导地位。但随着中国对外开放政策的持续推进，西方文化也不可避免地传播到了中国，对中国组织文化建设产生了重要影响。

4. 科学技术与生产力发展水平

随着时代的发展，科学技术的飞速提升已成为当今世界的主流。它不仅极大地促进了社会文明的发展，而且也深刻地影响了人类的行为、思维及工作模式。可以说，科学技术的提升为企业的成功奠定了坚实的基础，也为企业的持续健康发展提供了强有力的支撑。

5. 行业技术经济特点

随着时代的变迁，每个行业都在以独一无二的方式进行着它们的生产和运营，这种差异反映在它们的企业文化和管理模式上。这些企业的分工、协作、工艺，以及它们如何利用自然资源来满足市场需求，都会影响到整个行业的经济和技术状况。行业经济和技术的发展对于构筑和谐的企业文化具有重要意义，因此，它们在推动企业发展和构筑企业文化的过程中发挥着重要作用。

6. 组织所在的地理位置

每个组织和它们的部门都拥有独特的地理位置，这些地理位置受到社会环境、民族习俗、市场发展水平和生产力分布等因素的影响，对组织文化产生了直接或间接的影响。随着全球经济一体化步伐的加快，各国之间的发展不平衡已经成为一个严峻的问题。这种空间和地理位置上的差异导致了不同行业的组织文化的差异，从而使得它们在经营上出现了明显的分歧。

7. 组织员工的特点

随着市场经济的发展，企业的员工也会随之变化。然而，企业的运营仍然依赖于一支高素质的、具备良好绩效的团队。他们能够持续地为企业提供高质量的服务，并且能够满足企业的发展目标。由于其他多重原因，如来自不同背景的人群，以及他们对公司的持续贡献，使得该团体具备了独一无二的个性。此外，该团体还拥有一系列与公司相关的传统、价值观念，它们不仅仅反映了公司的发展历史，更深刻地反映了公司的价值观念。在组织文化的构建上，应该充分考量到每位成员的个性，并结合他们的职业发展，采取有效的措施，如开展有针对性的思想、文化、道德等方面的活动，激励、促进、激发并增强整个团队的凝聚力。

8. 组织的历史传统

随着社会的进步，不同的组织也逐渐建立起自己的价值观、行动准则、生活方式等，构建出独特的组织文明。这些文明可能被后代继承，也可能被永久地记录。然而，这种传统也可能会带来双面影响：一方面，由于它一直被视作一种积极的文化，可能会促进企业的可持续发展；另一方面，随着时代的演变，这种文化也可能会被认定为一种过时的、不切实际的文化，从而阻碍企业的发展。

（二）组织文化建设的程序

1. 研究梳理阶段

在这一阶段，首先要对组织的历史和现状进行调查研究，在此基础上，提出组织文化建设目标的初步构想，并经有关部门审议后，向组织全体员工发起组织文化建设的倡议，动员广大群众积极参与组织文化建设的活动。

2. 培育与强化阶段

在这一阶段，将重点放在组织文化建设上，并将其细分为各部门、各业务环节，以便更好地激发每个部门的积极性，营造出独特的精神氛围和行为准则，从而体现组织文化建设的实际效果。

3. 分析评价阶段

在这一阶段，将通过分析信息反馈，深入探究组织文化建设的成果和存在的问题，并从中挖掘出更多的原因。另外，还将对之前的成功和失误进行客观评估，以确保组织文化建设的目标和内容能够满足实际需求，并且能够体现出组织文化建设的宗旨。

4. 确立与巩固阶段

在这一阶段，主要集中于解决现存的挑战，同时也要对现有的组织文化作出改善。首先，要从客观角度审视其所体现的思想，剔除不适应当下发展的观念；其次，要把积极的、具有启发性的经验和思想汇编起来，转变为可操作的语言，使其更具普及性。

5. 跟踪反馈阶段

当企业面临新的商机和挑战时，企业的文化必须相应地调整。这可以说明企业的思想和行为必须与新的商机和挑战保持一致。但是，企业的文化如何与新的商机和挑战保持一致，并非完全取决于企业领导人的个人决策，还取决于企业对当前商机和挑战的敏感度。在组织文化建设的第五个步骤中，需要定期收集并进行反馈。通过对过去的数据进行分析，可以更好地了解当前的情况，并采取相应的措施来改进策略；通过对过去的数据进行持续的监控，确保策略得到充分的执行，从而为组织未来发展奠定良好的基础。

知识链接 4-4

创造冒险的文化

微软公司愿意聘用那些曾经犯过错误而又能吸取经验教训的人。微软的执行副总裁迈克尔·迈普斯（Michael Mapes）说："我们寻找那些能够从错误中学会某些东西、主动适应的人。"在面试的过程中，"我们总是问应聘者：你遇到的最大失败是什么？你从中学到了什么？"

以格里格·曼帝（Craig Mundie）为例，他与他人在 1982 年共同创立了爱林特计算机系统公司（Alliant Computer Systems）。10 年后，公司由于入不敷出而倒闭。而微软在 1992 年 12 月聘用了曼帝，任命他为部门主管，负责筹划如何把新技术用来制造消费产品。微软看中的不仅是他的技术和管理经验，而且包括敢用远见打赌的胆识——即使这种远见不一定正确。微软的人会告诉你：敢于冒险是公司之所以存在的全部理由。尽管许多远见最终以失败告终，但这并不重要，重要的是他们曾尝试过。

在寻求有远见的冒险者时，微软喜欢接纳那些成功地处理过失败和错误的人。一位高层管理人员说："公司可以接受内部的很多失败的情形。你不能让员工觉得如果不成功就可能被解雇。如果那样，没有人愿意从事这些工作。"

在微软公司，最好的方法是去尝试，即使失败，也比不尝试好得多。

（三）组织文化建设的方法

在组织文化建设过程中，为了达到最佳的效果，必须采取适当的措施来塑造组织文化。目前，有多种可行的方法，有效的方法包括以下五种。

1. 示范法

通过示范法，可以向全社会展示优秀的先进典型，让更多的人受益。这种方式不仅能够让党员、干部成为榜样，还能够让更多的人从中受益，从而形成一种良好的组织文化，使他们能够遵守道德规范和行为准则。通过完成这项任务，我们可以向员工传达组织的文化理念。

2. 激励法

通过激励法，可以给予员工精神和物质上的支持，如举办竞赛、解决技术难题、发出口号、设定目标、提出要求、评选优秀员工等，让员工感受到自己的事业发展潜力，从而积极主动地工作，并将自己的工作成果视为自己的责任和组织的荣誉。同时，我们也应该关注员工的日常生活，并通过不断改进分配制度来满足员工的物质需求。

3. 教育法

通过采取多种形式的自我教育，如谈心、演讲、达标、征文等，让员工发现自身的不足，改变自身的价值观和行为，以达到组织的期望。

4. 宣传法

通过多种宣传方式，如讲座、黑板报、研讨会等，将组织的文化理念和目标传达给员工，以达到宣传的目的。

5. 引导法

通过定向引导法，可以有意识地组织各种活动，帮助员工建立新的价值观，并营造一个充满正能量的文化氛围。

本章小结

组织结构是指组织各部门之间的一种相对稳定的结构模式。组织设计是指对组织活动和组织结构的设计过程。组织变革是组织根据外部环境和内部环境的变化及时改变自身结构，以适应内外环境变化的过程。组织发展以改善和更新人的行为、人际关系及管理方式为重点。组织文化是指一种共同的价值观、信念、行为准则及它们所代表的独特的行为方式和物质表现。组织结构的模式、组织设计的原则、组织变革的动力和阻力分析、组织发展的基本对策是本章内容的重点，组织结构模式的选择、创建学习型组织是本章内容的难点。

复习思考题

1. 什么是组织结构？组织结构有哪些模式？
2. 什么是事业部型组织结构？它具有什么特点？
3. 矩阵型组织结构有哪些优缺点？
4. 组织变革的动因主要有哪些？
5. 阐述学习型组织的特征。
6. 组织文化具备哪些功能？

随堂测验

公司文化测试

对一家你所熟悉的公司或学校，就下列问题表明你的观点，并从中 1～5 分中选择相应的分值作出评分，1 表示强烈反对，2 表示反对，3 表示中立，4 表示赞成，5 表示强烈赞成。

1. 总体上说，公司中所有的管理者和绝大多数的员工都能够正确地表达公司的价值观、公司经营的目的和顾客的重要性。
2. 组织中所有成员的工作对实现组织目标的作用是非常清楚的。
3. 管理人员很少出现与公司所推崇的价值准则相悖的行为。
4. 即使在不同部门之间，员工间相互关怀和照顾也被视为一种优良的道德准则。
5. 公司和管理者更珍惜对公司长远发展而非短期发展有益的事情。
6. 领导者特别注重对员工的引导与教育。

7. 招聘工作严肃认真，多次与应聘人员接触，以寻找与公司文化相符的特性。

8. 招聘中，向应聘者如实介绍公司的情况，由应聘者决定是否加入。

9. 期望员工能靠真才实学而非政治投机来获得晋升的机会。

10. 公司价值准则强调在剧烈变动的环境中取得成功，而不是必须做得更好。

11. 与公司使命和价值准则相一致比恪守管理规程和统一服装更重要。

12. 你曾经听说过公司领导者的一些使公司变得伟大的传奇故事。

13. 仪式和特殊事件被用来认可和奖励对公司作出特殊贡献的个人。

评分方法：如果总分在 52 分以上，说明你所在的公司具有同宝洁和惠普公司相类似的强有力的文化；如果得分在 26～51 分之间，说明你所在的公司文化一般，但对组织是有利的，同美国航空公司、可口可乐公司的文化相类似；如果得分低于 25 分，则说明公司的文化很弱，难以帮助组织适应剧烈变动的外部环境，也不能满足组织成员的需要。

案例分析

惠普的走动式管理架构

前所未有的，马克·赫德（Mark Hurd）成为 2007 年 6 月底酷暑中"最炙手可热的人"。其任职期间对惠普固有的矩阵式管理进行大刀阔斧的改革且使之股价在两年内飙升 84.47%，远高于同行业平均水平。太多人对惠普的内部转型充满兴趣。对矩阵式架构的升级改革是一种新的趋势。

一、和惠普做生意，很难找到拍板的人

"我赋予你的责任越重大，你就越容易脱颖而出。我用的矩阵越多，就越容易迁罪于别人。"上任伊始，赫德就毫不掩饰地发表对矩阵管理结构的意见，这与他在公众面前的低调形象截然不同。赫德有意见的矩阵式结构由专门从事某项工作的工作小组形式发展而来。矩阵管理结构中的人员分别来自不同的部门，有着不同技能、不同知识和不同背景，大家为了某个特定的任务而共同工作。这种结构有很多好处，如提高各部门协同作战的能力，但也有几大缺陷，包括多重领导造成职责不清、责任相互推诿等。在卡莉·菲奥里娜（Carly S.Fiorina）时期，矩阵管理对惠普的客户关系产生了一些消极影响。"要知道，作出最后的销售决定其实并不是一件容易的事情。"说这话的是惠普的前销售人员。彼时，销售人员的决定权的确不大，因为在这个矩阵式组织中他们实际上受到营销部门和业务部门的双重指挥，并不是一个部门就能赋予其拍板权的。一些客户向赫德反映，和惠普做生意很难，因为他们难以找到能够拍板的人，交易速度无法令人满意，而且有的销售员责任心不强。惠普在技术研发方面有很强实力，但销售人员的工作却无法很好地开展，责任并不在于他们，而是内部过于复杂的指挥结构。高举矩阵式管理大旗的 IBM 也是一度在此栽了跟头。IBM 全球高级副总裁兼全球研发部总裁保罗·霍恩（P. M. Horn）曾面临很无奈的一件事发生在 20 世纪 90 年代，当时 IBM 有一项很好的技术可以取代现在的路由器，但由于没有及时与产品部门沟通，所以并没有推到市场上来。"造成这种局面的障碍之一，就是 IBM 大而全的产品部门各自独立，从技术研发到产品制造，基本上都处于一个相对独立的状态，由此而产生的最直接后果，就是研发力量的严重重复和浪费。"IBM i 系列全球首席科学家弗兰克·索蒂斯（Frank Soltis）博士深有感触。

二、实用的"对角线"带动公司"走动式管理"

时隔 20 年，汤姆·彼得斯（Tom Peters）在《追求卓越的激情》中说："在美国头号的管理效率问题实际上很简单，那就是，管理人已经和自己的员工及自己的客户失去了联系。我所说的保持接触和联系，不是指通过计算机打印文件或者没完没了的会议所进行的接触和联系，而是指真诚的和发自内心的交流和沟通。"他提倡大公司应该采用走动式管理。

而赫德亲自操刀所进行的改变似乎无意识地正在靠拢彼得斯的观点。用两年时间，他解散了原来集中了惠普销售职能的客户解决方案事业部，将一万名销售员重新分配到三个大的事业部。此举大大增加了业务单位领导对公司资源的控制权力。在这个被强化了的公众平台上，这些业务单位可以很大程度地在人事、财务、研发等方面共享资源，可以随时调动公众平台上的数据为己所用。这样一来，整个企业部门与其业务相关的成本控制比例就由原来的 30% 上升到大约 70%。

知名管理学家王育琨这样评价赫德："马克·赫德使得惠普的管理结构呈现出崭新的特点，成就了走动式管理宝典，出现了全新的组织管理菱形结构图。这是马克·赫德所创造的，其价值不可估量。"

赫德认为惠普的新体制，并不是恢复金字塔结构，而是上为金字塔，下为一个倒金字塔组成的菱形结构。上端可以是实体组织结构，下端则为一个由走动式管理形成的虚拟结构，虚虚实实地组成一个新型管理架构。

很显然，菱形结构的组织特点是只要保持两个点的固定，四条边可以随意扭动，只要能够保持对客户的服务，企业内部可以作快速的结构调整，从而提高效率。要达到这样的理想局面，意味着企业内部要有更多的协同优势，包括人事、研发、财务等以前只有在出现问题时才会接触的部门现在则变成了"分分钟"的同事，随时会共同解决问题。

能够成为全球著名的咨询公司，麦肯锡在"协同"上的表现值得很多企业学习。全球的数据库一直共享，在问题和解决方案之间可以直接拉一条对角线，而不需要沿着以往四边形的边来找到解决方案。

三、多维矩阵式，让企业资质从平面到空间

国泰君安证券有限公司的相关管理人员在考察完惠普的管理体系后感慨地说："真是把部门间的合作运用到了极致。"

惠普有一个让国泰君安超级美慕的数据共享系统，在这个系统上，任何部门都可以随时调用对自己业务有帮助的数据，并随时通过系统反映给其他可能的协作部门。比如，产品部门可以在看到产品需求后立刻联络客服部门和技术部门，一套建立在客户要求基础上的解决方案短时间内就可以完成。国泰君安认为，这种多维的沟通方式将发挥巨大的能量。

"多维"这个词让企业的资质架构一下子从平面的概念上升到了空间的概念。事实上，以客户为中心的理念，随着现代企业各职能及非职能部门的不断升级，企业已经不能仅仅在同一个平面上来下完一盘棋了。

IBM 先做了这样的尝试。2002 年，错失了主导新路由器技术市场良机的 IBM 在研

究院内组建了随需应变的创新服务部。这个部门的科学家以顾问身份直接与客户合作，收集客户的实际需要和遇到的问题。研究院超越了事业部的限制，把一个固定的组织架构也变成了一个可以随意扭动的立体平行四边形结构，研究院俨然就是平行四边形的重心，随时可以向四面八方拉对角线。

即使船大，也同样好掉头。

资料来源：董娟. 中国经营报，2007-07-06.

案例思考题：

（1）惠普为什么要进行管理架构的改变？

（2）你认为 IBM 组织变革存在哪些障碍？走动式管理是否适合 IBM？

即测即练

自学自练

扫描此码

第五章

领导力开发概述

学习目标

理解领导与管理的概念，领导者与追随者的关系；掌握领导力与权力的概念及特征，运用权力理论分析管理问题；了解领导力测评的主要方法；掌握领导力开发的主要内容与方法。

内容提要

"领导力"已经成为管理学界最热门的一个词，众多研究都是以领导情境特征为基础展开的。本章聚焦于领导与管理的概念和特征，关注领导者类型与追随者特征，辨析领导力与权力的同源性与差异性，以及领导力的测评方法和开发内容。在学习过程中，领导、领导力概念和领导力开发内容是重点，领导力测评方法是难点。

第一节　领导与管理

一、领导

（一）领导的概念

领导是指具有影响力的个人或者团队，通过向组织成员施加影响，产生工作行为，实现组织目标的过程。领导是一个社会群体现象，普遍存在于人们的社会生活中。领导不仅仅局限于军队、政府机关、学校行政机构或企业等正式组织当中。非正式组织中也存在领导现象，有时候在不经意间我们就可能成为某个群体在某项活动中的领导者或被领导者。

领导活动自人类社会产生之后就出现了，在人类社会发展的历史长河中，领导贯穿于人类社会的各个形态和各个方面。从 20 世纪 30 年代开始，学者们就开始对领导进行广泛和深入的研究，研究领域包含经济学、社会学、心理学和政治学等。但是，对领导的定义、研究角度可谓是百花齐放，众说纷纭。

（二）领导的作用

组织中的有效的领导非常重要。有效的领导能够大幅度提升组织的经营绩效和组织利润，带领组织成员共同实现组织的短期目标和长期目标。领导理论就是关于领导有效性的研究。领导的作用主要表现在以下三个方面。

（1）领导者是领导活动的主体，在领导活动中起主导作用。领导者由于自身高远的眼光，能够概括出群体成员的共同目标，成为群体的聚集中心，可以促进形成群体合力和正式群体。

（2）领导者是领导活动的驱动者。领导者制定领导目标，组织领导活动，并使之朝既定领导目标迈进。领导者作为群体的核心、领导活动的推动者，要在如何达到群体共同目标上进行协调分工，并控制人们的行为。当行为与目标出现偏差时，领导者可以以目标为依据，对成员行为进行调整，及时解决问题，以使团队更好地发展运行，达到更高的协作绩效。

（3）领导者扮演着一种引领潮流的角色。为了保证达到预先设定的目标，领导者必须随时注意组织内、外环境的改变，对组织进行持续的优化，及时调整人力资源，并且在这个过程中将所有的关系进行积极调整，将所有的内外部资源进行有效融合，利用组织化的方法，持续提高企业的核心能力。

（三）领导的特征

研究领导者特征的学术观点很多，有效的领导者必须具备以下特征。

（1）眼光高远。眼光高远是指领导者能够准确地把握群体成员的个体目标，并能够在一定的高度上概括出这些目标的共同部分，同时能够将其表述出来，得到群体其他成员的认同。

（2）境界高尚。境界高尚是指在短期利益和实现目标之间，领导者更重视目标的实现。这可以维持团队成员的协作意愿，使团队成员愿意围绕着这个领导者共同协作。

（3）能力卓越。能力卓越是指领导者必须能够维持一个协作体系，并且有足够的能力完成必要的项目以实现团队的共同目标，使得团队成员相信在这个领导者的带领下能够实现组织目标。

知识链接 5-1

依恋理论与领导特质

你知道吗？婴儿天生对母亲的态度可能会影响婴儿未来的领导力特质。根据依恋理论，焦虑型依恋的孩子在母亲离开时表现出强烈的忧伤，回避陌生人；而在母亲返回时又抗拒她或将她推开。回避型依恋的孩子在母亲离开时并没有表现出痛苦，会与陌生人一起玩，而当母亲返回时会忽视她。有依恋焦虑的领导者往往更加自利，在任务导向的情境中表现出更差的领导素质。有依恋回避的领导者具有更低的亲社会动机，不会给予追随者安全感，进而导致追随者不良的社会情绪功能及其未来较差的心理健康。

二、管理

（一）管理的概念

管理可以被描述为借助人（人力资源）、资金（财务资源）、物（物质资源）和数据（信息资源）来实现组织使命、战略和目标的过程。在组织中的人可能是雇员，也可能是其他角色。例如，一个兼职的人或一个专职的咨询人，他们根据合同或者与该机构有一些其他的联系。组织中使用的资金可以是组织用于达到想要的组织结果的任何类型的财务资源或资本；组织中的物可以包括物质资源，如设备、计算机、桌子、椅子和灯，甚至组织所在的建筑物。组织中的数据或知识可以是任何类型的信息，如由组织使用以帮助实现其组织目标的数据库或档案。

管理者的工作目标是实现相对于组织期望的结果而言的高绩效。一个有效的管理者始终能够连续地实现组织的使命、战略和目标；一个高效的管理者通常会尽可能地减少人力、财力和物质资源的浪费，最大限度地利用资金、时间、原料和人力来达成组织结果。

（二）管理的职能

管理工作通常被分解成四个主要职能：计划、组织、领导和控制。

1. 计划职能

计划职能涉及分析当前状况和预测未来；确定愿景、使命、战略和目标；确定实现这些期望结果所需的资源。它还包括明确员工需要执行的任务，指明何时、如何完成这些任务，以及协调员工的活动。

2. 组织职能

组织职能涉及集合与协调人力、财力、物质资源、信息资源和组织能够使用的其他资源，以实现其所期望的结果。组织活动包括吸引合格的人员加入组织，明确工作职责，为员工分配具体任务，安排和协调工作任务和活动，创造条件以促进所有资源的协调，以使组织获得最大的成功。

3. 领导职能

领导职能涉及影响员工尽可能好地表现。领导活动包括将员工作为一个个体、一个组织整体，以及置于员工群体之中进行领导、激励与沟通。有效的领导需要引领和鼓舞员工在实现组织的愿景、使命、战略和目标时创造业绩的新高。领导活动也可包括为员工树立良好的榜样，亲自示范及被期待的企业行为，并向他人展示企业中工作和职业成功的方法。

4. 控制职能

控制职能涉及监测员工在成果方面取得进展，并在必要时作出适当的改变。控制活动包括设定绩效标准；监测个体、群体和组织在实现既定目标方面取得的进展；向员工提供关于目标实现的进展的反馈和信息；通过比较真实绩效水平与绩效标准，识别问题区域；一旦绩效问题被识别出来，就要着手解决，如提高员工的积极性。其他控制功能还包括维持预算、削减成本和减少浪费，并在必要时对员工采取纪律处分。

（三）管理的特征

管理的重点是解决纷繁复杂情境中的问题，一个好的管理者可以制定一个有效的方案，设计一个规范的组织架构，并对计划执行的效果进行监控，最终实现有序和稳定的目标。正式等级中有正式权力与非正式权力，管理者在正式等级上利用既定权威，要求组织成员服从其本人。管理人员是在公司内部负责领导员工并执行其任务的人。管理者的职责主要有：贯彻执行领导所制定的方案和策略，组织内各个部门之间的协作，完成组织内的日常工作等。

管理是一种过程而不是一个阶段或一个步骤，具有以下特征：

第一，管理工作的核心就是对他人工作进行管理，管理工作以整合他人活动为主要渠道实现工作效率与成效。因此，管理人员必须在自己的管理范围内，对别人的活动进行有效组织和领导，以提高整个单位的工作效率和效果。

第二，管理工作以协调他人活动为手段。因此，管理人员必须懂得如何处理与人打交道的技巧。

第三，管理人员要兼顾两方面：其他人员及其参与的工作或项目。

第四，管理人员应该对每个人都有一个全面的认识，即一个有效的管理者，既要懂部属，还要理解部属的工作。

三、领导与管理的关系

领导和管理是两个不同的概念，二者的功能和作用有明显的区别。

（1）领导与管理在功能上存在差异，管理的功能要远大于领导。管理包括计划、组织、领导和控制等职能，领导是管理的主要职能之一。管理的对象既可以是人，也可以是财、物、信息、时间、关系等资源；而领导的对象通常是人，通过对他人施加影响从而实现组织的目标。

（2）在组织内部，领导者与管理者所扮演的角色是有区别的。领导的首要任务就是要把待办事项引领到正确的方向。确立组织正确的行动方向非常重要，领导者更关注企业的未来；管理强调的是正确地做事，方向一旦确定，如何用最好的途径和方法，如何高效地达到组织目标是管理的重点，管理者更关注企业的现状。

（3）在组织工作中，领导者与管理者的工作重心是不一样的。领导者的作用在于影响与指导，在于因势利导，要有"敢将日月换新天"和"挽大厦将倾"的勇气，在组织变革的时候制定新的目标，探索新领域；管理重在协调和控制，维持既定秩序，配置资源，提高现有效率，把已经决定的工作做好。

此外，人们常常将领导看成一门艺术，必须结合具体问题具体分析，因时因地因人而异，没有什么万能的领导方法和理论；而管理则更科学，更正规，人们在不同的企业环境中，使用较为标准化的管理方法和工具。

第二节 领导者与追随者

一、领导者

（一）领导者的概念

领导者是指在社会共同活动中，经过选举、任命或从群体中涌现出来的能够指导和协调群体成员向着既定目标努力的、具有影响力的个人或集体。领导者是一个组织正常运转的推动者。领导者通过计划、组织、指导和监督群体成员的活动，发展和维持成员之间的团结及调动其工作积极性，使之成为一个有机的整体。过去，人们更多地把领导与拥有某种职务联系在一起，认为领导就是统治和指挥别人。

现代领导观念则认为领导的实质是影响别人。领导是一种影响他人的过程，也是一种人与人之间的交往过程，通过该过程来影响、激励和引导人们执行某项任务，以达到特定目标的一种行为。作为领导者应帮助群体最大限度地利用其能力来实现组织的目标。他们不是站在一个群体的后面去推动，去督促，而是作为带头人来引导人们前进，鼓励人们去实现组织的目标。优秀的领导者能激励别人思考行动，他们是力量的主体。

（二）领导者的职责

领导者的职责是指领导职位所确定的责任。领导者要正确履行职责，否则就是失职。领导者的职责具体表现为以下几点。

1. 处理与人的关系

领导工作首先是做人的工作。在企业组织的所有资源中，人力资源是最重要的资源。领导是通过一系列的措施，了解、掌握人的需要，从而有目的地引导、指挥和协调人的行为，千方百计地通过提高员工的满意度来调动人的积极性。领导在处理与人的关系中，一项非常重要的工作是识人和用人，即发现人的长处，用好人的长处。

2. 处理人与事的关系

作为一个组织或群体，均有一定的存在目的，为实现目的要进行大量工作。领导者的一个职责就是处理这些事务，特别表现在制定各种决策，进行现场指挥，使各项工作有条不紊地进行。科学决策是领导的首要职责。各级领导者，无论层次高低，都有责任对面临的许多问题作出决策，只是因所在层次不同，其决策的内容和重要程度不一样。统筹协调是指协调组织内部和外部各单位、部门的工作或活动，使之建立良好的协作关系，以有效地实现组织的宗旨和目标。各级领导者有责任防止因组织内部分工过细带来的不协调和扯皮现象，加强协调工作。统一指挥是指一个下属只应接受一个领导者的命令，避免因多头指挥而产生忙乱和低效。各级领导者有责任对本单位工作实行统一指挥，政出一门。领导者可越级检查下属的工作，但不可越级指挥；下属可越级向上反映情况，但不可越级请示工作。

3. 处理与时间的关系

一方面领导者需合理安排个人和组织的时间，有计划、有条理地根据轻重缓急原则安排组织的各项活动，从而充分有效地利用时间，达到组织目标；另一方面，领导者是面向未来的工作，需要预测未来，走在时间的前面，真正做到把握时机，使组织持续发展。

（三）领导者的类型

组织理论之父马克斯·韦伯（M. Weber）把领导者分为三种类型。

1. 超凡魅力型领导者

这种领导者通过他的奇迹之举和英雄行为，把一些人吸引在自己的周围成为追随者、信徒。他们之间形成的领导与被领导关系，是基于被领导者对领导者超凡魅力的信仰，而不是基于某种形式的强制力量，其特点是对这种神化的个人的绝对服从和献身。一旦领导者丧失了被领导者的信仰，这种领导关系就会崩溃。在领导者与被领导者之间保持一种人性和情感关系，无须经过任何的机构或程序使这种关系固定下来。在这里只有领袖对信徒的召唤，以及后者对前者的效忠奉献。

2. 传统型领导者

这种领导者获取权力的方式是根据世代沿袭下来的惯例。在这里，领导者对"你凭什么统治众人"的回答是"历来如此"。领导者的命令，其内容必须是基于某种传统，即历代相传的神圣规则，超出这种限制就会导致领导失效。被领导者对这种领导者的服从是对拥有这种不可侵犯的正统地位的个人的服从和效忠。

3. 法理型领导者

这种领导者的权力是由理性和法律赋予的。在领导者与被领导者的关系中，法律具有至高无上的地位，无论是领袖、官员，还是普通民众，在法律面前人人平等，都要受法律的制约和束缚。

二、追随者

（一）追随者的概念

有了领导者，必然有被领导者，即追随者与之相对应。最近领导研究的讨论越来越倾向于把领导者与追随者结合在一起考虑，领导力领域著名的研究者本尼斯（Bennis）认为，如果没有员工完全的包容、主动及合作的话，有效的领导是不可能存在的。

领导者和追随者构成了领导活动的主体，领导活动作为客体接受主体的改造。与此同时，领导者和追随者也是互为主客体的，领导者在领导过程中，对追随者产生影响，追随者对领导者的影响还表现在跟随的过程中，两者之间相互依赖，相互促进，共同组成了领导行为的基本矛盾运动。这种基本矛盾体就是领导者与追随者之间的复杂互动关系。领导者和追随者，上司和下属之间，其实质就是相依相生的关系，共荣共存，互相影响制约。这种复杂的辩证统一关系，使领导者在管理中具有重要地位，对其进行有效的控制是至关重要的。追随者虽然没有管理职能，但是他们数量庞大，一定程度上能够影响组织运行的方向和未来的命运。领导者虽然在法律层面上有组织赋予的奖励和惩罚的权力，但是不能过分依赖这些力量。正如唐代名相魏征所言："君，舟也；人，水也。水能载舟，亦能覆舟。"作为一个领导者，必须能够考虑到并在实际行动中体现员工的意愿、要求与利益，才能获得大部分员工的衷心拥护，从而实现企业的发展目标；而作为追随者，也必须具备一定的素质，才可能成为一个不断进取的合格追随者。

（二）追随者的特征

关于魅力型领导的研究表明，热情、自信，具有绝对人格力量的领导者是受下属欢迎的。但很多领导者虽然拥有这些属性，却没有被视为魅力型领导者。其原因有可能是他们本身是优秀的、有能力的领导者，但他们无法激发出追随者的强烈感情，或者使追随者表现得超过其个人预期。在现实中，魅力型领导更有可能取决于追随者对领导者的反应，而非取决于领导者的个人特性。如果追随者不接受领导者的愿景，或者不能在感情上依附于领导者，那么这些领导者是无法被视为魅力型领导或变革型领导的。因此，领袖魅力存在于旁观者的心中，它是部分追随者对领导者表现出的特别强烈的情感反应、认同和信念。追随者具有以下特征。

1. 对领导者和愿景的认同

与魅力型领导相关的两个效应包括对领导者强烈的爱戴、追随者与领导者在信念上的相似性。这些效应描述了一种联系或对领导者个人的认同，以及对一个大于自身的目标或活动（事业）的心理投资。追随者与领导者联系在一起，是因为他们可能对现状极为不满，但又无法独自找出令人满意的解决方案。行事风格像领导者、得到领导者的赞同，变成了个人自我价值的一个重要部分。

2. 提升情绪层次

魅力型领导也能激发出追随者的感情，而这种提升的情绪层次会引起追随者努力工作和绩效水平的改善。情绪往往是推动大规模变革活动的助燃剂，而魅力型领导往往会尽最大的可能来保持这种情绪，包括使追随者思考自己对现状的不满，直接向下属作出热情洋溢的要求。但魅力型领导必须时刻记得，有些与该愿景和活动疏离的人，其感受到的情绪会与赞同其愿景的人一样强烈。这种魅力型领导的极化效应可能是他们往往以暴力性死亡的方式终结生命的一个原因，因为那些被魅力型领导疏远的人有可能随情绪变化而行事，这与该活动的追随者是完全相同的。

3. 心甘情愿追随领导者

前面的特征是关于追随者与领导者在情感和心理上的亲密感，心甘情愿追随领导者的下属涉及对领导者权威的顺从。魅力型领导往往会表现出超于常人的素质。其结果是，追随者会自然而然地、心甘情愿地服从领导者的明显权威和优越地位。追随者似乎将自己的批判性思考技能置于一旁，他们毫不怀疑领导者的意图或技能，愿景或变革活动的正确性，或者他们为达到这一愿景所需要采取的行动。

4. 赋权感

魅力型领导的下属会受到鼓动来提高对自己的预期，更努力地工作以达成更高的目标。魅力型领导充分利用皮格马利翁效应：他们为下属设定高期望，同时表达出对下属能力的自信，提供持续的鼓励和支持来提高其自信心。但有些自相矛盾的地方是，追随者在觉得自己变得更强、更有力的同时，也会心甘情愿地服从于这位魅力型领导。魅力型领导有能力使自己的下属感到更有力，而不会削减或危及自己的地位。这种赋权感与提升的情绪层次、领导者的未来愿景相结合，往往会带来组织、群体或团队绩效的提高或重大的社会变革，如表5-1所示。

表5-1　追随者对变革的反应

特征	表现
阳奉阴违的服从	发生在追随者忽视或主动妨碍变革要求的情况下
服从	发生在追随者仅仅遵守与变革要求有关的政策和程序的情况下
合作	追随者自愿从事那些有助于实现变革的活动
承诺	追随者衷心欢迎变革，并往往付出极大努力来确保工作的完成。魅力型领导和变革型领导很善于说服追随者对其未来愿景作出承诺

三、领导者获得追随的关键

领导者获得追随的关键是信任。信任是指人们对于他人的期望，即从他人的言语、行动或决策中，我们确信他人不会做出任何出格的举动。如果追随者对领导者有信心，就会乐于被领导的行为所指导，因为他们确信自己的权利和权益不会受到侵犯。如果追随者认为领导者是不值得相信，或者是想占追随者的便宜的，他就不会尊敬该领导者，也不会跟随他。例如，受人尊重的领导者具备的特点中，诚实这一要素始终被大多数人列在第一位。

（一）信任维度

信任维度包括正直、胜任力、始终如一、忠诚和开放。

1. 正直

正直是指诚实与真实。当追随者在评估领导者是否值得信任时，这一维度似乎是五个维度中最关键的一项。

2. 胜任力

胜任力是指个人对技术、人际关系等领域的认识和能力。追随者需要相信领导者有能力、有水平来完成他说过要做的事情。

3. 始终如一

始终如一是指个体的可靠性、可预测性及在处理事件时良好的判断力，言行不一会损害信任，这一维度对领导者来说尤为重要。

4. 忠诚

忠诚是一种要保护另一个人的意愿，信任需要追随者能信赖领导者不会以投机的方式对待他们。

5. 开放

开放是指追随者能够信赖领导者并告诉他自己的所有真实想法。

（二）信任法则

1. 不信任驱逐信任

领导者可以表现出对追随者的更多的坦诚，向追随者透露他们关心的信息，并向他们表明自己的真正目的。不值得信赖的领导者通常不愿意与他人有过多的交流，或者隐瞒消息，甚至有可能借机剥削别人。而面对这样的情况，那些曾经相信过他们的人，也不得不对他们的领导者失去信心，以求自保。

2. 信任产生信任

在领导者和下属之间建立起良好关系的基础上，领导者需要不断地提高自己的信任度以获得更多追随者的支持。领导者对追随者显示出的信任感将激励双方互利共赢。有成效的领导者会逐渐提高其追随者的信任度，并令追随者响应。通过逐步增加信任，领导者就可以减少因追随者滥用他们的信任而造成处罚和亏损。

3. 成长掩饰不信任

成长使领导者有机会迅速升迁，增长权力与职责。随着组织规模增大及领导职位不断提升，员工之间的相互联系日益紧密。在这样的情境中，成长中的领导者可以采取迅速修正的方法来处理问题，以防止被高级管理者层面及时察觉而造成对领导者的不信任感。当成长开始变得缓慢时，高层不信任领导者的迟钝效应就会显现出来。

4. 信任增强凝聚力

信任凝聚了人与人之间的感情，信任意味着人们相信他们可以互相依赖。如果追随者需要帮助，信任让他知道领导者会伸出援助之手。在危难时刻，相互信任的群体成员会团结协作，全力以赴地实现群体目标。

第三节　领导与权力

一、权力的概念

（一）权力的特征

权力是指某些人、团队或组织占有特殊资源并且能够影响其他人、团队或组织的能力。权力无处不在，它可以应用于个人、群体、组织和国家等不同社会层面中。拥有权力就能够在某种程度上向对方施加影响，改变对方的行为。权力具有以下特征。

1. 依赖性

权力最基本的前提是依赖于他人或其他组织。当个人 A 控制了个人 B 想要的资源，他就拥有了对个人 B 的权力。如果你想获得企业先进个人称号，就不得不参加企业考核，而负责给你考核成绩的只有你的直属上级一人，那么你的上级就拥有了对你的权力，你的选择很有限，只能高度重视你的考核指标内容来达到目的。虽然依赖是权力产生的前提，但是更准确地说，权力双方是相互依赖的。虽然个人 A 在权力关系中占有支配地位，但是个人 B 也会拥有一些抗衡力量。例如，领导者通过控制员工的工作条件、待遇和晋升机会而拥有对他们的权力；同时，员工利用其具备的技能和知识具有抗衡力量，这些技能和知识能够使得公司的产品质量提高或使客户数量猛增，这些都不是领导者凭借一人之力能够完成的。

2. 动态性

权力的大小会随着时间的变化而变化。例如，随着科学技术和全球化经济的发展，企业的发展壮大越来越依靠知识和创造力，人们开始逐渐意识到人力资源在企业经营发展中的重要作用，其带来的结果就是人力资源部门在企业中的地位上升，人力资源经理较以往会更多地参与企业高层决策，对企业的工作安排、资源分配计划等施加影响等。所以，一个普遍被大家认可的现实就是，人力资源部经理的权力变大了。

3. 潜在性

权力是一种无形而强大的力量，它能使人们作出各种决策和决定，也可能导致一些不良后果，因此要正确地使用权力就必须掌握权变艺术。只有用好了权，才能真正发挥作用。

（二）权力与影响力

影响力指的是一种能够引起别人注意并使之行动起来的力量，包括对别人的态度、信仰和行动的影响能力，涉及一切试图改变别人态度和行动的活动。就定义而言，权力和影响力都是指对他人产生影响的本领。二者最不同的是，影响力覆盖范围大，权力关系的生成取决于对别人所需要的各种资源的控制，但这对影响力来说不是必需的。影响力是一种心理感受或态度，它与个人的性格和气质有关，而与人所处的地位无关。当你因为喜欢某个明星而模仿他的着装方式时，我们就可以说这位明星对你产生了影响力，但是很明显他对你没有权力关系。

从权力关系出发，对个体、一个团队或一个组织所形成的影响，叫作权力性影响力或强制性影响力。这种影响力是一种无形的力量，但却是不可忽视的重要因素。这一影响通常以正式的形式出现，正当合法的力量是其根本，一般源于社会或者组织给予个人的岗位、身份等，是外部环境给予的，对于受波及的对方是强迫性的。

与权力性影响力相对应的就是非权力性影响力，或者称为自然性影响力，这种影响力是通过个体自身的特征或者行为而形成的，与法定权力无关。比如，主动购买自己心爱明星所代言的商品，就是受非权力影响力的影响。

二、权力的种类

在组织上，权力与影响力构成了领导者的核心。领导就是运用权力去实施一定的职能。组织内各级领导者管理下属，带领并指导组织成员努力实现组织的目标的原因，是由于领导者具有与岗位相应的职权，这类权力叫作正式权力或法定权力。组织中还存在另外一些人，他们不一定具有正式权力，也不一定具有较高的级别，但是看上去却似乎比同层级的人甚至更高级别的人拥有更多的权力。这种力量并不只来源于一个人在企业中所担任的正规职务，还可以来源于他的个性、技能和能力，与职位无关。这种类型的权力称为非正式权力。

（一）正式权力

领导者的正式权力由法定性权力、强制性权力和奖励性权力构成。

1. 法定性权力

法定性权力的核心是命令和指令、决定与否定。一般都是组织根据一定的程序与形式授予领导者的命令与指挥权。

2. 强制性权力

强制性权力是一种威胁性的权力，它使被领导者感到受到严重压力，有时可能会对绩效产生负面影响。所谓强制性权力，就是指通过对部属施加身体、精神和物质等方面的胁迫，迫使部属屈服的一种力量。它基于被强制者对处罚的畏惧，当人们有勇气或者有资本拒绝接受处罚时，这种强制性权力会有负面影响。如果被强制者害怕这些处罚，就会对强制权作出回应，换言之，强制性权力也就发挥了作用。它的本质是一种惩戒。

3. 奖励性权力

奖励性权力是指能够决定是否授予或撤销奖励和报酬的权力，它能够以利益的方式来对别人产生影响。奖励性的权力会产生激励作用，它能使员工感到自己有能力去实现这些目标。奖励性权力是相对于强制性权力而言的，被领导者之所以顺从领导者的意愿或命令，是因为这种顺从能使自己受益。在组织中，一个领导者愈能控制发放报酬的方式，他愈能支配他的下属。

（二）非正式权力

组织中的非正式权力包括专家性权力和感召性权力。

1. 专家性权力

专家性权力是由于具有一定的专业知识、技能所得到的力量。在管理中，专家性权力是指领导者拥有的一种特殊的领导权威和威望，它是领导者凭借其学识能力所取得的一种无形的权力。这样的力量建立在赞赏和理智的崇拜之上。如果领导者本身拥有广博的学问，对自己所从事的行业了如指掌，或者在某个行业拥有先进的专业技术，就会得到某种特权。

2. 感召性权力

感召性权力既不同于强制性权力，又有别于专家性权力。感召性权力是指通过领导者独特的性格、人格或人格特征而产生的力量。它是基于下属对领导者的敬重、信赖和情感上的认可，它可以使下属对领导者产生一种亲近感、信任感和安全感。一个企业的领导者，若能做到公正、勇敢、能识人、有爱心、敢于革新、有个人魅力，并能灵活地使用自己的领导能力，则更能获得下属的尊重和顺从。

三、权力的运用

（一）权术的概念

权术是指把权力运用到实际领导行为中的手段与技能。如果将权术视为一系列行为，这些行为涉及个体获得和运用权力，那么权术就是一个中性的名词。在汉语中，提起权术这个词往往带有贬义意味，指个体为了获取自己的利益采取的一系列会损害组织或者他人利益的行为。在这里，我们把权术定义为中性的，即获得和运用权力的一系列行为。

加里·尤克尔（Gary Yukl）在 1995 年通过调查研究发现，组织中常见的权术影响策略共九种，组织可以依据不同时期组织的不同目标和不同对象而区别采用，如表 5-2 所示。

表 5-2 九种权术影响策略

权术影响策略	定义	举例
1. 理性说服	利用逻辑分析和事实依据	这套新工序可以为我们节省 15 万美元
2. 鼓励式要求	通过对价值观、理想、需求或抱负的引导，激发内心的热情与渴望	你不是总希望大家承认你的管理才能吗？这正是你的良机，何不抓住它？
3. 协商	在规划、策划、活动或变革的过程中，积极倡导广泛的参与	这个项目该如何进行，大家一起讨论一下
4. 迎合	设法在请求以前营造一种有利的氛围	你上个月的业绩非常不错，大家都看到了你的努力
5. 交换	提出相互帮助、利益，承诺以后报答	帮我个忙吧，我请你吃午饭
6. 个人魅力	利用他人的忠诚度或与自己的友谊	你是我在公司里最好的朋友，帮个忙吧
7. 联盟	建立一个群体，通过整合其他成员的资源和权力，以实现对他人的影响力	上司对我的提议也很赞成，希望你能与我合作
8. 合法化	试图通过权力或证明其与政策、实践或传统的一致来确立一项请求的合法性	我是项目总经理，这个方案是延续公司传统的最佳选择
9. 施压	利用要求、威胁或持续的催促	如果你不按要求执行，我就解雇你

这九种权术影响策略的有效性并不是完全相同的。理性说服、鼓励式要求和协商是有效的方法，尤其当被影响者对决策结果非常感兴趣时效果更加明显。而施压通常是九种权术策略中效果最差的一种，往往会产生反面效果，引起人们强烈的反感。这九种权术影响策略不仅可以单独使用，也可以同时采用两种以上或按次序使用多种权术来提高影响效果，只要相互间不产生冲突即可。例如，当被影响者对决策结果不太关心时，可以同时使用迎合和合法化两种权术来降低领导者独裁的印象。

（二）权力运用的影响

当使用权力时，通常会引起被影响者三种不同的反应，包括承诺、顺从和抵抗。

1. 承诺

被领导者接受并认同权力时，承诺通常会发生。这时候组织或领导者要求被领导者会带有强烈的愿望和决心去完成。例如，在组织中，当下属认可领导者的行为时，可能会因此受到高度激励，会像领导者一样努力工作以完成使命，即使加班也不在乎。

2. 顺从

顺从可以被定义为一种组织行为，其中一个人或组织接受另一个具有权力的人或组织的决定，而不产生额外的努力或牺牲。一般情况下，在组织中，下属对领导者的例行命令和任务都表现出顺从。也就是说，下属对正常的、合理的、显然属于正常工作范围的要求会做出顺从反应，但是不会做任何额外的或超过正常水平的工作。

3. 抵抗

抵抗通常被定义为组织成员对改变、发展或创新的反对、拒绝或不满。在组织中，下属有时会拒绝执行领导者的命令或采用刻意推迟行动、敷衍了事等方式表达自己对领导意愿的不满。例如，威权型领导。威权型领导是指以权威和强制手段为主要手段的一种领导方式。威权型领导通常具有高度的集中权和对组织或团队的控制能力，并经常使用命令、指示、惩罚等措施来指挥下属进行行动。一般认为，威权型领导风格会削弱员工的自主性、提高失误风险、降低创新的积极性，进而有可能扼杀员工创新行为。威权型领导关注他们的权威地位，会通过对下属进行紧密的控制来保持掌控。这种领导方式通常会采用一些强制性措施来确保员工的顺从。在日常工作管理中，威权型领导通常表现出四种行为：专断、贬低下属、塑造形象和进行教育。这些领导风格可能会产生许多负面影响，包括削弱员工的自主能力和创造性，降低员工的参与感，以及影响员工的行为和态度。简而言之，威权型领导的管理风格通常会导致员工的消极表现和团队的不和谐。

（三）如何有效行使权力

有效的领导者通常不是通过他们的职位头衔来取得影响和权力的，而是通过行使个人权力和影响力，来激发员工的创造性和增强他们的信心。这种领导者通常会寻求培养他人的权力，同时不断增强自己的权力，以实现更高层次的领导目标。与依赖于权力和任命不同，有效的领导者通常利用其个人魅力、信任和能力来赢得下属的尊重和支持。领导者如果想要将权力授权于下属，他就需要像同事一样与下属合作，而不是以老板的姿态高高在上。这种领导方式需要建立在相互影响、尊重和良好的人际关系基础上，而不是通过权力和地位来控制下属。领导者不仅需要授权下属并实现权力共享，还应该确保下属对工作负责。为实现这一目标，领导者应该及时确认下属工作的成果和他们的贡献，积极表彰他们的优异表现并予以奖励。此外，领导者还应该鼓励下属参与决策，并充分信任那些值得信任的员工。在奖励方式上，领导者应该强调以结果为导向，奖励那些对实现组织目标作出最大贡献的员工，而不是仅仅按照工作过程来奖励他们。

一个强有力的领导者是通过影响力而非指令来引导员工达成目标的。一个领导者权力大小的判断是基于是否能通过说服、影响员工接受组织目标的实现方法来实现的。要有效地行使权力，领导者需要掌握一定的技巧，而非仅依靠权力来管理员工。能够成功引导员工的领导者一方面通常基于友谊和相互尊重的基础去建立良好的人际关系，并追求真诚而非欺骗；另一方面在于关注群体的目标，传达并帮助他们明确这些目标，提供支持并积极探索实现方法，使每个群体成员尽情发挥自己的能力和力量。一位有说服力的领导者能够在理性和情感上同时影响听众。他会仔细研究听众的需求、想法和价值观，并试图在建立共识的基础上与他们产生联系。当听众出现抵触情绪或对立时，领导者必须以谨慎而尊重的方式，而非强硬的教条来解决这种情况。领导者的综合表现不仅包括他们说了什么，还包括他们说话的方式。例如，音调、声音大小、停顿、观点清晰度、内容组织，以及逻辑性和情绪感召力。这些因素往往使得领导者具有强大的能力、广泛的影响力和良好的说服力。

四、领导与权力的关系

领导的本质是影响力，而职权和个人特征是领导者施加影响的基础。职权是领导者因自己的地位获得的权力，是正式的权力；领导者的个人特征（知识、品格、才能、处事风格和感情等）能够让其他人员（下属）心甘情愿地接受自己的领导，被自己影响，这是一种非正式权力。

权力与领导是紧密相关的两个概念。在特定的环境下，领导者通过指导、协调、激励个人或团队的行为来实现组织的目标。领导者使用不同的方法，如支配、控制和影响力等，调整组织的行为以取得期望的成果。而权力的含义是指团队或组织占有特殊资源并且能够影响其他个体、团体或者组织的能力。因此，权力与领导之间有以下两方面的联结。首先，领导者也是权力的所有者。企业的领导者拥有招聘、解雇员工的权力，拥有决定员工升职、加薪、工作环境和条件的权力，同时也拥有企业经营决策权等权力。其次，领导过程的实现依赖于权力的存在。领导者支配、控制和影响组织中个体或群体的行为必须有合法权力做保障，正式组织的运作也是建立在合法权力的基础之上的。试想，缺乏权力的个体或组织，要约束其行为方向是很困难的，企业的领导者如果不拥有合法权力是很难维持组织正常运作、实现领导过程的。

在员工和领导之间的权力关系中，员工通常会对领导产生一定的依赖和信任，因为领导有能力掌控和分配他们的工作资源。此外，有些员工会过分强调领导的影响力，夸大领导对他们的工作任务和奖励的掌控能力。实际上，领导确实拥有削减员工工作任务和奖励的权力，但这不代表领导拥有无限的权力和掌控能力。根据资源保护理论，面对资源丧失的威胁，个体往往会倾向于寻求新的资源来源以维持其现有资源的平衡。这是因为个体具有保存、保护和建立重要资源的基本动机，霍布福尔（S. E. Hobfoll）认为维持资源水平对于应对未来挑战至关重要。当员工面临工作资源丧失的威胁时，高度依赖领导的员工会想尽办法收集领导的相关信息，旨在保护现有资源并减少资源的流失。因此，过度依赖领导权力的员工特别看重领导的信息和资源，这也导致他们更加重视和依赖领导的言行。

权力与领导虽然是紧密联系的，但是二者也存在显著的不同。首先，权力存在的前提是依赖性，即一方要依赖于另一方获得自己所需的资源，权力关系的维持不要求双方具有相同的目标，但是领导者需要与其追随者有共同的愿景和使命。再者，权力与领导强调的作用方向不同。与领导强调向下层员工施加影响的不同，权力强调的是一种广泛的影响方式，包括平级或上级的影响。因此，权力的影响力比领导更加多样化。此外，研究表明，权力和领导的研究侧重点存在差异。领导的研究主要集中在领导方式和管理风格等问题；权力研究主要聚焦于权力的来源和行使等方面，包括赢得人们服从的权术等议题，其研究范围更加广泛。

知识链接 5-2

权力分享与员工工作表现

　　工作环境中的授权行为可以激发个体主动追求目标、提高工作效率及提升其作为组织公民的能力，这已成为当前组织管理学的一个热点问题。领导的权力分享行为可分为两种形式，一种是通过授予权力来实现的，另一种则是通过参与决策来实现的。虽然权力授予与决策参与在概念上有区别，但两者都能有效提高组织绩效。授权就是在工作中给予员工部分自主权，使员工能够作出自己的决定，作出自己的调整，完成自己的工作。决策参与是一种激励下属发表观点，让下属参加公司的决策过程的行为。授权和参与决策表明，领导者相信部属有足够的实力，并且这种权力分享能帮助部属实现自身的价值。因而，领导的权力共享行为可以增强雇员的工作动力，增强其对新情境的适应与接纳能力，从而有助于改善雇员的绩效。所以，对团队领袖来说，可以考虑通过增强员工的工作自主决定权，并让他们更多地参与决策的制定，从而提升他们的工作绩效。同时，这种授权还能促进团队成员之间的合作与沟通，进而提升整个团队的工作效率，这是因为权力分享行为能够增强员工之间相互帮助的频率，从而促进整个团队的工作绩效的提升和团队的气氛的改善。

第四节　领导力测评

一、领导力测评概述

（一）领导力测评的概念

　　领导力测评是一个系统的过程，通常是指由相关研究公司和执行教练等一起执行的各种活动，不能把这个过程等同于测评工具。诚然，在测评过程中，可以使用包括心理测评工具、业绩评估系统、360 度反馈、自评工具等在内的各种工具，然而它们仅仅能作为工具使用。实际上，领导力测评是通过采集不同群体的数据，利用技术对数据进行分析，再由专家对分析结果进行解释，最后提炼出被测对象领导力水平的结论，并给出可以执行的建议，帮助被测者挖掘自身的最大优势。

亚当·奥提兹（A. Ortiz）将领导力测评定义为"一个流程"，在这个流程中，确定成功标准，然后根据这些标准对个人进行评估，以衡量领导者是否成功。测量数据用于帮助领导者及经理人制定决策和计划，以提高个人及组织业绩。奥提兹还提到，简单地开展 MBTI 性格测试或 360 度反馈并不等同于领导者测评。他强调，测评官必须把行为事件访谈、个性及认知能力测试、模拟及访谈反馈等资源整合到一起，然后根据从这些资源中收集到的数据组合进行主题确认。奥提兹认为，在领导力测评流程中有一些内容是固定的，包括确定在测评过程中需测量的内容、确保测评相关者了解测评目的、使用各种工具收集正确信息（行为访谈、观察、测试等）、进行数据组合、分享结果、充分利用测评投资等。

领导力测评需要特别注意以下内容。

（1）测评是一个审慎、严谨的程序。在最佳方案与普通方案之间，唯一且最大的区别就是科学严谨性。测评过程类似研究项目，只有在测评过程中高度严谨才能够得到科学的、具有信服力的研究结果。如果缺少了严谨性，那么收集的数据可能不完整、不可靠，可能造成数据解释出现偏差或由于缺少信息无法进行，最终使关于能力与开发的建议成为害人之果实。

（2）为提高测评结果的客观性，不要忽视对外部咨询公司及专家的使用。鲍尔（J. Bower）认为，即使是拥有优秀人才开发与遴选程序的公司也会犯一些错误，而咨询公司或顾问也许能够帮助公司避免这些错误。咨询公司之所以能找到优秀的内行局外人，只是因为他们本身是局外人。鲍尔还认为，咨询公司也许能够猎获到有潜力的领导者。此外，许多公司并不能确定自己选出来的内部候选人是否合适，因为他们并不知道外部候选人的条件如何。

（3）测评不只是遴选工具，更应是开发工具。因此，测评不应是一次性的遴选活动，公司应定期开展领导力测评。持续的测评对于保持公司需求与领导力之间的契合非常重要。如果不把测评当成是公司的例行项目，而只是在有空缺岗位之后才开展，那么测评的目的会很单一：测评只是把个体带入或排除出某个机遇。而定期开展的测评则不同，它是一项协助公司对人才通道进行管理的开发工具。

（二）领导力测评的作用

对于组织管理而言，领导力测评具有以下重要作用。

（1）领导力测评作为遴选工具，为空缺领导职位寻找合适人选。

（2）领导力测评作为开发工具，有助于确定领导者或潜在领导者待改善的领域。组织必须把测评看作一个有助于领导者培养能力的机会，不能把测评当作寻找领导者缺点和毛病的工具。因此，首先，测评应专注于发现并强化每位领导者的优势。其次，应该把关注点放在领导者在提高岗位效力时必须具备的能力上。最后，测评应该对领导者可能进入的下一个职位进行调研，确认其与现职位之间可能存在的体验及行为差距，然后提出弥补差距的建议。

（3）有助于构建与部署高级管理团队。互补性意识越来越被人接受，对于有志于打造高绩效的顶层领导团队来说，这种意识非常重要。通过测评的开展，董事会及首席执行官（chief executive officer，CEO）可了解到如何通过成员互补来提高团队整体表现；此外，如发生人员流失问题，公司领导层会对团队丧失的特定能力有更清晰的了解，并且可以在剩下的成员内专门培养这些能力。当然，更重要的是，公司管理层应对一些关键能力作好"备份"，可尽量减少因人员流失造成的损失与陷入被动。

（4）领导力测评还可用作保留人才的工具。测评正在成为世界上某些顶级公司使用的最佳人才保留工具。如果开展得好，领导力测评可以成为服务于公司和领导者的强大工具。公司对人才通道获得深层次认识，领导者也从详细的指导计划中受益。总之，领导力测评本身不是目的，而是帮助达成组织和员工目标的方法。

二、领导力测评的常用方法

领导力测评的常用方法有定性法和定量法两种。两种方法既互相区别，又互相联系，分别派生出许多适用于特定情境的具体方法。测评法的分类概况，如表5-3所示。

表 5-3　测评法分类表

定性法	定量法		
	测定法	评定法	
		个体导向评定	群体比较导向评定
观察法 访谈法 实际分析法	知识测验 智力测验 情景模拟测验 群体讨论测验 气质测验 人格测验等	等级量表评定法 行为量表评定法 关键事件评定法等	等级排列法 对比比较法 强迫选择法等

（一）定性法

定性法又称传统人事考察法，包括观察法、访谈法、实际分析法。定性法是由一个主持人通过多层次、多渠道、多形式的手段收集信息，凭借自己的知识、才能、经验和直觉分析信息，并在此基础上对被评人的领导力水平作出全面综合判断的方法。考察的方式有：采访被考察者；采访几位相熟的被考察者；召开多种形式的座谈会；对被考察者工作表现进行分析。

定性法的整个测评过程是以主持人为核心的，其中主持人获取信息、进行信息加工和输出呈现信息组成了领导力考察的全过程。主持人凭借自己的知识经验，在获取信息和分析信息的过程中不断进行归因分析。归因分析既带来了信息的筛选加工的主观性，也为主持人透过现象看本质，判断被考察者的社会实质提供了扎实基础支撑。主持人最终呈现的信息，即文字描述式的"评语"通俗易懂、重点突出，可以概括出个体素质的基本情况。但因为语言表达的局限性，往往很难描述出人与人之间的细微差别。

（二）定量法

定量法综合运用政治学、行为科学、社会学、统计科学等知识，通过对被评人有关素质的数据收集、整理、分析来判断个体状况及他与总体的差异。

1. 定量法的特点

与定性法比较，定量法具有以下四个特点。

（1）定量法是以一种标准化的评定量表或测验手段为工具来获取个体有关素质的有效信息的方法，其信息呈现的数量化有利于体现个体与个体之间的细微差别。

（2）在定量法测评的实施过程中往往有多层次、多部门的人员参与主持和分析，包括外部的专家和专业机构。

（3）利用定量法获取的人员素质的信息是用数值的形式呈现的。

（4）设计制定定量法所运用的工具（评定量表、测验试卷等）需要耗费较多的人力、物力，成本较高。

2. 定量法的分类

定量法按其提取信息的方式不同可以分为测定法与评定法两种。

（1）测定法。测定法是以一种测验手段为工具直接对被测个体进行特定素质测量的方法。测定个体素质的特定指标有两个：行为与行为结果。测量是在特定的条件下以明确的形式引出特定的行为，通过量化手段记录该行为的客观表现和客观结果，并将其与大群体的平均值进行比较，以确定个体某种素质高低的水平。其中，智力测验法、情境模拟测验法和群体讨论测验法等是常用的测定法。

（2）评定法。评定法是邀请对被评者熟悉的人，根据对被评者的了解程度，对被评对象的各项素质进行评定的方法。评定方法本质上是以感知一致性，角色感知可变性为主要目标，对人类进行特征分析。按照评价的侧重点不同，可将评价方法分为两种：一种是以人为本的个体导向评定法，另一种是基于群体的群体比较导向评定法。

个体导向评定法着眼于个体。例如，等级评定量表法采用标准化等级量表为工具，通过上、下、左、右不同层次的评定人的评价来分析被评个体的素质；行为量表评定法通过抽样调查让被评者进行填写描述性问卷来进行评定；关键事件评定法则是通过记录分析被评者某一阶段的行为表现，包括与工作成败相关的重要行为，以此进行人员素质评定。这些方法的共同特点是它们都针对一个特定的评定对象，故称为个体导向评定法。

群体比较导向评定法着眼于群体内部人际间的相互比较。常用的方法有三个：等级排列法、对比比较法和强迫选择法。等级排列法是按最好到最差的次序排列的评定法；对比比较法是通过群体内部个体之间两两比较的途径进行等级排列的评定法；强迫选择法是按规定比例进行相互比较的评定法。

（三）定性法与定量法的关系

定性法与定量法是从两种不同角度探察个体素质的基本方法。定性法更偏向获得和个体素质的质的认知，作出好、差、强、弱等定性的结论。而好到什么程度，强到什么水平则比较模糊。定量法则侧重于对每种素质的具体量化分析，用以解决判断个体素质的"大小（能力）、高低（水平）、多少（知识）"等数量上的问题。定性分析和定量分析相辅相成，其中前者是后者的基础，后者是前者的深化和提高。因而，要公正、准确地考核领导者的素质水平，达到识人广、知人深的目标，就必须把定性法与定量法有机地结合起来。

三、领导力测评的程序

领导力测评的程序包括测前准备、测评规划、测评实施、测评结果和测后追踪。

1. 测前准备

测前准备工作的主要目的是促进员工对每个重要岗位的重点成功因素、公司本身、公司文化、当前竞争环境及未来可预见困难的深层次理解。通过这个过程，逐渐找到各个岗位最适合人选的共性。比如，通用电气公司的近几任首席执行官杰克·韦尔奇（J. Welch）、杰夫·伊梅尔特（J. R. Immelt）等人的性格迥异、风格不一，但通用电气公司在挑选首席执行官接班人时，都是"从挡风玻璃向前看"，而不是"从后视镜看"，从而得以真正了解公司下一任 CEO 必须具备的素质，并成功挑选出合适的接班人。

总之，测试前需要充分了解被测评者的公司信息，包括公司信息、公司背景，以及公司的战略规划等方面。此外，测评前期准备阶段往往需要如 CEO、人力资源或者具备具体知识的关键职能或业务部门的领导参与完成。

2. 测评规划

在这一步，选择使用哪种方法来收集测评数据很重要。公司需要在为取得丰富的数据而使用昂贵、耗时的方法与取得泛化的数据而使用现成的费用低廉、操作方便的方法之间进行权衡取舍。

测评方法会根据领导者的层次来确定。通常来说，测评者会使用心理测验、在线网络工具结合类似商业案例模拟等方法来对公司基层领导者进行测评。这些方法通常简单易行，缺乏个性化，因此公司可以以较低成本实现广泛的测评覆盖。

不管采用哪种方法，都要确保测评结果达到预期的信度和效度。同时还要拟定出一系列测评过程的规则，包括各种必须遵守的规范和注意事项，以保证测评过程的正常进行。

3. 测评实施

测评实施前一项很重要的工作就是评价者的组成和培训。

（1）评价者的组成。评价者的组成有三种方案。①由实际管理者组成。他们有很多的工作知识和实际经验，对被评价人员的评价意见有着很高的可信度，他们的结论容易被他们的管理者同事们所接受。②由外部专家，如管理学家、心理学家等组成。外部评价者是一个很重要的资源。由于外部人士开展的测评过程往往很全面，也更加客观，因此外部驱动的测评过程，辅以详细的指导和计划，可以促进经理人之间的对话产生更大的意义，最终，双方都会发现关注发展机遇变得更加容易，每个人都从中受益。国外的研究表明，专家在观察、记录和表达的行为上较为出色，但在对特殊工作的行为意义的解释上受多种其他因素的制约而显得略有不足。③内外混合，即由公司内部管理者和外部专家混合组成。其优点是可以使理论和经验结合起来。通常以管理者为主，即由两名管理者加上一名专家组成。

（2）评价者的培训。对选用的评价者还必须经过充分的培训。评价者的培训是为了应付各种评价类别、行为的观察和评分的程序，在每个作业中所观察到的行为的类型、作业中行为的评分标准，以及他们在评价者们的讨论中综合信息的过程。培训通常进行2～5天，最长是三个星期。在培训方案中加上参与者，使之成为一名有经验的预备角色。培训计划的内容包括：①对类别有一个清晰的定义；②观察和记录的技巧；③评价的标准；④评价报告的撰写；⑤评价的程序；⑥评价过程的有关规则。培训结束后，对被培训者进行一次考核，考核合格者才能被聘为正式的评价人员。培训完成后，即可进入实施阶段。在开始实施时，仅仅是试验性的，使各方面的工作得以组合，各个环节得以衔接，并从中发现问题，及时予以修正完善。在通过最初的两三次试验，使整个评价过程能正常运行后，即可正式运行。即使正式开始测评，也还需要不断地通过反馈改进，同时积累必要的资料和数据，以及对这些资料进行深入研究，不断提高测评工具的信度和效度，为公司筹建评价中心或对已有的评价中心日后进行例行工作提供基础。

4. 测评结果

测评结果考量的关键是必须保证清楚地报告三个方面的内容。第一，优秀的报告可以清晰地阐述领导者的长处和短处。这样的报告会提供具体的反馈信息，证明领导者的优缺点。这种反馈信息更容易被领导者转化为实际行动，因为它是针对领导者可以执行的具体内容。第二，报告还能给予一定的参考标准，便于将被测者的领导能力和标准进行对比。第三，结果报告应能够为测评程序之后的开发计划提供坚实的基础。

除了测评报告的形式与内容外，还必须要在测评过程的一开始就确定谁来参与结果报告及报告结果的方法。如果有些人看到了结果，而领导者却认为这些人不应该看到结果，或者结果被公开，以致在领导者自己获得结果之前有人从别处获得了结果，这些事情的发展可能会让领导者感到恐慌。

由于测评项目的性质不同，测评者收集到的测评结果也并不相同，它可能是对顶级管理团队能力的概述，也可能是非常深入的结果分析，又或者是介于两者之间的内容。结果报告包括标杆分析、人才定位（把被测评人作为一个团队来测评，分析团队中个体的优势、弱势、领导技巧、差距及长远潜能等），以及接班人内部候选人的风险测评。

5. 测后追踪

推动领导者对反馈信息进行消化，才是整个测评过程的最大意义所在。在确定开展行动之前识别出新出现的问题，公司往往使用360度测评工具开展更新测评，这些更新测评价值重大，因为它有助于让相关人员看到一位有志于改变自己行为的领导者的进步。此外，更新测评还可以成为领导者继续行动的动力，激励他们对反馈信息采取行动，因为他们知道在未来会被再次测评。

测评仅代表开始，而不是结束。如果测评过程缺少一个详细的计划来帮助个体改善相对薄弱的领域，那么测评就毫无意义，甚至可以说是对被测评人及公司双方的欺骗。

第五节 领导力开发

一、领导力开发的概念

领导力是一种能够激发团队成员热情与想象力的能力，也是一种能够统率团队成员全力以赴去达到目标的能力。在组织中，领导者和成员共同推动着团队向着既定的目标前进，从而构成一个有机的系统，在系统内部具有以下几个要素：领导者的个性特征和领导艺术，员工的主观能动性，领导者与员工之间的积极互动，组织目标的制定及实现的过程。

领导力开发是现代组织必不可少的关键管理实践。领导力开发是指领导者通过完善领导技能，提高自身的领导能力，以便对被领导者产生影响力的过程。例如，用于发展个人反馈技能的培训应被视为一种领导力开发。

基于效率的考虑，重视领导力开发的组织通常会有意识地开展这项活动。换言之，在大多数大型企业中，领导力开发不是通过耳濡目染的自然学来实现的。在企业中往往采用规范的、有计划的方式来开发内部领导者或潜在领导者。

虽然领导力开发机会带来的长期收益会对个人和组织都有好处，但这种机会本身通常不是免费的。人们期望提供的开发机会是建立在对领导力开发过程的充分理解之上。摩根·麦考尔（M. Mccall）在总结了过去数十年间领导力开发的一些关键研究成果后，提出以下七个要点。

（1）如果说领导力是可以习得的，那它也是通过经验来学习的。事实上，当个人承担领导角色时，其领导效力差异的70%是经验学习的结果，仅有30%源于遗传因素。

（2）在塑造个人领导力时，某些特定经验更有开发价值。

（3）使这些经验有价值的，是个人在其中面临的挑战。

（4）不同类型的经验可以提供不同的领导教益。

（5）有些最有益的领导学习经历来自分配给我们的工作，并且组织工作的设计可以更好地强化开发丰富度。

（6）在获得我们期望的所有开发经验时，可能存在某些障碍，但我们总能通过个人勤奋及组织支持来获得某些经验。

（7）学习成为更优秀的领导者是一个终身追求，其间会面临许多艰难险阻。

知识链接 5-3

成功的领导者需要具备的技能

世界大型企业联合会是一家就管理问题进行研究、分析趋势并作出预测的非营利性机构，其目的在于帮助商业机构改进绩效，更好地服务于社会。2002年，它提出了领导者要想在2010年成功需要具备的一些关键性技能。目前这一清单已不再是对未来的预测，但这些技能至今仍是重要的。

（1）认知能力，包括原始的"知识马力"及头脑的敏捷程度。

（2）战略性思考，特别是关于全球竞争的思考。

（3）分析能力，特别是通过多种信息来源筛选信息及发现其中最重要信息的能力。

（4）在模糊及不确定环境下作出正确决策的能力。

（5）个人与组织层面的沟通技巧。

（6）在不同群体中发挥个人影响力及说服的能力。

（7）在多样化环境中管理的能力，管理来自不同文化背景、性别、年代的人员的能力。

（8）有效授权的能力。

（9）识别、吸引、开发和留住人才的能力。

（10）从经验中学习的能力。

资料来源：From A. Barrett and J. Beeson. Developing Business Leaders for 2010. The Conference Board, 2002. Reprinted with permission of The Conference Board, www.conferenceboard.org.

二、领导力开发的原则与类型

领导力开发是在组织行为学中迅速发展并得到广泛应用的。企业组织从未像现在这样重视培育和开发领导力，并从一般领导学培训课程转向数字化、实战式的领导力整体培育方案或领导力成长计划。领导力开发在原理上注重参与、定制、迁移和反馈，在内容上强调软技能、数字化技能和创新创业能力。

（一）领导力开发的原则

领导力开发是系统获取与工作职位有关知识与技能的过程。领导力开发要坚持以下原则。

1. 参与原则

领导力开发提高参与学习程度，显著提升领导力开发成效。通过案例分析、角色扮演、模拟任务等方法，加强参与者的学习和情绪卷入的程度。

2. 定制原则

领导力开发强调多场景任务学习熟能生巧，指学会依据多种场景定制赋能策略，从而提升领导力开发的适应性和生态性。

3. 迁移原则

把领导力开发成效体现到实际工作的程度称为迁移。要求领导力开发方案尽可能有利于所学知识与技能迁移到实际情景。这需要在赋能开发中增强情景模拟、任务实训、配套措施（专项激励与特别考核等）。

4. 反馈原则

领导力开发效果的反馈是学习的关键环节。我们在行动学习中建立了新型的行动环，利用目标—反馈—迭代形成整合反馈机制，成为领导力赋能与绩效改进的创新。

（二）领导力开发的类型

1. 软技能开发

软技能主要指人际技能、沟通技能、学习技能、团队技能和领导技能。除了技术提升外，是领导软技能的培养与应用日益受到重视。

2. 管理胜任力开发

管理胜任力成为组织多层次关注的重要需求之一。管理胜任力主要包括技术胜任力、人事胜任力和创新胜任力。技术胜任力是从事某一岗位或项目时应用专业技术知识的技术能力或专长的胜任力；人事胜任力是工作中与项目内外和组织内外人员或团队共事的能力，包括高度的技术素养、自我意识、换位思考及合作协同等方面的能力；创新胜任力则是指管理者驾驭变革创新、解决复杂组织创新问题和识别创新机遇及实施创新项目的能力。

3. 职场能力开发

从职场面临的挑战与机遇来看，最新研究提出了六种职场能力，即感召力、影响力、决策力、执行力、创造力和责任力。其中将感召力和影响力归纳为下属的追随，将决策力和执行力归纳为业绩的保障，将创造力和责任力归纳为素养的提升。职场能力开发是现代领导力开发的主要内容，也是组织领导者关注的重点问题。

三、领导力开发的方法

领导力的高低很大程度上可以影响一个组织在竞争激烈环境中的成功与否，同样可以直接决定组织未来的发展。因此，越来越多的组织正在考虑如何提高其管理人员的能力和素质。

领导力开发的方法主要有行动学习、发展计划、辅导和个人指导。

（一）行动学习

了解行动学习的最佳方式是与更为传统的培训项目进行对比。传统培训项目是指一大群员工以课堂学习的方式开展的领导开发活动，这类活动的持续时间为几天或一周。在这类课堂中，包括很多开发活动，如练习、基于量表的反馈及对各个领导主题的演示。关键在于，参与培训项目必然要求有一定量的时间不能花费在直接岗位职责上，并且，虽然多种练习可能会涉及一些常见的领导问题，如沟通、冲突、反馈和规划，但这类活动本身具有的虚构性质，使学员很难将习得的技能用到实际工作场合。

行动学习则是以工作中的实际问题和挑战来进行领导力开发的。行动学习的基本哲学是，对成人而言，最佳的学习途径是从干中学。此外，行动学习往往是与同事一起解决实际工作中面临的挑战。组织将行动学习团队的成员安排到解决问题的角色中，期望他们就问题或挑战制定团队决策，并将其分析和建议方案（往往是针对本公司的高层管理者）以正式方式提交上来。值得注意的是，行动学习自身不可避免地要涉及反馈，参与主体分析和建议方案质量思考等问题，以及理想状态下，引发对每个成员作为领导者参与合作项目所表现出的个人强弱项的反思。

在过去 15 年间，行动学习由一个很少使用的开发工具成长为大量公司使用的领导开发活动组合的必备要件。但不幸的是，它在领导者开发过程中的效力，即面对棘手的公司问题时运用它而产生的新观点，并未与这一方法的快速流行和普及保持同步。

导致这一问题的原因有很多，其中重要的一点是特定行动学习项目与其领导挑战之间的联系相当薄弱。大多数时候，组织在分配人员进入行动学习团队时，假定他们一定能通过这一途径获得关键的领导教益，但这一结果通常不会轻易出现。如果它自动、轻易地产生，我们应该期待看到更多"领导学习"是来自个人的主要工作经历，领导者也根本无须行动学习了。此外，行动学习中面对的工作问题具有时间紧、高度受关注、完全真实的工作要素等特点，正是这些因素使行动学习具有吸引力、普遍流行的特点，要求员工工作节奏加快，这提出了领导力开发过程中领导者重要的反思过程。我们此处要谈到的导致行动学习项目未能取得预期的领导力开发效果的最后一个原因，是工作团队往往会面临你在团队课程作业中可能遇到的问题。例如，某项工作需要团队作业是一回事，但在完成项目时真正体现良好的团队精神则完全是另一码事。在设计和组织支持均不理想的行动学习项目中，工作可能由一个人主导，或者可能由持有某一种视角的人主导。行动学习是一种有巨大潜力的领导力开发方式，但它仍未提供一致的结果。

（二）发展计划

有多少次你决定要改变一个习惯，却发现在两个月以后你仍表现出同样的行为；有着良好意愿的新年计划，但最终未能执行。大部分人甚至不会下这种决心，因为失败率太高了。考虑到这些，你可能会怀疑是否真的有可能改变一个人的行为，特别是当这种行为随着时间的推移得到强化，几乎是自动自发地表现出来时。但幸运的是，行为改变的确是可能的，即使长期形成的习惯也是可以改变的。例如，很多人在没有经历任何形式的正式项目的情况下，最终成功地戒掉了抽烟或酗酒的恶习。

管理者似乎也都属于同样的类型。有些管理者一旦发现问题就会改变，有些会在获得支持时发生改变，还有一些则永不改变。然而，人们被归于三类群体中的某一类纯属偶然吗？或者人们可以在一开始就做出安排以便促进行为改变吗？关于领导者如何加速其自身领导技能开发的问题，研究者提供了几方面的建议，我们可以使用图 5-1 所示的领导开发管道模型，对上述建议加以归类。为使永久性行为改变的发生概率最大化，提出了五个关键行为改变问题，领导者必须对这五个问题给出肯定的回答。

初始能力 ➡ 洞察 → 激励 → 新的知识和技能 → 实际应用 → 洞察 ➡ 提高的能力

图 5-1　PDI 领导开发管道模型

资料来源：Copyright@1991-2000, Personnel Decisions International Corporation, Reprinted with permission.

问题 1：领导者是否知道哪些行为需要发生改变？领导者有能力展示出数以百计的

不同行为，但他们是否准确地知道，为了构建有效团队或取得更好的成果，哪些行为需要开始、终止或继续？因此，领导开发管道模型的洞察部分关注的是，向领导者提供关于其领导强项和开发需要的准确反馈，360度反馈可以在这方面提供非常有用的信息。开发需要的其他信息可以来自评估中心、绩效评估的结果，或者其他人的直接反馈。

问题2：领导者是否有意愿改变上述行为？开发个人领导技能的下一步是形成重要的开发目标。没有哪位领导者具备成功所需的全部知识和技能，因此，大多数领导者有多重发展需要。领导者需要确定哪些新技能将对个人和组织最有价值，并制订针对这些需要的发展计划。这一发展计划应当仅仅关注一两项需要，涉及的开发需要若超过两项，则开发计划会使人不知所措，也难以实现。如果领导者有超过两项的发展需要，他们应当首先着手学习一到两种技能，之后再转移到下一套发展需要上去。

问题3：领导者是否已形成了改变目标行为的计划？图5-1表明，获得新的知识和技能是开发管道的第三个步骤。对领导者来说，这意味着制订书面的发展计划，利用现有的书籍、小型研讨会、大学课程、网络学习模块等，获取隐含在特定发展需要中的知识。例如，你能从学校的硬性灌输中学习如何授权，或者参加一个小型研讨会来学习关于授权技能的最佳实践。我们将看到，知识本身不足以开发出一项新技能，但合适的书籍和课程能加速这一学习过程。此外，重要的是，不要低估发展计划书的力量。制订了书面发展计划的领导者（和追随者），似乎更有可能时刻关注其发展状况，为获得新技能采取必要的行动。

问题4：领导是否有机会实践新技能？对领导者而言，参加课程、读书都是获得基本知识的好方法，但新技能只有通过在职实践才能获得。正如外科大夫可以观察一个手术，但只有不断重复练习才能使其外科技术臻于完美，领导者也是如此，只有在职练习才能使他们习得所需的技能。因此，好的开发计划会充分利用在职经验来有效训练领导技能。彼得森（D.B.Peterson）坚持认为，如果领导者能善用所有可以获得的经验，大多数领导岗位提供了充足的机会来开发新技能。这些在职活动对于发展极为重要，因此发展计划中有70%～80%的行动步骤应当是与工作相关的。

问题5：领导者是否应承担起改变目标行为的责任？获得新技能的最后一个步骤是承担起责任，在发展计划中可以有多种方法实现这一点。一种确立发展责任的方法是让不同的人就发展一项技能所需的行动步骤提供连续反馈。例如，领导者可以在员工会议一结束，就要求同事或直接下属对其倾听技能提供反馈。另一种确立发展责任的方法是与上级定期回顾发展计划中取得的进步。采用这种方法，上级有机会进一步帮助领导者实践发展中的技能，并确定何时在发展计划中加入新的发展需要。

发展计划远不止于一纸计划书，它实际上是一个过程。当学会新技能或出现了发展新技能的机遇时，好的发展计划会不断地被修正。花时间来写出并执行其最佳实践发展计划的领导者，往往在随后的360度反馈中表现出最明显的改善。发展计划过程为领导者改进其目标行为提供了一种方法框架，并在领导者的日常活动中进行贯彻。

（三）辅导

发展的计划往往关注的是自我：领导者和追随者以此作为改变自身行为的路线图。

但在试图改变追随者的行为时，领导者可以做的，往往比评估追随者的行动计划、提供连续的反馈或定期与追随者评估该计划更多。在追随者的发展中，下一步骤往往涉及辅导。辅导是一种关键的领导技能，因为它能帮助领导者改进团队的递补能力，这有助于团队完成其目标。正因为它在发展中的重要作用，辅导也有助于留住高素质的追随者。

辅导是指向人们提供使其能进行自我开发并取得更大成功所需的各种工具、知识和机会的过程。辅导有正式辅导和非正式辅导。非正式辅导是指领导者帮助其下属改变行为的各种情况。根据彼得森（D. B. Peterson）和希克斯（M. D. Hicks）的研究，非正式辅导通常包括五个步骤，如表 5-4 所示。在构建伙伴关系阶段，领导者与其下属形成信任关系，识别下属的职业目标和动机因素，并了解其追随者如何看待本组织及他们所处的情境。

表 5-4 非正式辅导的步骤

步骤	具体内容
构建伙伴关系	只有在领导者与其下属之间存在信任关系时，辅导才会起作用。在这一阶段，领导者还要确定下属的动机因素及他们的职业目标
激发承诺	在这一阶段，领导者协助追随者确定发展哪些技能或行为会产生最大收益。通常，这一步骤涉及回顾绩效评估结果、360 度反馈，价值观及人格测评报告等
培养技能	领导者与追随者共同工作以制订能最大限度利用其在职经验的开发计划，并制订辅导计划以支持追随者的开发
鼓励坚持不懈	领导者定期与追随者会面，提供反馈，协助追随者及时了解其进展并向追随者提供新任务或新项目，以发展其所需的技能
塑造环境	领导者需要定期回顾自身模范角色的发展进行得如何，以及自己为促进工作场所的开发做了哪些工作。由于大部分人都想取得成功，这一步骤做得好将有助于吸引追随者并将他们留在工作团队中

资料来源：D. B. Peterson and M. D. Hicks, Leader as Coach: Strategies for Coaching and Developing Others (Minneapolis, MN: Personnel Decisions International, 1996).

在辅导的第一个步骤中所要回答的关键问题是"为什么进行开发"。追随者希望他们的职业发展通往何方？他们为什么想要达到这一职业目标？对这些问题的回答有助于创建一个目标或终极目的，同时也提供了对发展有个人价值的信息。但是，如果一位领导者未能基于共同信任构建与追随者的伙伴关系，则追随者可能不会在意领导者的指导和建议。因此，重要的是，辅导者也要确定共同信任的程度，接下来如果有必要，应在订立发展需要或提供反馈和建议之前，改善与追随者的关系。有太多缺乏经验的辅导者要么未能建立起信任，或者将这种信任关系视为理所当然，而其长期的终极结果至多不过是些细微的行为改变，以及一对受挫的领导者和追随者。

一旦识别了职业目标，建立起了牢固的信任关系，领导者接下来就需要激发承诺。在这一步骤中，需要领导者与追随者密切合作以收集和分析数据，确定发展需要。领导者和追随者可以回顾以往的绩效评估结果、来自同事或前同事的反馈、项目报告、360度反馈报告及任何适合该追随者职业目标的组织标准。通过回顾这些数据，领导者和追随者应能识别出那些与职业发展目标关系最密切的发展需要，并对这些需要按重要性进行排序。

辅导程序的下一个步骤涉及培养技能。追随者根据按重要性排序的发展需要，形成一个发展计划，同时，领导者也提出一个辅导计划，逐项明确地写出自己将做什么来支持追随者的发展计划。领导者和追随者接下来回顾并讨论发展计划和辅导计划，作出必要的调整，并执行这些计划。

仅仅形成一项计划，并不意味着它将被不折不扣地执行。学习往往包含一系列的适应过程和重新开始，追随者有时候会被业务需要分散了精力，或者陷入发展的老套路中。在鼓励坚持不懈的步骤中，领导者将帮助追随者管理发展过程中平凡的、日复一日的部分。领导者有效利用向追随者提供相关现场反馈的机会，能帮助追随者关注自身的发展。一旦新行为被实践多次并成为追随者习惯的一部分，领导者会帮助追随者将这些技能应用于新的情境中，并修订其发展计划，以此将技能转移到新环境中。在这一步骤中，领导者也需要询问，自己在多大程度上充当了下属发展的行为楷模，以及自己是否创建了一种促进个人发展的环境。

（四）个人指导

在一个组织中，与那些富有经验并且愿意照顾你的人建立密切联系，也会使你获得有价值的观点和意见。这样的人往往被称为导师，这一名称源于古希腊神话中奥德修斯在外出与特洛伊人作战时，将整个家庭的管理及儿子的教育问题托付给门特的故事。三千多年后的今天，"门特"这一称呼用于描述一位年长的更有经验的人帮助组织内的年轻同事进行社会化并给予鼓励的过程。

个人指导是指一种个人关系，其中一位富有经验的导师（通常是组织中级别高出 2~4 个级别的人）作为一位缺乏经验的被保护人的指导者、行为楷模和支持者。导师向被保护人提供关于职业机会、组织战略和政策、办公室政治等方面的知识、建议、挑战、咨询和支持。尽管个人指导具备很强的开发要素，但它与辅导不同。一项关键的差异在于，个人指导的目标不是开发具体的需要，而是被保护人往往与其导师会面，来获得关于组织的不同视角，或者就潜在的委员会和特别工作组的任务、晋升机会等问题来寻求导师的建议。另一项差异在于，这种指导不是来自被保护人的直接主管。被保护人的确通常从上级那里获得非正式辅导，但他们更倾向于从导师那里寻求职业指导和个人建议。还有一项差异在于，导师有可能根本不是本组织的成员。有些导师是本组织的退休人员，也有可能是被保护人在几年前曾为其工作的人。

与辅导一样，个人指导也分为正式个人指导和非正式个人指导。非正式个人指导在被保护人与导师之间建立了一种基于友谊、相似兴趣和共同尊重之上的长期关系时发生。这种关系往往始于被保护人在导师所在组织的某一部门工作，或者在某一引起高度关注的项目中为导师工作。正式个人指导在组织给有高度潜力但相对缺乏经验的领导者分配一位公司高级经理时发生。被保护人和导师定期会面，这样可以使被保护人获得接触和学习组织高层如何作出决策的机会。很多时候，组织实施正式的个人指导项目以加快对女性或少数族裔的被保护人的发展进程。

在今天的很多组织中，个人指导的使用相当普遍。研究者报告说，在美国陆军中，

74%的军士或军官有导师，而美国海军中有 67%的舰队司令在其职业生涯的某一阶段有过导师。此外，多位舰队司令表示，直到他们退伍，平均每人有 3.5 位导师。大多数正式个人指导项目仅仅持续一年的时间，而很多非正式的个人指导关系则会持续一生。

托马斯（C. Thomas）探讨了个人指导在少数族裔领导者的职业发展中所起的作用。他在报告中指出，成功晋升到组织最高层职位上的少数族裔领导者往往具备两项关键素质。其一，成功的少数族裔高级经理人在首次进入组织时，就会留心去获得适当的经验并培养领导技能的基础。他们的关注点更多地放在个人成长（而非头衔和报酬）上。其二，成功的少数族裔有涉及广泛的多位导师和公司保护人，这些导师和保护人在整个职业阶段向他们提供指导和建议，帮助这些高级经理人开发出对于提升至关重要的三种素质：信心、任职能力和可信性。托马斯也指出，最成功的白人导师（少数族裔），在被指导者关系中会认识到种族是晋升中的一项潜在障碍，但他们仍能培养并找到解决棘手问题的办法。不那么成功的白人导师（少数族裔），在被指导者关系中往往存在保护性迟疑，在这一情况下，人们尽可能避免、忽视或不考虑存在的种族或敏感问题。由于非正式的个人指导存在优点，领导的实践者只要有可能就应该寻找机会，建立与资深领导者之间的个人指导关系。但是，重要的是要意识到，被指导者自己无法单方面建立这种关系。在很多情况下，导师寻找合适的被指导者，或者导师和被指导者彼此寻找来建立关系。但领导者和未来的领导者可以做一些事来提高找到一位导师的概率。第一步是要把目前的本职工作做到最好。导师总是在寻找人才，他们不太可能将那些看上去没有工作意愿或不称职的人纳入他们的羽翼之下。第二步是寻找机会赢得关注，并建立与潜在导师之间的社会关系。在一个关键任务小组中工作、向高级经理人委员会做演示报告或者在由最高管理者倡议的社区活动中签字，是个人引起潜在导师关注的几种做法。

本章小结

领导是管理的主要职能，有效的领导能够助力管理绩效，有利于组织的发展。领导者是实施领导行为的一种社会角色。追随者对领导者的影响是通过跟随的过程实现的，二者相互影响，相互促进。领导是权力的拥有者，通过正式权力和非正式权力对追随者进行管理。本章还探讨了领导力测评和领导力开发的具体内容。通过领导力测评，可以为领导岗位筛选合适的人选。领导力测评的常用方法有定性法和定量法两种，领导力开发包括软技能开发、管理胜任力开发、职场能力开发。

复习思考题

1. 有些人认为，如果允许下属就领导者的绩效发表意见，那么将会降低领导者的权威。你是否赞同这一观点？

2. 领导一词是不是影响力的另一种表达方式？你能否提供一些与影响力有关却与领导无关的例证？

3. 研究表明，女性往往更有可能被视为变革型领导者，但与男性相比，女性居于高层领导地位的人数较少。你认为为什么会出现这种情况？你能做些什么来改变这一情况？

4. 请解释你怎样运用下面列出的每一项知识，丰富自己目前的领导经历所带来的教益。

　　a. 行动—观察—反思模型。

　　b. 与你发生互动并共事的人。

　　c. 参与的活动。

5. 如果你想为自己设计完美的领导开发经历，你将如何做？这一经历中将包括哪些内容？你如何能知道它是有效的？

随堂测验

领导信誉能力测试

按照所给的标准对自己进行逐项评价：1＝从不、2＝偶尔、3＝有时、4＝总是。

1. 我能清楚地说出自己所处的地位。

2. 我的合作者和下属总是知道我的立场。

3. 我能耐心而恭敬地倾听别人的意见。

4. 我能接受我的下属与合作者的不同意见。

5. 我能设法把他人的意见和自己的想法结合起来。

6. 我能鼓励和接受建设性的反馈意见。

7. 我能鼓励和接受合作。

8. 我能使不同的观点最终达成一致。

9. 我能帮助合作者和下属提高专业技能。

10. 我能不断地提供反馈与授权。

11. 我能和他人一起参与行动计划。

12. 我能做到言行一致。

把上述 12 项的得分相加，分数越高，表明你越有能力建立自己的信誉。

案例分析

成功领导者的特性

UPS 是美国第四大雇主，在世界范围内雇用 357 000 名员工，并在 200 多个国家开展业务。UPS 连续多年被评为"最佳雇主"，并在近期被《财富》杂志评为 50 家少数族裔受雇条件最佳公司（50 Best Companies for Minorities）之一。UPS 成功的一个主要原因是公司对员工的高承诺水平。UPS 了解为它的下一代领导人提供教育和经验的重要性——它为员工教育项目的花费达到每年 3 亿美元，并鼓励企业的内部晋升。企业向全体员工提供公平机会，帮助培养成功所需的技能和知识。乔薇塔·卡兰扎（Jovita Carranza）就是一个绝佳的例证。

乔薇塔·卡兰扎于 1976 年加入 UPS，她最初是洛杉矶公司的一位兼职员工。卡兰扎表现出了很强的职业道德感和对 UPS 的高承诺，而 UPS 回报给她的则是机会——卡兰扎毫不犹豫地充分利用了这些机会。1985 年，卡兰扎成为洛杉矶公司的员工规划经理。

1987 年，她成为得克萨斯中部地区的人力资源经理。1990 年，她接受了一项工作调动，去伊利诺伊担任地区人力资源经理。1991 年，她接受了自己在 UPS 的第一份业务工作，担任伊利诺伊的区域经理，负责中转、包装和驳运业务。两年以后，卡兰扎同意担任迈阿密的区域业务经理。1996 年，她接受了威斯康星的区域业务经理职务。1999 年，由于卡兰扎连续获得的成功，UPS 任命她为美国区的总裁。以此为基础，她又进一步升至当前的职位——UPS 航空事业部的副总裁，工作地点位于肯塔基州路易斯维尔市。

她当前管理的价值 11 亿美元的航空中转站业务，占地面积超过 80 个足球场，每小时可以处理 304 000 件包裹，计算机每分钟可处理 100 万项交易，并为公司 330 亿美元的业务量提供着关键性支持。UPS 公司已成为全球最大的包裹速递公司。

卡兰扎认为，自己的成功很大程度上可以归结为积极接受新的挑战。"人们在职业早期所犯的一个错误是，他们对机会极为挑剔，这使他们避开一些机会，而偏好另一些机会。"她说，"我总是接受面前的所有机会，因为你可以从每一个机会中学到些东西，而它们是未来努力的平台。"

她表示，与她共事的人都很有能力、技术熟练、对公司忠诚，并积极寻求达成成果，这是十分重要的。在 UPS 工作近 30 年之后，卡兰扎表示，她最为自豪的事情之一是公司的团队合作、互动和员工发展，"因为这需要关注、决心和真诚来保持 UPS 的公司文化，并通过员工来强化这一文化"。

正是由于公司的成就、坚定的决心、动机、创新能力和商业领导才能，使她脱颖而出，被评选为《西班牙裔商业杂志》（Hispanic Business Magazine)的"年度女性"。她将这一成就归功于她的父母（两人都是墨西哥族裔），教给她"全情投入、努力工作、态度积极的重要性"，她表示这些准则会持续不断地指导着她的个人生活和职业生涯。这些准则也反映了她在其中不断获得提升的公司的准则，用她的话来讲，这是一个重视多样性、鼓励高质量、正直、承诺、公平、忠诚和社会责任等价值观的组织。

卡兰扎提出了明智的劝告，"……坐下来倾听并且观察。"她表示，"沉默会让你学得更多。智者从自己的经验中学习，拥有智慧，你将从他人的错误中学习。我在这方面是很有一套的。"

资料来源：http://www.ups.com；http://www.hispaniconline.com/vista/febhisp.htm；http://www.hispanicbusinesscom/news/newsbyid.asp?id=15535&page=3; http://www.socialfunds.com/csr/profile.cgi/1841.html.

讨论题：

（1）乔薇塔·卡兰扎在 UPS 的职业生涯中展现出的哪些主要技能，使她成为一名成功的领导者？

（2）请思考乔薇塔·卡兰扎的经验，她的经验是如何影响她的领导能力的？

即测即练

自学自练　　扫描此码

第六章

领导力理论变迁

学习目标

理解领导力理论变迁路径及内容；掌握领导素质理论的内容，比较西方领导素质理论与中国领导素质理论的差异；了解领导行为理论的内容，区分领导素质理论与领导行为理论的应用情景；理解领导权变理论及领导理论的发展趋势。

内容提要

领导的行为过程并不是一个静态的过程，其实质是动态的。在这个动态过程中，领导者、被领导者和环境组成了一种复合函数关系。经典的领导有效性理论主要有领导素质理论、领导行为理论和领导权变理论。近年来，随着研究的不断深入，许多新的领导理论和观点不断涌现，使得该领域的理论不断充实，更加呈现出"理论丛林"的现象。学习过程中，领导素质理论、领导行为理论是重点，领导权变理论是难点。

第一节　领导素质理论

一、西方领导素质理论

领导素质理论又称领导特质或品质理论，从领导者特质出发展开的研究是领导理论发展的第一个阶段，这也是最初有关领导的理论。自古以来，人们对区别领导者和普通人个人特征的热衷都是有迹可循的。古埃及人认为领导者应该权威、有辨别力且公正；古希腊伟大的哲学家柏拉图提倡四种好德性：审慎、正义、勇敢、节制；古希腊著名思想家亚里士多德（P. Aristoteies）曾提出，人自出生便注定其是治人者还是受"治"于人者。领导素质的探索离不开心理学研究的贡献，20 世纪 30 年代，研究者使用心理学的研究方法来探索领导者特征，由此领导素质理论初步形成。领导素质理论强调领导者个人特质，研究者们期望通过一些特质来辨别和选拔最佳的领导者。因此，领导素质理论侧重于研究领导者与非领导者的个人特质及其差别。由于研究者们对于领导特质来源于先天还是后天有不同的见解，领导素质理论可以分为传统领导素质理论和现代领导素质理论。

（一）传统领导素质理论

传统领导素质理论始于 20 世纪，理论渊源可以追溯到托马斯·卡莱尔（T. Carlyle）的"伟人论"，即"世界史无非是伟人们的自传"。传统的领导素质理论认为领导者的个人特质是与生俱来的，而不是后天修炼形成的，因此那些天生就不具备领导素质的人便不适合当领导。这一时期的传统领导素质理论主要是对形形色色的现实领导者展开研究，通过对领导者的智力、才能、德行和个人价值观等一系列素质作出评价，根据调查来提炼领导者所具备的共有素质，并且尝试依据这些素质来区别领导者和非领导者。

1. 巴纳德的研究

现代管理理论之父、社会系统学派的创始人切斯特·巴纳德（C. I. Barnard）在 1938 年出版了被誉为管理思想的丰碑——《经理人员的职能》一书，巴纳德认为以下的五种特质是领导者所必须具备的：生机与耐心、果断、诲人不倦、责任感、才智。

2. 吉普的研究

美国心理学家吉普（C.A.Gibb）认为天才的领导者应该：能说会道、外表俊俏、才智过人、自信、心理健康、倾向于支配他人和下达命令、开朗而敏锐。

3. 斯托格迪尔的研究

斯托格迪尔（R.M.Stogdill）查找阅读并且整理了五万多篇有关领导者素质的文章和书籍后，在前人研究的基础上，归纳了六类领导素质，包括身体特征、社会特征、智力特征、个性特征、工作特征、社交特征。

在传统领导素质理论的研究中，研究者们提出的有关天赋型领导者个人特质的侧重点各有不同，并未得出明确统一的结果，并且相关性不大，甚至许多领导者特质相互矛盾。因此早期研究者想要通过生理、性格等特征来辨别领导者与非领导者的这种行为，其实质上也是一种唯心主义的表现。他们过多地去强调与生俱来的个人特性的作用，忽视了后天环境对人产生的影响和塑造，本质上并未将领导这一行为视为动态的行为过程，这使得领导的概念被僵化。

（二）现代领导素质理论

由于传统素质理论过于强调先天的能力，并未考虑到领导这一动态行为过程，因此后来的研究者们便尝试改变过去静态的研究，更加紧密联系管理实践，并不断改进研究的方法和形式，从动态的角度深入研究领导者的个人特质。因此，现代领导素质理论与传统领导素质理论的差别主要表现为，现代领导素质理论更加强调后天环境等因素的影响，同时现代领导素质理论并不否认先天因素的作用。现代领导素质理论认为，现实情境中的领导不局限于传统领导素质理论中领导静态论，领导者的素质也可以在实践中形成、培养和改造。

1. 吉塞利的研究

美国心理学家埃得温·吉塞利（E. Chiselli）在 1971 年出版的《管理才能探索》一

书中阐述了自己的发现，他采用了语义差别量表来确定领导者的特质，选择了 306 名管理人员作为研究对象，他们分别来自近一百个不同组织，年龄跨度从 26 岁到 42 岁，其中 90%的人拥有大学学历，吉塞利对实验结果进行了因素分析处理，研究得出了包含三大类、13 个因子的领导特质。

（1）第一类特质为能力，包括管理能力、智力、创造力三个因子。

（2）第二类特质为个性品质，包括自我监督、决策、成熟性、亲和力、男性的刚强或女性的温柔五个因子。

（3）第三类特质为激励，包括职业成就需要、自我实现需要、行使权力需要、高度金钱奖励需要、工作安全需要五个因子。

吉塞利还研究了这些特质在领导才能中体现的价值，其研究结果如表 6-1 所示。括号中 A 表示能力特质、P 表示个性特质、M 表示激励特质。

表 6-1　领导个人特质价值表

重要程度	重要性价值	个人特性
非常重要	100	督查能力（A）
	76	事业心，成就欲（M）
	64	才智（A）
	63	自我实现欲（M）
	62	自信（P）
	61	决断能力（P）
中等重要	54	对安全保障的需要（M）
	47	与下属关系亲近（P）
	34	首创精神（A）
	20	高度金钱奖励需要（M）
	10	行使权力需要（M）
	5	成熟性（P）
最不重要	0	性别（男性或女性）（P）

资料来源：小詹姆斯·H.唐纳利，詹姆斯·L.吉布森，约翰·M.伊凡赛维奇. 管理学基础[M]. 北京：中国人民大学出版社，1982.

吉塞利对领导素质的研究不再是以静态的视角展开，他从动态视角说明在一定的情境下，人们将要采取的行动方式，这已经完全不同于"领导天生论"的说法，他强调了后天环境等因素对成功的领导行为产生影响的重要性。

2. 鲍莫尔的研究

美国经济学家威廉·杰克·鲍莫尔（W. J. Baumol）提出了作为企业家应具备的 10 个条件：协作精神、判断和决策的能力、组织协调能力、精于授权、随机应变、勇于创新、敢于承担、敢担风险、尊重他人、德行正直。

3. 帕金森的研究

诺斯科特·帕金森（N. Parkinson）的研究概括了一些成功的领导者所具备的个人特质。

（1）对时间敏感，总是遵守时间。

（2）尊重下属，能够激励下属施展个人才能，并为其提供展示的舞台，主张通过良好的、恰如其分的管理手段达到目标，而非蛮干。

（3）注重自身素质的提升，也注意提高上下级的素质，绝不姑息任何缺点。

（4）分清主次，抓住关键问题，最重要的事情一定要最先做，次要的事宁可不做。

（5）审慎决策，深知仓促决定容易出错。

（6）合理分权，尽可能授权他人，使自己获得时间规划组织未来。

4. 德鲁克的研究

现代管理学之父，彼得·德鲁克（P. F. Drucker）强调领导者的特性是可以在后天习得的，他指出了五种有效领导者的特性。

（1）优秀的领导者善于掌控时间，知道时间该花在什么地方，会系统地安排和利用时间。

（2）致力于最终的贡献，他们不是为了工作而工作，而是为了成功而工作。

（3）人尽其才，重视发挥自己及他人的长处。

（4）根据轻重缓急确定优先次序，集中精力于关键领域。

（5）能作出切实有效的决定。

5. 皮奥特维斯基和罗克的研究

皮奥特维斯基（Piotwisky）和罗克（Roke）两位管理学家对成功的领导者所具备的个人素质也有不同的见解，他们认为经理应具备以下个人特性。

（1）见识广博，具备能与各种人士就广泛的题目进行交谈的能力。

（2）既能灵活地行动，又能冷静地思考问题。

（3）关心世界局势，对周围生活中所发生的事情保持敏感和兴趣。

（4）保持良好的心态，不论是处于恶劣环境还是艰难的局势都能充满信心。

（5）待人接物灵活敏锐，必要时也能督促下属工作。

（6）根据情况，松弛有度，恩威并施。

（7）具体和抽象的问题都能很好地解决。

（8）既有创造力，又愿意遵循惯例。

（9）对局势有清晰的把控，知道何时冒险，何时谋求安全。

（10）对自己作出的决定有信心，在征求他人意见时也非常谦逊。

6. 罗宾斯的研究

斯蒂芬·P. 罗宾斯（S. P. Robbins）的研究发现领导者相较于非领导者而言，存在六项特质，如表6-2所示。

表 6-2　区分领导者与非领导者的六项特质

特质	内容
进取心	领导者具有高度的工作热情和强烈的成功欲望。他们积极进取，充满活力，在他们所做的事情上坚持，并且具有很高的主动性
领导愿望	领导者有很强的感召力和引导他人的欲望，并且愿意接受责任
诚实与正直	领导者用"诚实""不欺骗""一言九鼎"等方式，在自己和下属之间建立起一种信任
自信	下属认为，他们的领导者从来都不缺少信心。领导者要有很强的自信心，才能让他们下属确信自己的目标是对的，所做的决定是正确的
智慧	领导者必须有智慧去收集、整理、解读海量的资讯，建立目标，解决问题，作出正确的决定。
工作相关知识	高效的领导者在组织、行业、技术方面都具有很高的知识储备。渊博的学识，让他们可以作出高瞻远瞩的决定，并且可以明白这些决定的重要性

7. 美国管理学会的研究

美国管理学会认为成功的领导者必须具备以下能力。

（1）企业家特征：有进取精神，工作有效率，有不断改进工作的意识。

（2）才智方面的特征：逻辑思考、理性分析、概括、判断能力强。

（3）人事方面的特征：个人行为对他人的影响和感染力较强，善于调动他人积极性，帮助他人提升。

（4）心理上的成熟个性：自我克制，独立果断，客观听取意见，有清晰的自我认知。

（5）技术和管理业务方面的知识：管理层次越高，所需管理知识越多；管理层次越低，所需技术知识越多。

二、中国领导素质理论

（一）古代领导素质理论

1. 春秋战国时期

（1）儒家思想。孔子以仁为核心，强调君王对百姓仁慈，施以恩惠，只有君王拥有了这些品质，君王才能施展仁义，最终达到王道。

（2）道家思想。道家提倡道法自然，无为而治。老子认为无为就是道德的最集中的体现，庄子则认为君主应该无欲无为。

（3）法家思想。管子强调领导者自身应该履行法度，爱惜民力，以身作则。孙武在《孙子兵法》中提出：将者，智、信、仁、勇、严也。他强调作为军队领导者的将军必须具备这五种德行。

2. 秦汉时期

（1）秦国宰相李斯认为王者不却众庶，故能明其德。

（2）汉高祖刘邦认为嘉名、贤德、业绩、风仪、年岁和健康等方面是官员必备的素质。

（3）董仲舒主张只有通晓儒学的人才能胜任官职。他认为儒学应成为社会主导理论。

3. 三国时代

（1）曹操认为治平尚德行，有事赏功能。

（2）诸葛亮认为志、变、识、勇、性、廉、信七个素质尤为重要，并研制了一套考查这些素质的操作方案。

4. 唐宋时期

（1）唐太宗李世民认为一个合格的领导者必须做到选贤任能、接受规劝、接纳谏言、豁达敞亮、正直、公正、俭约清廉、清正廉洁、仁厚真诚、全始全终等。

（2）司马光认为君主处在社会政治结构的核心。按照儒家修齐治平、由内向外的逻辑程序，司马光向君主提出了治理社会的几个重要环节：王者以仁义为丽，道德为威；任官以才；怀民以仁；交邻以信。

5. 明清时期

（1）明末清初思想家、哲学家王夫之指出为官的标准是清正廉洁、严谨审慎、勤恳用功。

（2）清代乾隆皇帝强调高洁方正的品格、朴素的作风、通晓政务是一个领导者首要的品质。

（二）现代领导素质理论

1. 自中国加入世界贸易组织后，许多企业面临空前的不确定性，《世界经理人文摘》调查结果显示，帮助中国企业领导人应对新时期不确定性的十大特质如下。

（1）建立远景：企业领导人的首要职责是为企业确定方向。

（2）信息决策：经营环境复杂多变，当领导者不能获得完全、互惠的资讯时，就应该努力争取和营造正向、非对称的资讯，以及其他人不具备的资讯。

（3）配置资源：通过高效的资源配置，使有限的资源产生最大的效益。

（4）有效沟通：了解沟通对象，有足够的耐心和倾听他人的热情，将沟通化繁为简。

（5）激励他人：在持续竞争和高压环境下，员工需要持续激励，领导者应建立有效的激励机制、赏罚分明，让优秀的员工得到更多的认可和产生归属感。

（6）人才培养：人才培养有助于高效解决高级管理层和决策委员会的接班问题。

（7）承担责任：再优秀的企业领导人在不确定的环境中也不一定总是成功的，失败时能勇于担责、认真总结也是领导人应具备的特质。

（8）诚实守信：诚实守信是有效管理不确定性的第一条原则。

（9）事业导向：强烈的事业心，追求卓越。

（10）快速学习：学习具有极端的重要性，领导者创建团队学习的氛围，也就创建了一支成功的团队。

2. 香港生产力促进局首席顾问郑伟文认为变革时期，领导者应具备包括能量（energy）、推动力（energize）、决断力（edge）、执行力（execute）、热诚（passion）这五个特质，称它们为"4E1P"特质。

知识链接 6-1

男性相比女性是更好的领导者?

男性相比女性是更好的领导者？这种说法是错误的。没有证据支持男性相比女性是更好的领导者这一说法。有证据表明，男性与女性在领导风格上的一致性多于差异性。不过这些差异对女性而言（而不是对男性）更为有利。研究表明，女性领导者几乎在每一个对于领导来说十分重要的维度方面，被评估的分数都高于她们的男性对手。这些维度包括目标设置、激励他人、培养沟通、从事高质量的工作、倾听他人意见及导师指导。

女性领导者喜欢采用民主的领导方式，即鼓励人们参与、分享权力，并且努力提升下属的个人价值。女性领导者通常采用容忍的方法来领导团队，并通过他们的领袖魅力、专业知识、社交能力和人际交往技巧来影响他人。与之相反，男性领导者更倾向于使用专制的领导方式，通常喜欢指令和控制，依赖于权力作为影响力的基础。

在现代企业组织中，以灵活、团队合作、互助、信任和信息共享等为特征的组织结构，已经代替了传统固化的结构、竞争性的个人主义、控制和保密等特征。卓越的领导者会关注下属，仔细聆听来自下属的声音，给予下属足够的动力和支持。也就是说，他们展示自己的情绪智力。而女性的情绪智力分数在一定程度上高于男性。举一个具体的例子，组织中交叉功能团队的广泛使用，意味着一个有能力的领导者一定是一个很好的谈判专家。女性领导者的领导方式使得她们在谈判中更具优势。

资料来源：斯蒂芬·P. 罗宾斯. 组织行为学[M]. 北京：中国人民大学出版社，2005.

三、对领导素质理论的评价

领导素质理论着眼于领导者和非领导者、成功的领导者与失败的领导者之间的个体差异，不论是传统还是现代的对领导特质的研究都有细致的分类，涉及的内容也丰富具体，涉及范围和领域很广泛，这样的一些特点对于完整地研究和把握领导者个人特质的内在构成和实质、具体的内容提供了良好的基础。研究者们提出的各种素质理论也在一定程度上证实了有效的领导者是需要具备一些特质的，当然这些素质理论也为选拔和培训领导者提供了相应的依据。

然而，关于领导素质理论的研究还存在着一定的局限性。众多的研究者仍然没有发现领导者个人素质与有效的领导行为之间存在统一的匹配框架。领导本身就是复杂的综合体，没有哪一种素质可以保证成功，具有相关素质的个体对某些类型的工作在偏好和兴趣之间可能会存在一定的关系，但是研究素质无法确定领导的有效性。虽然过去大量的研究表明，很多成功的领导者具有某些素质，但是仍存在一部分成功的领导者并无这样的素质，同时许多拥有这些素质的个体并未成为成功的领导者。

各种领导素质理论的结果之间存在较大差异，这是因为这些理论忽略了领导者和环境的影响。忽视情境因素是过去特质理论的主要缺陷。领导者是否能够有效地发挥作用，与被领导者的素质、环境的变化密切相关。如果研究领导活动时只关注领导者本身，而忽视了被领导者和环境因素，就会导致研究结果之间相互重叠，甚至相互冲突，从而提出更加复杂和多样化的特性，无法形成一个一致认可的稳定特性。

第二节 领导行为理论

一、领导行为理论的代表理论

20 世纪 40—60 年代，全球的发展处于一种稳定的状态，未来的发展具有可预测性，很多研究者开始把目光转向了领导者的具体行为上，希望能够从成功的领导者的行为上探究其独特之处，基于此产生了领导行为理论。在领导素质理论的基础上，领导行为理论认为，根据领导者的个人品质或者行为方式可将领导进行最优分类，并通过对领导者领导过程中采用的领导行为、作风和不同领导行为、作风对群体绩效的影响展开研究，以寻求最优的领导方式。与领导素质理论的区别在于，领导行为理论主张领导是可以被培养的，即可以通过设计一些训练项目，将有效领导所具有的行为模式移植到个人。领导素质理论是组织正式领导岗位正确选人的依据，而领导行为理论则是着力于寻找领导行为成败的关键决定因素，并通过对人们进行培训，使其成为成功的领导者。

（一）领导作风理论

领导作风理论最先由德国著名的心理学家勒温（K. Lewin）提出，勒温及其同事自 20 世纪 30 年代便开始对团体气氛与领导风格展开了研究，他们尝试用实验来确定什么样的领导风格效果最有成效。以面具制作为实验内容，探讨了不同领导作风对群体产生的作用，从一个特殊的视角对领导行为进行了研究。所谓领导作风，就是指领导者在其活动过程中所表现出来的相对固定而又常用的行为方式与手段的总称，也称领导方式，体现了领导者的人格。勒温根据权力定位于谁，将领导作风划分为以下几种类型。

（1）专制型。在这一领导方式中，权力掌握在领导者手里，所有的事情都靠领导者说了算，下属只能执行命令，并在实施过程中接受领导者的监督。

（2）民主型。这一领导方式的最大特点是权力在群体之中。团队成员能够在很大程度上发表个人看法并参与决策，同时能够在一定范围内拥有自主权去决定工作的内容和方法。

（3）放任型。这一领导方式将权力定位于群体中的每个成员。领导者只是布置任务，对任务的落实既没有督促，也没有检查，只是听之任之。

三种领导方式的主要差别，如表 6-3 所示。

表 6-3 三种领导方式的比较

项目	专制型	民主型	放任型
群体方针的决定	领导者一人决定	由群体讨论决定，领导参与协调	群体决定，领导者不参与
群体活动的了解与透视	方法和步骤由领导者决定，以命令的方式让成员接受	在讨论中已了解工作程序和最终目标，成员有选择方法的自由	提供工作中所需的各种材料，对成员的提问及时给予回答

项目	专制型	民主型	放任型
工作分组与同伴选择	由领导者指定工作任务及工作伙伴	工作分组由群体决定，同伴可自由选择	领导者完全不干预
工作参与及工作评价	回避群体作业，领导者依据个人好恶给予表扬或批评	在精神上成为群体成员，依据客观事实来表扬或批评	除非成员要求，不经常发表评论，不主动协调
与下级关系	严厉、不可亲近，以特殊身份出现，高高在上	可以亲近，且觉得可以依靠，不以特殊身份出现	可以亲近，但觉得不太可能
与上级关系	只听从上级指示，不考虑下属的情况	关心下属，将下属的要求反映到上级	不关心下属，也不在乎上级
出现问题时的做法	不向下属做任何说明即下命令	先向下属说明情况，再作出适当指示	不向下属做任何说明，也不作指示
对于下属的意见	根本不让下属发表意见	尽可能听取下属的意见	不太注意下属的意见
成员反应	缺乏主动意识，失去个性，依赖性大，消极、自卑、不满，不负责任	个性发展，群体观念强	感觉自由，但缺乏群体观念

资料来源：袁凌，雷辉，刘朝. 组织行为学[M]. 北京：中国人民大学出版社，2015.

（二）管理系统新模式

继勒温等人提出领导模式之后，1961 年美国密歇根大学社会研究中心的李克特等人经过长期的领导行为研究，提出新的领导作风理论，称为管理系统新模式，如表 6-4 所示。

表 6-4　李克特的管理系统新模式

系统 1	系统 2	系统 3	系统 4
剥夺式集权领导	仁慈式集权领导	协商式民主领导	参与式民主领导

在这个模式中，李克特将企业的领导行为归纳为四个系统。

（1）剥夺式集权领导（系统 1）。权力完全集中于高层领导者手中，下属只能执行决定，无任何发言权，有时还要受到惩罚。因此，领导者与下属之间互不信任，组织目标的实现势必受到影响。

（2）仁慈式集权领导（系统 2）。领导者对下属态度较好，有适度的中下层分权行为，根据下属完成任务的好坏，既有惩罚，也有奖励。但实际上，领导者仍然掌握着权力，并不真正相信下属，下属对于上级亦心存畏惧。因此，上下级之间虽然存在一定程度的沟通，但只是表面的、肤浅的。

（3）协商式民主领导（系统 3）。最高领导者在一定程度上信任自己的部下，尽管权力的焦点是掌握在自己手里，但会充分听取下属意见并征得其同意之后再作出决策，对于某些次要的问题，也赋予下属决定权。因此，上下级在协商的气氛中实现了心理上的沟通，减少了下属的畏惧，从而在工作中能彼此相互支持。

（4）参与式民主领导（系统 4）。在参与式民主领导的情境中，上级对下级给予充分信任，在人格上是平等的。问题和决策都是通过民主协商的方式提出并加以讨论的，最终由最高领导者进行决策。同时根据分工授权原则，在规定的范围之内，下级有权自行决策，领导者不予干涉。对于组织目标的实现，上级只提出具体目标并给予支持，不介入下级实现目标的步骤与方法。这种领导作风的意义在于，在工作中，上下级实现了充分的心理沟通，建立起信任与友谊，因此，能齐心协力地克服困难，实现组织的目标。

李克特理论的最主要意义就在于：它以广泛而深入的研究作为民主管理的心理学依据，指出领导有效性依赖于领导者主观认识与领导作风。他发现，一个部门的生产效率的高低，取决于领导者的领导方式是注重工作，还是以人为本，是集权，还是民主。对此，李克特尤其强调，领导者要真诚，不能虚情假意地进行民主管理，要由内而外地激发人们的热情，这比任何事情都重要。李克特强调，在民主式管理制度之下的生活水平与团体工作的满意度是独裁管理望尘莫及的。对于现在的一些民主管理观念淡薄、热衷于"家长式统治"的领导者来说，李克特的这一思想发人深省。

（三）四分图理论

20世纪40年代后期，在俄亥俄州立大学以斯托格迪尔（R. M. Stogdill）为指导开展的一项研究被称为最为全面的和被证实最多的领导行为理论。这项研究的目的是要找出对团队和组织目标有意义的领导行为，研究者们期望通过研究识别出关于领导行为的独立维度。他们最终归纳出能代表领导行为中的绝大多数的两种维度，研究者们称之为"结构"维度与"关怀"维度。

结构维度是指领导者为达到组织目标，对自身及下属角色可能作出的定义与建构的程度。具有这种风格的领导强调通过规划、交流信息、事先安排、分派任务、强调最后期限和下达指令的方式对团体活动进行指导。高结构的领导者注重下达指示并期待这些指示得到服从，以此来完成任务。

关怀维度是指领导者对于下属有更多的信任，尊重下属的特征和看法，关注其情感，相互信任。具有这种风格的领导重视下属的需要，关注他们的生活、幸福、地位等。具有高度关怀的领导更倾向于花更多的时间去倾听他人的想法，他们乐意作出改变和变革，他们乐于帮助自己的下属，能够同下属一起解决他们个人的问题，能够以平等的态度和方式去对待自己的每一个下属。高度关怀的领导者与下属在心理上接近，而低度关怀的领导者则是心理上远离下属，高高在上，没有人情味，如图6-1所示。

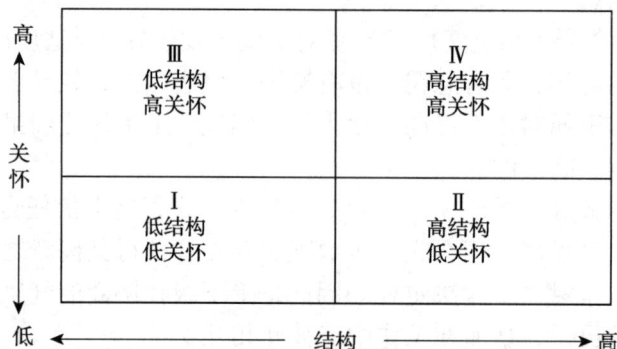

图6-1　结构与关怀

资料来源：陈春花，曹洲涛，宋一晓等. 组织行为学[M]. 北京：机械工业出版社，2020.

基于这些概念进行的大量研究发现，强调结构的领导者一般至少在短期内改善了生产能力。但是偏重结构的领导者比偏重关怀的领导者更容易使下属产生大量的不满、旷工和频繁的人员变换。研究者发现，结构和关怀都较高的领导者（高—高型）往往比另外三类领导者（低结构、低关怀、二者均低）更能够为下属提供较高的工作绩效和满意度。但这类领导风格并非总是产生积极的影响。研究者指出，高—高型领导可能更容易使组织产生负面结果。例如，当下属在完成一些常规工作的时候，高结构的领导者往往会带来较多的员工抱怨、缺勤和离职。总的来说，高—高型的作风能起到积极的作用。但是，与此同时，有充分的例证显示，该理论中还需要增加情境因素。

高关怀特点的领导者对生产能力和工作满意度的积极作用是：①下属没有感受到任何工作满意度时，任务是例行的；②下属倾向于参与型领导；③小组成员必须学习新的东西；④下属感觉他们参与决策的过程是合理的，并且能够影响他们的工作表现；⑤领导者与下属间几乎没有地位差异存在。

高结构特点的领导者对生产能力和工作满意度的积极作用是：①高度的压力是由其他人而不是领导者施加的；②任务使下属感到满意；③下属能够依靠领导者获得如何完成任务相关的信息和指导；④雇员在心理上更加倾向于被告知该做什么和如何去做；⑤超过 12 名下属向领导者报告。

俄亥俄州立大学的研究关注了领导者与组织成员间的关系，但是其对于这些关系发生的情形并未给予太多的关注，其研究的局限性也正是所给予的情形对于领导风格影响的注意力有限的场景。

同一时期，密歇根大学调查研究中心也开展了类似的研究，以识别领导者在工作绩效方面表现出来的相关的行为特征。密歇根大学的研究团队也把领导行为划分为两个维度：员工导向和生产导向。员工导向的领导者重视人际关系，尊重下属个人兴趣，并且承认个体存在差异；生产导向的领导者更加注重工作中的技术或任务事项，他们对团队任务完成情况表示关切，并且将群体成员看作是其实现目的的工具。

密歇根大学的研究者得出的结论对员工导向的领导者来说是非常有益的：员工导向的领导者强调面向下属，组织内部依靠信息沟通使各部门像整体一样行动。这种领导方式使团队中的每个人都能得到充分的发挥空间，并且能够将这些能力转化为集体智慧。团队的所有成员都在相互支持，在需求价值、愿望、目标与期望上存在着实实在在的共同利益。此外，员工导向的领导还能使团队内部产生积极的心理气氛，从而促进整个团队的成功。因此，员工导向型领导倾向于与高的团队生产率和高的工作满意度相关联，而生产导向型领导倾向于与低的团队生产率和低的工作满意度相关联。

员工导向维度与俄亥俄州立大学的关怀维度相近，而生产导向维度则与结构维度相近。两种理论的差异点在于，俄亥俄州立大学的研究者把关怀和结构作为两个相互独立的维度，而密歇根大学的研究者将生产导向和员工导向视为一个维度的两个端点，两端可以沿着连续统一体互相过渡。

（四）管理方格理论

美国心理学家罗伯特·布莱克（R. R. Blake）和简·莫顿（J. S. Mouton）于 1964 年联合出版了《管理方格》一书，以俄亥俄州立大学的四分图论为基础，提出了管理方格理论。他们分别从"关心人"和"关心生产"两个角度对领导行为进行了深入探究，并对其进行分析。他们认为在企业管理的领导工作中，领导者可能出现以生产为中心、以人为中心、以 X 理论为依据强调监督、以 Y 理论为依据强调自治的极端方式。为了避免这种片面的领导行为，该理论使用横坐标表示对生产的关心程度，使用纵坐标表示对人的关心程度，共 9 个等级，构成一个有 81 个小方格的正方形。布莱克和莫顿认为任何领导行为的评价和自测都可以通过对生产的关心程度和对人的关心程度这两个因素来衡量。使用 1～9 的计分方法，在管理方格图上找出领导者的行为类型。81 种不同的领导方式中有 5 种典型的组合，分别表示典型的领导方式，如图 6-2 所示。

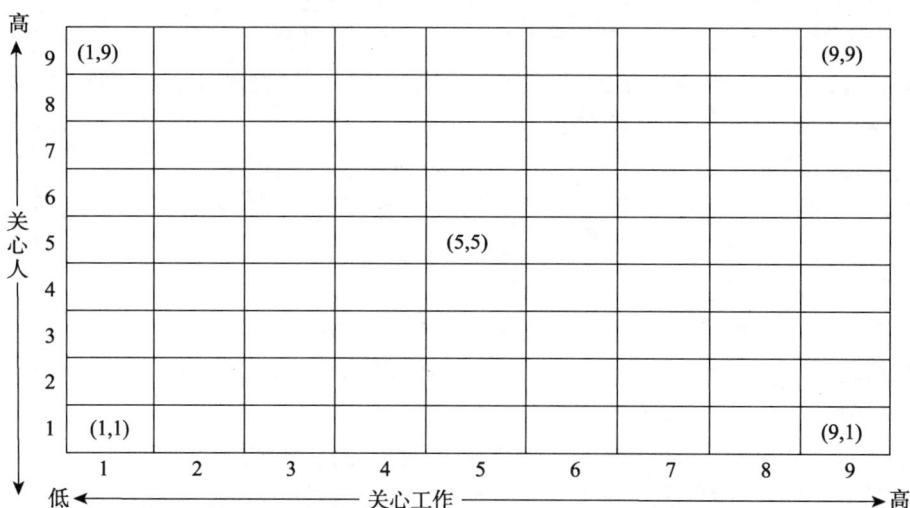

图 6-2　管理方格图

资料来源：斯蒂芬·P. 罗宾斯. 管理学[M]. 北京：中国人民大学出版社，2003.

（1）贫乏型（1,1）管理。领导者既不关心生产，也不关心人，关于工作很少过问，亦可理解为用最小努力以求完成工作。实际上，他们已经无所用心，只是传达信息的工具。

（2）任务型（9,1）管理。领导者只关心生产，不关心群体成员，他们常常表现出专制的领导作风，亦可以理解为使人为因素的干扰降至最低限度，以提高运营效率。

（3）中游型（5,5）管理。领导者对于生产和人都保持平等适度的关注，他们保持了较为充分的士气和适当的产量，并不追求卓越。中游型管理使员工感到基本满足，领导者并不设置过高的目标，只求生产任务的完成。

（4）俱乐部型（1,9）管理。领导者只是对人高度关心，而对生产漠不关心，组织充满了轻松友好的气氛，人人得以放松，处于一种感受友谊与快乐的环境中。

（5）战斗型（9,9）管理。领导者对生产和人都保持高度的关注，被研究者们认为是最有效的管理，能够达到较高的利润、满足感和成就感，以及身体与精神的健康等绩效。组织内士气饱满，群体关系协调，能很好地完成生产任务。

管理方格理论是一种影响较大的领导行为理论，得到了广泛的应用。这主要是由于它在吸取四分图优点的基础上，用 81 个方格更好地反映了复杂的领导行为的类型，方便了领导者的培养与选拔、领导行为的评估和自测，能帮助领导者清醒地认识自己的领导水平从而作出反省。值得注意的是，管理方格图理论仍然存在不足，并非完美无缺。管理方格理论更多的是为领导风格的概念化提供了框架，其并没有提供明显的新信息来澄清我们在领导方面的困惑。一般认为，它对于领导者自身状况与周围的环境缺少考虑，因而影响了它的精确性，我们缺乏实质证据来支持战斗型管理风格在所有情境下的有效性。

（五）领导三维度理论

在 20 世纪 40 年代末至 60 年代初，上面主要的行为理论被提出来，这些理论观点是在相对稳定且易于预测的时代提出的。随着时代发展，一些研究者发现这些理论并不适用于变化莫测的时代。为此，芬兰和瑞典的研究者们重新审视了"反映领导行为的实质方面是否只存在两个维度"这一问题，并假定在变革的环境中，有效的领导者应该表现出发展取向的行为，如重视探索新技术、积极开拓新路径和大胆改革。

斯堪的纳维亚研究者考察发现俄亥俄州立大学的研究项目中包括了一些关注发展的内容，如"愿意采用新方法""创造办法解决问题"和"鼓励下属采取新活动"等。这些研究者认为，在那个时代，新想法和变革的实施并不是非常重要的，因此这些项目对于有效的领导并没有太大的解释力。但在今天领导的动态环境下，研究情况产生了根本性的变化。因此，研究者从第三个维度推进了新的研究，探讨了发展维度与领导有效性之间是否存在联系。

初步的证据是积极的。这些研究者采用了芬兰和瑞典领导者的样本，结果有力地支持了将发展取向的领导行为作为一个单独和独立的维度观点的做法。换句话说，在 21 世纪，过去只关注任务导向和关系导向两类领导行为的观点似乎并没有抓住领导的实质。

20 世纪 70 年代，美国管理学家威廉·J.雷定（W. J. Reddin）将领导的二维度理论进一步演进为三维度理论。他认为的三个维度是：任务导向、关系导向和领导效能。

与管理方格理论中对人的关心和对生产（工作）的关心维度相似，雷定把领导方式简要地分为四种基本领导方式，如图 6-3 所示。

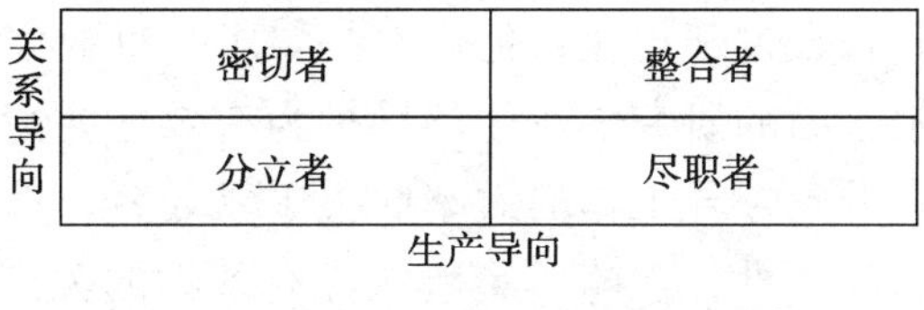

图 6-3　雷定的四种基本领导方式
资料来源：谢赤，袁凌. 管理学概论[M]. 长沙：湖南大学出版社，2007.

（1）密切者。这种领导者注重维护人际关系，但对工作和任务的重视程度不高，只要能够保持群体和谐、关系融洽，可以将时间和效率均放在次要位置。

（2）分立者。这种领导者对于工作和人际关系都不太重视，与下属似乎没有关联，只是规行矩步，不会分心去考虑个人差异和如何创新。

（3）尽职者。这种领导者专注于秉公办事，恪尽职守，铁面无私。

（4）整合者。这种领导者不仅关注群体的需求，同时也注重任务的完成情况，能够通过群体合作来实现目标。

雷定的重要贡献在于他提出了领导效能这个第三维度。他指出没有哪一种领导方式是最佳的，任何一种方式都有其自身的有效性和不足之处。他为每种领导方式分别确定了两个名称，代表有效和无效的领导方式，如图6-4所示。

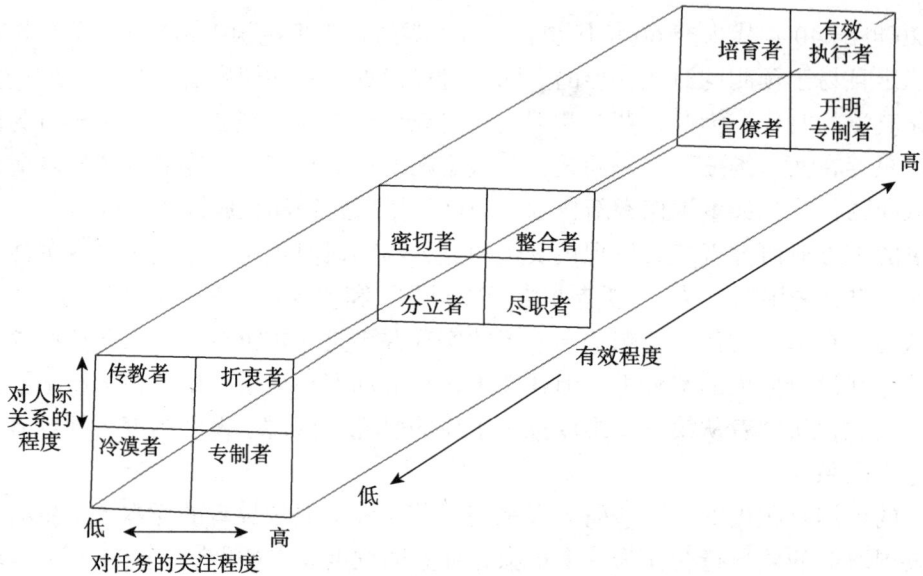

图 6-4　三维度的领导效能模式

资料来源：谢赤、袁凌. 管理学概论[M]. 长沙：湖南大学出版社，2007.

二、领导行为理论的评价

领导者在确定领导行为类型与群体工作绩效之间的一致性关系方面获得了有限的成功。领导行为理论的研究者太过理想化，他们总是寻求一种放之四海而皆准的领导行为模式，缺乏针对作用机制方面的研究，对于领导行为有效性的情境因素缺乏考虑。领导行为理论的研究者们没有看到领导工作的效率取决于领导者、被领导者及环境的相互作用，其缺陷在于出发点的片面性，忽略了影响领导有效性的关键因素——情境因素。与素质理论一样，在不同情境之下，领导风格还能同样有效吗？领导行为理论也难以找到一种可以在所有情境下都有效的领导行为模式。当情境发生变化时，领导风格也应相应地发生变化，遗憾的是，领导行为理论的研究者们未能看到这些情境的变化。

研究者们逐渐意识到，对于领导情境和现象研究的复杂程度高于对领导特质的分离研究。同时，研究者们也未能在领导者特质和行为的探索上得到统一的结果，因此，情境因素的研究受到重视。

第三节 领导权变理论

一、领导权变理论的代表理论

权变理论是在 20 世纪 50 年代末提出的，它是基于领导素质理论和领导行为理论产生的随机领导理论。不同于前两种理论，权变理论不再将领导有效性的研究局限于领导者，而是将研究的视角扩展至自然环境和社会背景。该理论的研究者认识到，组织中的个人、群体及社会环境是相互影响的。所以，领导者在面对各种情况时，必须采取灵活多变的应对策略。领导的有效性是领导者、被领导者、环境三者相互作用的结果：领导有效性 = f（领导者，被领导者，环境）。

（一）连续统一体理论

1958 年，美国学者坦南鲍姆（R. Tannenbaum）和施密特（W. H. Schmidt）的研究发现，现实中存在多种领导方式，包括从专制型到放任型和多种过渡形式，并不是只有专制型和放任型两种方式。基于这种认识，他们将这些不同的领导方式排列在一起，由此形成了一个连续的统一体，其中包括专制型领导和放任型领导这两个极端，以及多种领导者和下属权力相结合的中间形式。在此基础上，他们提出了"领导方式的连续统一体理论"，图 6-5 所示对该理论的基本内容和观点进行了概括描述。

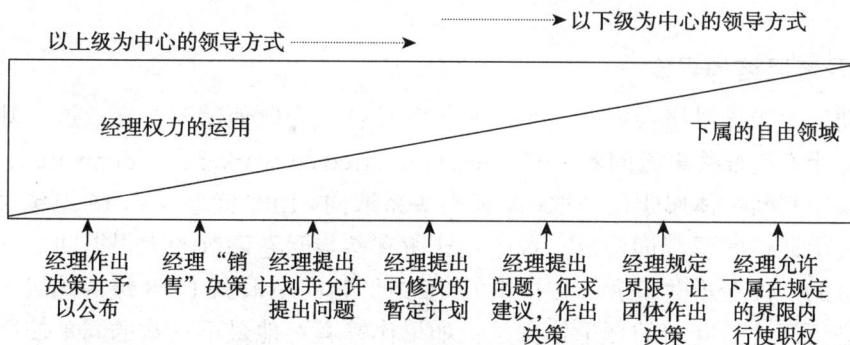

图 6-5 领导方式的连续统一体理论

资料来源：孙耀吾，祁顺生，陈立勇，等. 管理学教程[M]. 长沙：湖南大学出版社，2007.

（1）经理作出决策并予以公布。在这种方式下，上级确认问题，考虑各种可选的解决方案，从中选择一种，并通知下属以便执行。无论该决策是否考虑下属的想法，下属都只能服从决策，经理都不会给其参与决策的机会。

（2）经理"销售"决策。经理独自确认问题并作出决策，在此基础上，他需要说服下属对决策产生认同。因为个别下属可能会有反对意见，所以经理这样做可以减少决策的执行阻力。

（3）经理提出计划并允许下属提出问题。尽管是经理独立地作出决策，但是他会向下属解释决策的意图，期待下属的理解和接受，在下属提出问题时予以解答。在经理和下属探讨决策的过程中，下属可以更加深入地理解这一决策。

（4）经理提出可修改的暂定计划。这时决策主动权仍保留在经理手上，但下属可以对经理的决策产生一定的影响。经理会在决策之初给出暂定计划，这一计划会在征求意见及修改后最终敲定。

（5）经理提出问题，征求建议，作出决策。这个时候仍然是经理作出最后的决策，但是他会先把问题告知下属，并且虚心向下属征求意见和建议。在这样的决策方式中，下属有建议的权利，可以提出各种解决问题的方案。经理会从自己和下属提出的方案中选择最好的一个，以充分利用下属的知识和经验。

（6）经理规定界限，让团体作出决策。在作出决策之前，经理会解释需要解决的问题，并为决策制定明确的界限。这样做的目的是让团体成员共同参与决策，发挥他们的智慧和能力，以达到更好的决策结果。

（7）经理允许下属在规定的界限内行使职权。团体享有很大的自主权，但是必须遵守上级的规定。如果经理参与决策，通常会以普通成员的身份参与，并执行团体所做的任何决定。坦南鲍姆和施密特认为，专制和放任都不是绝对优劣的标准，成功的经理应该根据具体情况采取适当的行动，做到松弛有度，只有这样，才能达到理想的领导效果。

（二）费德勒权变模型

费德勒（F. Fiedler）经过长期研究后于 1951 年提出了第一个综合性的权变模型，即费德勒权变模型。费德勒认为领导风格和情境因素的合理匹配对群体绩效有决定性作用。

1. 领导者风格的界定

费德勒认为领导风格会影响一个高效的领导者，为此他试图去探索这些基本的领导风格。他设计了最难共事者问卷 LPC（least preferred co-worker questionnaire），利用问卷调查的结果来判断个体属于任务取向，还是关系取向。LPC 问卷是由 16 组包含正反两方面含义的表示评价的形容词构成。费德勒让所有参与问卷调查的人根据回忆寻找过去曾和自己共事的一位最难共事者，在提供的 16 组形容词中根据 1～8 级的等级，对这位最难共事者进行评价。问卷的理论依据是：如果作答者对他最不喜欢的同事使用了相对积极的词汇去描述，即 LPC 得分较高，则可以看出这位受访者是很乐意与同事形成友好关系的，也可以证明他是一个宽容的、体贴的人，费德勒称其为关系取向型。反之，如果作答者对于最难以与其共事者的相关评价比较消极，即 LPC 得分较低，则可以认为作答者是以工作为中心的，对于生产率感兴趣，因而被称为任务取向型。

2. 情境的确定

个体的领导风格通过 LPC 问卷进行评估后，仍然还需要将领导者与领导情境进行匹配。费德勒分离出了确定领导者有效性的几个关键情境因素，包括领导者–成员关系、任务结构和领导者的职位权力。

（1）领导者–成员关系。领导者对下属信任和尊重的程度，也可以解释为领导者是否被下属所喜爱、尊敬和信任，与下属之间的关系是否亲近融洽，能否吸引下级并使之愿意追随他。

（2）任务结构。工作任务的程序化、规范化程度，任务是否结构化，即群体所要完成的任务是否明晰，是否存在模糊不明的地方。

（3）领导者的职位权力。领导者所在职位或头衔赋予其的权力变量的影响程度，即领导者所处的职位在做决策时能提供的正式权力和权威，能够从下属那里得到多大程度的服从。

费德勒在确定领导风格和情境之后，进一步评估了这三个权变变量：领导者–成员关系、任务结构和职位权力。费德勒指出，领导者–成员关系越好、任务结构越明确、职位权力越强，领导者所拥有的控制力也会越大。当然也有其他的客观情况存在，费德勒在综合了这三项权变变量之后，得到了八种潜在的情境类型，如图 6-6 所示。

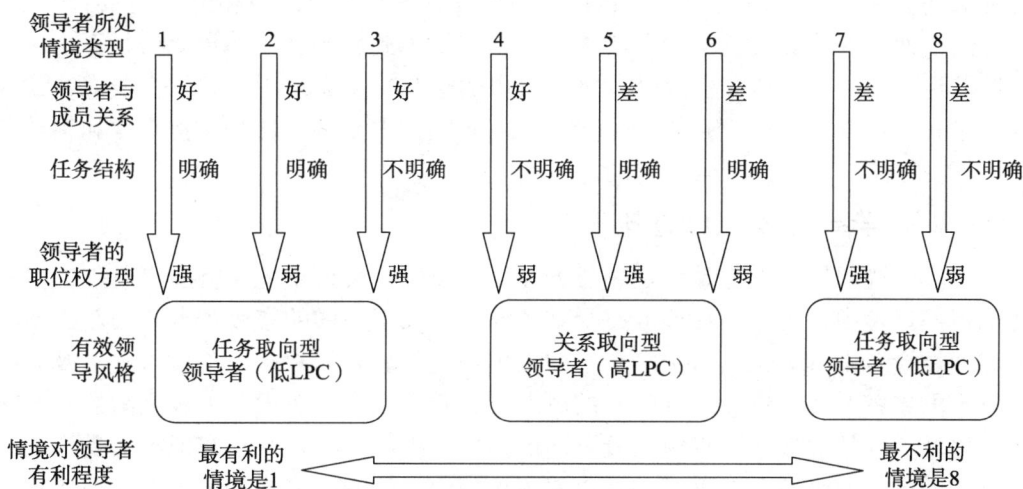

图 6-6　费德勒权变模型

资料来源：陈春花，曹洲涛，宋一晓，等. 组织行为学[M]. 北京：机械工业出版社，2020.

费德勒的研究表明，在上述的八种情境类型中，只有前三种对领导者有利，第八种情境对领导者最不利，其他的情境处于中间状态。在此研究基础之上，费德勒指出，任务取向型的领导在极优和极劣两种极端情况下，其绩效更为突出，而关系取向型的领导则在鉴于极优和极劣两者之间的情况下绩效更为突出。费德勒根据其研究得出以下两个结论，揭示了领导者的领导方式的一般规律。

（1）关系取向型的领导方式，在对领导者有利程度处于中间状态的环境下效率较高；任务取向型的领导方式，在对领导者非常有利或不利的两个极端环境下效率较高。所以，不存在适合所有情况的最好的领导方式。领导者的领导方式必须适应客观条件的多种变化，对环境、上下级关系、工作类型等方面的因素加以综合分析，根据不同的情境采取不同的领导方式。

（2）可以从两个方面入手来提高领导效率：改变领导的个性和领导方式，改变对领导者不利的情况。

那么如何将这一理论运用于实践呢？在通常的领导实践中往往会使领导者和情境相

匹配。通过使用 LPC 分数可以确定最佳的情境类型，即对领导者–成员关系、任务结构、领导者的职位权力这三个变量进行评估。然而，根据费德勒的观点，每个领导者的领导风格是相对固定的，不会轻易发生变化，当关系取向型的领导者处于一个需要任务取向型领导者的情境时，可以通过改变情境或替换领导者这两种方法来达到最佳的领导效果。

（1）改变情境以适应领导者。重构任务或变更领导者的实际控制权力可以改变领导情境，如职位变更、处罚、薪酬调整和晋升等手段。

（2）替换领导者以适应情境。当一个关系取向性的领导者领导的群体处于非常不利的情境下时，可以考虑替换一位任务取向型的领导者，后者更适合在不利的情境下领导，以提高群体绩效。

过去大量的研究都证实了，费德勒权变模型的总体效度是有效的。但是，该模型仍然存在的问题是 LPC 量表背后的逻辑性目前还没有被很好地认识和解释，同时相关的研究还指出了作答者的 LPC 分数并不是持续不变的，因此领导者的领导风格是不是一成不变的问题还需要进一步研究。此外，将所提出的这些权变变量用于评估实践中的领导者的这一过程是较复杂的，对于实际活动中的领导者–成员关系、任务结构程度和领导者职位权力等变量是很难作出准确评估的。

（三）领导者–成员交换理论

大多数传统领导理论都是假定领导者在工作单位中会公平地对待所有员工，但是在实际的组织情境中，人们往往能够感受到领导者会以不一样的态度和方式去对待不同的下属，即领导者常常对自己这个圈子里的人更加优待。人们常常简单地将上下级关系视为情感上的亲密关系，然而这种静态的思考方式并不能充分考虑上下级之间的动态交换关系，以及其与领导效能和组织绩效之间的关系，因此其有效性在实证方面受到了一定的质疑。随着研究者们对上下级关系更深入地理解，他们越来越意识到，在现代社会环境中的组织活动正是上下级之间物质利益、社会利益和心灵交流的动态过程，而且这个活动从上下级开始交往，就一直在逐步形成和发展。在此基础之上，乔治·格里奥（G. Graeo）提出了领导者–成员交换理论（leader-member exchange theory，LMX）。该理论强调了领导者和下属之间的动态交换关系，提出了不同质量的交换关系，从而为组织的领导和管理提供了新的思考视角。

领导者–成员交换理论认为，领导者会与一部分下属建立特殊的上下级关系，这些下属被称为圈内人士，他们往往会受到领导者更多的青睐和信任，在此基础上享受到特殊的权力；而其他的下属则自动成为圈外人士，这些下属接触到领导者或者得到领导者奖励和关照的机会较少，他们与领导者的建立关系的基础就是正式的权力体系。

领导者–成员交换理论指出，领导者圈内或圈外的划分是在与下属接触之初就已发生的，这样的界限也会相对稳定，并不会随着时间的推移而产生变化。许多研究证明，领导者更倾向于将与自己态度或者个性特点相似的，或比其他下属更有能力的人员归为圈内人士。值得注意的是，虽然表面上是领导者个人作出的选择，但实际上是来自下属的特点推动了领导者去作出分类的决策。

领导者会以差异的态度和方式对待不同的下属，这一现象也得到了明显的理论和实践证据的支持，并且这种差异的态度不是随机发生的。研究还表明，与圈外人士相比，圈内人士的工作绩效普遍更高，得到的绩效评估等级更高、离职率更低、对工作满意度也更高，而这种差距已经被各种不同类型的职务所证实。对于有关圈内人士的这些积极发现并不意外。首先，圈内人士通常比圈外人士表现出更强的组织公民性，他们会更愿意承担和负责个人角色之外的任务，随额外任务而来的也有积极的回报，正向的激励使得他们更加积极地工作。其次，由于圈内人士与领导者的交流更加充分和频繁，因此他们会得到更多来自领导者那里有关于指导、支持或解释作用的信息，而领导者也能从与他们的沟通之中得到大量的反馈信息，因此，领导者也会乐于对那部分他所抱有高期待的人选进行资源投资。显而易见，领导者认为圈内人士有较强的能力，会以与其认知匹配的方式去对待他们，并且在没有意识到的情况下，如果领导者的预测得到了正向的验证，那么信息分享的双方都会感到满意，从而促使高工作绩效和满意度。反之，圈外人士由于信息交流的有限性和信息传递的模糊性，因此,常常得不到上级及时有效的指导与激励，这样势必会影响到工作的结果和满意度，如图 6-7 所示。

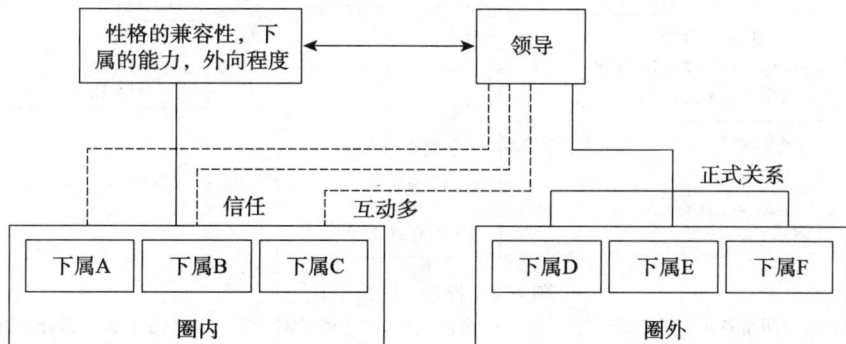

图 6-7　领导者–成员交换理论

资料来源：斯蒂芬·P. 罗宾斯、蒂莫西·A. 贾奇. 组织行为学[M]. 北京：机械工业出版社，2011.

（四）路径—目标理论

路径—目标理论，又称为目标导向理论，是在综合了美国心理学家维克多·弗鲁姆（V. H. Vroom）的期望理论和俄亥俄州立大学的四分图理论的基础上，由罗伯特·J.豪斯（R. J. House）于 1971 年提出的一种领导有效性理论。

路径–目标理论认为，下属的利益、动机、满足度和成就感等因素对领导成效有很大的影响，因此一个领导必须选择一种能够增强下属工作满意度和提高他们工作表现程度的领导方式，即领导者的任务是协同下属在达成他们既定目标的过程中给予必要的指导和支持，时刻保证下属的目标与组织的总体目标方向是一致的。基于这些观点，豪斯提出了四种领导方式。这四种领导方式反映出四种领导特性。

（1）指令型领导方式。领导者独立开展决策和发布任务指令，他只需明确下属的任务和工作时间安排，同时提供具体的指导和任务完成方式。

（2）支持型领导方式。强调领导者与下属之间的良好关系，领导者会积极关注下属的个人需求和情感状态，并提供情感支持和帮助，鼓励下属发挥自己的潜力。

（3）参与型领导方式。领导者在进行决策时会与下属共同商讨，并且在最终决策之前征求下属的意见，充分考虑下属的建议。

（4）成就型领导方式。领导者向下属设定具有挑战性的目标，并期待下属能够实现其最佳水平。

图6-8表明，路径–目标理论对于调节领导行为和结果之间的中间变量提出了两类情境或权变变量：环境的权变因素和下属个性特点。在对下属产出最大化方面，环境的权变因素在其中决定了领导者会采取的行为类型，而下属的个性特点则是决定了个体会如何解释环境和领导者的行为特点。因此，路径–目标理论强调当环境结构与领导者行为相比较重复多余时，或者领导者行为与下属的个人特质较不一致时，都会使得领导效果不佳。

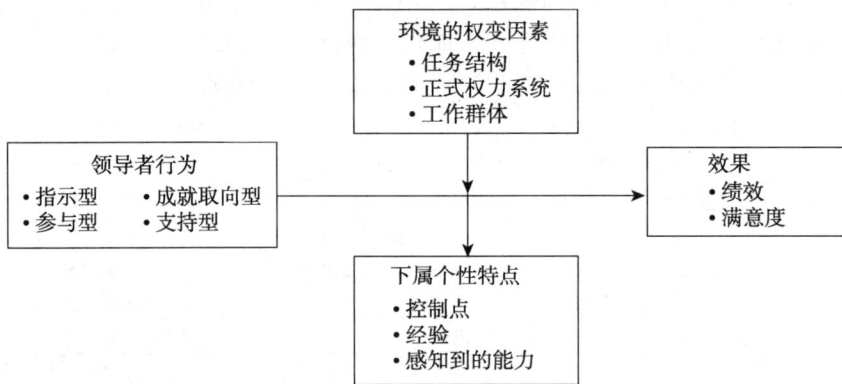

图6-8　路径–目标理论

资料来源：斯蒂芬·P.罗宾斯，蒂莫西·A.贾奇. 组织行为学[M]. 北京：机械工业出版社，2011.

将被领导者与目标联系起来视为一种重要的情境因素，强调领导成效取决于被领导者，是目标导向模式理论的特点与贡献。目标导向模式的核心是：要求领导者关心生产，激励员工明白达到目标的途径；主动关心员工，满足他们的需要，激励他们实现工作目标。如果领导者能够发现员工需要改进的地方，并提供必要的支持，那么这样干预便有产生积极的效果的可能性，从而提高了员工的绩效和满意度。然而，当员工对所要完成的任务足够清晰明了，并且他们有能力和丰富的经验去完成时，领导者在工作任务方面提供了过多的指示和干预，可能会被员工视为冗余和干扰。

（五）领导者–参与模型

美国心理学家维克托·弗鲁姆（V. H. Vroom）和菲利普·耶顿（P. Yetton）于1973年撰写了《领导和决策》一书，书中提出了领导者–参与者模型，又称最新权变模式或领导规范模式。这一模型首次将领导行为与下属参与决策两者联系在一起，领导者的有效性取决于他们在不同情况下允许下属参与决策的程度，领导行为应该根据情境的需要来变化。

弗鲁姆和耶顿的模型有正规化的模式，并且他们尝试给出了一套依据不同情况决定下属对决策行为的影响方式和影响范围的准则。这个决策树模型由七个关键要素组成，并包括了五种不同的领导风格。

因此，领导者在决策时可以分析自己需要考虑哪一种因素，然后从以下五种方案中选取有效的领导方式。

（1）领导者在没有下属参与的情况下，独立运用现有资料作出决策。

（2）领导者与下属一起收集必要资料，然后领导者自己独立作出决策。在这个过程中，领导者可能向下属解释情况，也可能不解释。下属提供必要资料，但不提供或评价解决问题的方案。

（3）领导者通过个别接触的方式来获得下属个人的意见和建议，而后在此基础上独立作出决策。决策是否反映下属的意见由领导者自行决定。

（4）领导者将问题告知群体，并让下属集体提出意见和建议，然后独立作出决策。决策是否反映下属的意见由领导者自行决定。

（5）领导者让下属集体了解问题，并一起提出和评价可供选择的方案，以争取获得一致意见来解决问题。例如，领导者在作出决策时需要考虑下属接受的可能性，若认为下属肯定会接受，则可选用第一种领导方式，反之，最好采用第五种领导方式。

弗罗姆和亚瑟·加哥（A. Jago）在后期又对该模型进行了修订。新模型仍然保留了五种备选领导风格——从完全由领导者自己做决策到与团队一起探讨问题并达成一致的决策。不过，他们增加了一系列问题类型，并将权变因素扩展为12项，下面是这12项权变变量。

（1）决策质量的重要性。

（2）获得下属对决策承诺的重要性。

（3）领导者拥有什么样的信息收集能力和技能，才能作出高质量的决策。

（4）问题的结构化程度有多高。

（5）下属能够接受领导者独立作出决策的可能性。

（6）下属对组织目标所表现的积极程度。

（7）下属找出的解决方案中是否存在冲突。

（8）为获得高质量的决策，下属应提高掌握资料的程度。

（9）领导者决策时间的紧迫性是否限制了下属的参与。

（10）把分散在异地的员工聚集在一起作出决策的成本是否较高。

（11）领导者在最紧迫的时间内作出决策的重要性。

（12）使用参与风格作为工具来发展下属的决策技能的重要性。

鉴于领导过程的长期性与复杂性，领导参与理论只从情境的角度研究决策的有效性，相对于前述各种领导有效性理论而言，似乎更缺乏整体上的代表性。但我们由此可以发现，人们对领导有效性的研究进入了一个具体入微的新阶段。

二、领导权变理论的评价

关于领导有效性的研究需要考虑情境因素，而完全以特质和行为风格为基础的领导理论则忽略了这一点。因此，即使具备了恰当的领导特质和行为风格，个体也未必能成为有效的领导者。继领导特质理论与领导行为理论后，越来越多的研究者认识到一个领导者应根据环境的变化而随机应变。研究者们在之前领导理论的基础上开始了权变理论的研究，权变理论的出现使得西方领导理论更加丰富，也成为其不可或缺的一个组成部分。领导权变理论认为不存在任何情境都适用的领导方式，即没有普适的领导方式，组织中的个人与群体都是相互联系、相互影响的，同时，整个组织依赖于环境而存在。基于此，该理论把领导行为看成是一个动态过程，领导行为应随着被领导者的特点和环境条件的变化而变化，这样将领导行为与情境因素结合起来考察领导方式，不同于过去孤立地探讨领导者的行为和特质，而是从环境出发展开研究，主张根据具体的情况来确定最佳的领导方式的思想，即一种领导匹配理论，人们颇为重视这样的思想。领导权变理论是在不否认领导者特质和行为作用的基础上加强对情境的重视，强调这三者都对领导效率产生影响，即有效的领导是三种因素共同作用的结果。

第四节　领导力理论研究的新进展

一、领导归因理论

领导归因理论是指领导者对下属的归因结果会对领导者如何对待下属产生影响。该理论最早在 1979 年由米契尔(T. R. Mitchell) 提出。在领导研究的领域中，这个理论被广泛应用于领导者怎样判定下属表现差的"病因"，以及基于这种判定而作出的反应，如图 6-9 所示。

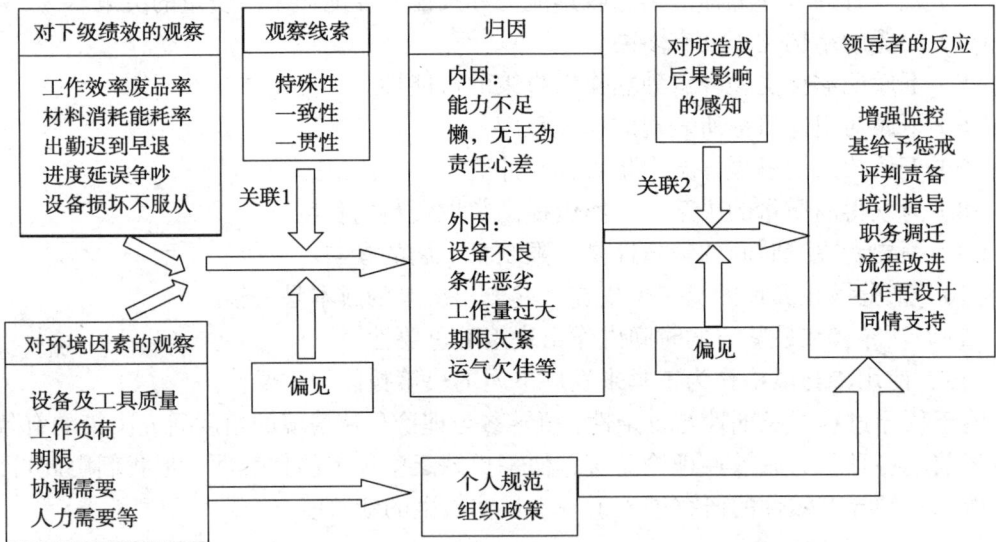

图 6-9　领导归因模型

资料来源：袁凌，李敬，吴文华. 组织行为学[M]. 长沙：湖南大学出版社，2004.

领导归因模型描述了领导者进行归因分析和判断的流程，在这个过程中领导者的归因分析与判断是基于下级的行为表现和对环境的认知展开的，并且领导者会在归因的基础上作出相应的行为反应。

　　米契尔认为，在领导归因过程中存在着先后两种主要的关联。在关联 1 中，领导者首先会考察下级的绩效表现，如出勤与效率等。其次是对环境的观察，如工作条件、任务难易和时间等。综合以上的观察结果作出自己的归因判断和分析，可能根据下级的懒惰等因素作出内因的判断，根据任务的艰巨等作出外因的判断。在这个过程中，领导者需要考虑的因素：一个是观察线索，考虑所见到的下级行为的特殊性、一致性和一贯性，即下级是否区别对待工作；是全体成员皆为如此，还是仅此一人；下级的表现是常常如此，还是偶尔如此。另一个是领导者的个人偏见，如一些领导者更倾向于将问题归于下级以逃脱自身的责任，这样的领导者往往会作出内部归因；而下级往往会将责任归于领导者，使得领导者有不可推卸的责任，这样的倾向则是作出更多的外部归因。但是当下级与领导者的关系较为密切的时候，两人的看法趋同，这时两人更多的是作出相同的归因；反之，如果下级与领导者关系较为疏远，两人水火不容，则彼此之间更容易出现不一样的归因，上级多归于内因，尤指下级懒惰。不仅如此，如果一个领导者对下级的能力进行了预测和估计，结果发现下级能力不强，与领导者的预测相符，那么对于这样的情况，领导者就容易归于外因。如领导者的管理价值观，无论是认同 X 理论，还是 Y 理论导向都属于这类偏见。除此之外，一些个人特点也可能引起这样的归因偏见，如性别、种族、学历和年龄等。

　　在关联 2 中，则是领导的归因与其对领导行为的对应。如果一个领导者将问题归咎于下属的偷懒，那么其反应可能是批评、惩罚、训斥和监管；如果领导者将问题归因于下级的能力低下，那么其反应可能是为下属提供培训和相应的指导；如果领导者将问题归因于下级运气不佳，那么其反应可能是同情和给予支持。在这一过程中，有两个因素对行为反应起着重要作用：第一个影响因素是对所造成后果影响的感知，如果领导者认为导致的后果异常严重，对于组织和团队来说损失巨大，那么领导者可能会作出过分严厉的惩罚；反之，如果领导者认为造成的影响较小，那么领导者可能表现出过分宽容。第二个影响行为反应的因素仍是来自领导者的偏见，即领导者往往忽视对于环境的改变，而注重对于下属行为的改变，因为后者更多的是下属自身的责任，而前者则需要领导者付出更多的努力。

　　归因理论对于领导者对下属的绩效控制的强化具有启示意义。当领导者能够准确地展开"诊断"（归因），并且在此基础上给出正确的"处方"（反应），那么问题就会迎刃而解，药到病除。做到这一点，必须尽量消除偏见，以便能够作出客观正确的归因。另一个制约条件是领导者自己设定的个人规范（例如认为凡是缺勤的员工一律警告，无论是何原因）和组织的有关政策（例如规定员工在工作中不论失误多大，都不得被开除）。当存在的这些制约条件表现得固化和强硬时，领导者的作用就会被这样硬性的制约条件所取代，领导者无法灵活地处理问题，领导效能当然就会下降。

二、魅力型领导理论

　　魅力的概念或个人魅力可以一直回溯到古希腊时期，并且被载入《圣经》。魅力型领导理论是在原有归因理论基础上的一种扩展和延伸，该理论认为下属往往会将某些情况和行为归因于其上级出色的领导能力。豪斯（R. House）是现代魅力理论的主要研究者，他认为魅力型的领导者应该是自信的，并且对下属有充分信任，对组织未来发展有愿景的领导者。其他的研究者，如沃伦·本尼斯（W. Bennis）、康格（Conger）和凯南格（Kanungo）等也都进行了大量的研究，以区分具有魅力的领导者和缺乏魅力的领导者之间的显著性区别和关键性特点。本尼斯通对来自美国的90位最为杰出和成功的领导者展开研究，发现了这些领导者都具备了一些共同的能力。例如，他们有令人佩服的长远性战略眼光和目标意识；能够以高效的方式清晰地向下属传达明确的目标；坚定地追求目标，为了达到目标而奉献自我；打破常规；对自己有信心，也很倔强；反对一成不变，代表了激进改革的声音。康格和凯南格将魅力视为一种归因现象，并且魅力会随着情境的变化而产生变化。研究者们认为自信、印象管理能力、对社会的敏感和共情能力这些领导者特质是形成魅力的归因。

那么，魅力型的领导者通过什么样的方式来影响下属呢？大量的研究表明，这个影响过程大致分为四步。

第一步，领导者可以明确清晰地描述宏伟的发展前景、未来的愿景，将组织未来的美好发展与现实联系起来，提出长期战略，同时使下属也对于前景有更加深刻的认识。

第二步，领导者向下属陈述未来的愿景及对其高绩效的期望，使下属能够明确目标，并且对下属能够实现期望表现出信任和信心。

第三步，领导者通过语言和行动传达出一套新的价值观体系，并以身作则成为下属模仿的榜样。

第四步，领导者能够激发出下属的潜在情绪，通过领导者自身表现出的不遵循传统的行为和自我的牺牲，这样下属就能够顺利地"接收"到领导者想要传达出的情绪，并且坚定自己的信念。

如何成为一个魅力型领导？许多研究者对此进行了探索，提出了展现领袖魅力的行为可以通过三个阶段的学习来形成，并因此享受到其所带来的收益。这三个阶段分别是：长期保持乐观态度；与人相处融洽，激励他人、认可自己、追随自己；激发追随者的情感，发掘追随者的卓越潜力。

具有魅力型的领导及他们的下属通常能够创造出较高的业绩成果。这是因为下属受到领导的魅力和激励的影响，更加努力地工作，并表现出更高的工作满意度。因此，魅力型的领导通常能够带来高的绩效和满意度。但是，并不是所有情况下组织都需要魅力型领导，而且并非所有情况下魅力型领导都能产生积极的效果。当组织的任务中包含了观念创新要素时，魅力型领导者可能会带来更高的工作绩效。因此，魅力型的领导者更有可能在创新观念十分重要的情况下发挥作用，如宗教、战争、新产品引入或面临生存危机等情境。然而，魅力型领导也可能会对组织绩效产生负面影响，甚至会带来毁灭性打击。这是因为魅力型领导者可能会由于过度自信和对环境的错误估计而作出错误的判断，把组织引入歧途；同时，由于魅力型领导与下属之间存在着亲密的情感联系，他们很容易滥用权力，走向另一个极端。因此，魅力型领导是一把双刃剑，组织需要谨慎监督以防止滥用权力。

三、交易型领导与变革型领导理论

交易型领导与变革型领导的概念是由伯恩斯（Burns）于 1978 年在其所著的《领导》一书中提出的，随后巴斯（Bass）于 1985 年在伯恩斯的基础上进行了拓展。交易型领导是指为了既定的结果而与下属所做的物质或服务的交换；变革型领导是指通过塑造、改变和激励下属，对下属产生深远的影响，从而引导下属超越自身利益而追求组织利益。巴斯认为尽管交易型领导和变革型领导在其管理方法上存在差异，但它们并不是相互矛盾的两种类型。实际上，它们应该被看作一个连续物的两端，一个领导者可以同时具备交易型和变革型领导的特征和技能。因此，一位领导者可以在某些情况下采取交易型领导方式，在另一些情况下则采用变革型领导方式，他也可以在一些情况下采取交易—变革型的领导方式。

（一）交易型领导

20 世纪 80 年代之前，领导理论大多都属于交易型领导。领导者把为下属提供资源的奖励作为对下属积极性、生产效率和高效率的工作成就的交换，利用权力来影响追随者。然而，这种领导风格的领导者太过于注重与员工之间的交换和交易，这样的行为可能会使得员工只注重短期的利益和即时成就，而忽视员工的创新和长期发展激励。因此，这种领导风格需要更多地关注员工的长期发展和创新激励，以促进组织的长期成长和成功。交易型领导的特征如下。

（1）权变式奖励。将努力与奖励采用契约的方式联系在一起。

（2）主动的例外式管理。观察和寻找背离规则和标准的行为，采取纠正行动。

（3）被动的例外式管理。只在标准没有满足时进行干涉。

（4）放任式管理。放弃责任，避免作出决策。

（二）变革型领导

一般认为变革型领导是在魅力型领导的基础上更进一步的发展。因此领导者具有领导魅力则为其成为一个变革型领导打下了基础，但领导魅力也只是变革的一个促进要素，并不一定能够完全推动变革。就像很多的社会名人虽然具有独特的个人魅力，但是他们也不一定能够达成变革一样。变革型领导者特征和方法如下。

（1）魅力与感召力。提供任务的愿景和知觉，让下属潜移默化感到自豪，并且获得尊重和信任。

（2）鼓舞式激励。持续的高期望，使用象征性的方法令人们关注所付出的努力，用简单手段表达重要的目标。

（3）智力性激励。激发智力和理性，提倡谨慎地解决问题。

（4）个性化关怀。对下属能够有足够的尊重和关怀，能够个性化地对待下属，在工作和生活中为下属提供有效的建议和帮助。

巴斯强调，一方面，变革型领导相比交易型领导来说，确实能够让下属实现更高的绩效。变革型领导通过积极推动组织变革、激发下属的创新和创造力来达成目标，而交易型领导则更关注如何有效地完成任务，通过奖惩机制来调节员工行为，实现组织目标。

虽然变革型领导相比交易型领导能够更有效地促进员工绩效，但是并不代表变革型领导就一定是有效的领导。变革型领导可能具有不同的形式，包括指令型和参与型、民主型和专权型、优秀型和平庸型。指令型变革型领导强调对员工进行具体的指示和安排，比较适用于员工能力较弱或缺乏经验的情况下。参与型变革型领导则更注重与员工一起参与组织变革过程，更适合对员工能力要求较高的情况。民主型变革型领导强调与员工共同合作、协商决策；专权型变革型领导则更加强调自己的权威地位和决策能力；优秀型变革型领导拥有出色的管理和领导能力；平庸型变革型领导则可能在领导组织变革方面表现平凡。另一方面，交易型领导并不意味着是无效的领导。在现实领导者实践中，许多领导行为之间并没有明确的界限，很多行为都涉及交易型和变革型领导方式相结合，这些行为通常与目标或目的的获得密切相关。交易型领导强调的是以奖惩机制来调节员工行为，使他们更加专注于任务的完成。这种方式更适合一些具有明确目标的任务，如销售或生产任务。因此，领导行为的有效性需要根据具体情况进行评估。不同的领导形式都有其适用范围和优劣之处。在实践中，领导者需要根据组织的特点和目标、员工的特点和能力、环境的变化等因素来选择和灵活运用不同的领导方式，以达到最佳的领导效果。

四、全球化领导理论

跨国公司兴起和全球化时代的来临是全球化领导出现的经济基础和时代前提。领导者只有根据现实情境调整自己的领导方式才能实现有效的领导。不同文化背景下所产生的领导方式不一定适用于所有的文化背景，一个民族的文化会影响到下属对领导者行为的反应，因此全球化领导又叫跨文化领导。领导者正在全球经济中承担日益重要的角色。沃伦·G.本尼斯（W.G.Bennis）认为面对美国商业领导的变革挑战，领导者作出正确抉择的关键来自对不稳定、活跃的全球经济中成功的领导质量的理解和具体化。大量研究证明，领导者的个人价值观、背景和人际技能潜在地导致跨文化有效领导过程之间的差异，其中还有更多的因素有待考证。

1. 个人价值观

领导者的个人价值观塑造了他对情境的感知，会影响其对于问题的看法，影响他如何去解决问题及作出决策。同样地，追随者的个人价值观也会影响他们的领导者，并且在不同的文化环境中所形成的个人价值观是有差异的。研究表明，东道国国家的总体领导方法反映了当地文化和劳动力的期望。

2. 领导者的背景

管理者的经济背景、教育背景、阶级和家庭地位等都会导致领导者的领导有差异。美国领导者来自各个阶层，但在其他国家不一定是这样的；在法国姓氏和阶级是非常重要的；在印度接受长者的权威是非常普遍的，这就反映了很多公司中权威的非法规性；在斯堪的纳维亚国家，不同家庭模式可以从领导者参与的决策风格和例行的授权上反映出来。

3. 人际技能

大量的研究证明，领导者的人际技能能够很大程度上体现其跨文化差异。领导者的多样化体现在他们对法规和程序的观点，对于权威的顺从，独立和非独立的水平，对客观与直觉的使用，妥协的意愿及他们的人际策略。

全球化领导和组织行为效能研究（又称 GLOBE），是较为广泛、深入的全球化领导研究。豪斯率领来自 62 个国家超过 170 位研究者组建成的全球性网络合作组织，收集了 18 000 名管理者的数据进行研究，其目的就是了解文化对领导的影响，期望找出能被大众所普遍接受的领导方式和易于受到特定文化背景影响的领导方式。GLOBE 项目的研究普遍发现，文化维度是存在的，并且可以被确定和测量。文化差异可以通过 etic（跨文化）或 emic（文化内，或国家特异的信息）途径来研究。文化差异强烈地影响了人们看待他们领导者的方式，以及存在的关注授予领导者的地位、影响和特权。一些特定的领导行为（如值得信任、有感染力、沟通能力强、谈判水平高及善于构建团队等）是能够被普遍接受的，而消极的行为方式（如不合作、以自我为中心、无情及专制等）对领导效果有不利的影响。研究者普遍认为受文化影响的行为包括组织定位、自我防护、参与的技巧、人文精神、自主管理及感召力等。

五、在线领导理论

在互联网时代，由于各种地域的限制，许多员工出现了在家办公或者在其他遥远的地方工作的情况，当今的领导者和员工的沟通方式越来越多地通过网络而不再是基于地理位置的便利，发达的信息技术使得这些员工即使在异地也能与工作单位相连接沟通。对于许多跨国公司来说，来自全球各地的员工虽然很少碰面但是却同属于一个团队，即虚拟团队的存在已经非常普遍。在这样的情境下，领导者没有办法避免与下属的在线沟通，常常会需要远程领导员工们完成任务。这样的工作方式在带来便利的同时也给领导者带来了新的挑战，领导者们需要在这样的虚拟环境下设定清晰的目标和精确的进度安排，兼顾有效的线上沟通，协调各成员工作。网络沟通的力量非常强大，它能够极大地提高领导效果，但是一旦滥用就会破坏领导者通过口头沟通所达到的效果，因此，通过网络途径领导的领导者应该仔细考虑自己的数字信息会造成怎样的实际行为结果。

关于在线领导的研究主要集中在虚拟团队的管理问题上。罗宾斯认为在线领导，面临着沟通、绩效管理和信任三大挑战。

（1）在线领导者需要学习新的沟通技巧以保障领导工作的有效性及有效地传达信息，领导者必须认识到他们需要正确选择词语、结构、口吻和沟通的风格，准确地表达情感。比如，在面对面的沟通过程中，严厉的词语可通过微笑或者手势得到缓和。而在线互动交流中，人与人之间几乎没有非言语沟通，领导者想要正确传达期望、传递情感变得更加困难。同时，领导者解读消息中"言外之意"与情感要素也成为挑战。

（2）在线领导通过确立、促进和激励进行绩效管理。首先，领导者在确立绩效时，必须让虚拟团队中的每个成员清楚团队目标、自身在实现目标中所担负的责任、如何评价实现目标的成效。尽管这也是普通情况下管理者的责任，但是对于在线领导者而言，没有面对面的互动来传达双方的期望或谈论绩效问题。其次，在线领导同样需要提升绩效，清除实现绩效道路上的障碍，并提供充足的资源以完成工作。这是项艰巨的工作，因为团队成员地理位置分散，为他们分配各种资源变得非常困难。最后，在线领导还要通过奖励来提高绩效。在虚拟环境中，由于领导者与成员并不共处一地，激励也变得异常困难。

（3）在虚拟的环境下，在线领导要学会接受信任挑战，有许多潜在的威胁会导致信任问题。比如，是否使用电脑系统监视和评价员工，就一直存在争议。如果不监视员工，他们可能存在与朋友聊天等与工作无关的行为。如果监视则涉及隐私问题和导致信任危机，在线领导者必须仔细权衡。

对于一个优秀的在线领导者来说，他应当具备较强的文字语言沟通技能，能够积极关注解决方案，而不是纠结于问题，思维应开放灵活。尽管有效的在线领导者必须掌握如何恰当地选择和利用技术，但是永远不能忘记工作最终是通过下属完成的，应当以人的互动作为成功的关键。建立信任、维护公开的沟通模式、关注人并且注意他人微妙暗示都是虚拟环境中的关键领导素质。

本章小结

领导理论是组织行为学研究的重要分支之一，其研究的核心是探讨领导者应具备的特质、工作作风、领导行为及在不同情境下采用何种领导行为最为有效等问题。基于对领导理论的研究和实践，研究者们提出了领导特质、行为和权变理论等不同的理论模型。这些理论模型对于揭示领导者成功的关键因素及如何提高领导者的有效性都具有重要的指导意义。

随着经济全球化、信息技术飞速发展，领导的相关理论和实践也在不断地发展和演变，以适应不断变化的环境和需求。在这样的时代背景下，许多新型领导理论的产生也值得研究。本章主要介绍了目前领导理论的前沿性研究，包括领导归因理论、魅力型领导理论、交易型与变革型领导理论、全球化领导理论及在线领导理论。

复习思考题

1. 简述领导理论研究的发展脉络。
2. 基于选择遗传还是培养的讨论背景，回顾领导素质理论。
3. 领导素质理论和领导行为理论各有什么主要原则和局限性？
4. 简述领导权变理论有哪些关键因素及这些因素与领导效能之间的关系。
5. 如何根据费德勒的三项权变变量来评估一个情境？
6. 在现实的实际操作中，如何运用情境领导理论？

随堂测验

领导方式测试

根据俄亥俄州模式就下列问题对你的领导方式进行分析。仔细阅读每一项，思考你在当领导时通常如何表现。然后根据下面的答案，在最接近描述你的领导方式的字母上划圈。每个问题只能在一个选项上画圈。

A（总是）＝5；O（经常）＝4；?（有时）＝3；S（很少）＝2；N（从不）＝1

1. 我花时间解释一项工作应该如何实施。 A O ? S N
2. 我解释同事应在群体中扮演的角色。 A O ? S N
3. 我把别人遵守的规则和程序详细地说清楚。 A O ? S N
4. 我组织自己的工作活动。 A O ? S N
5. 我让人知道他们做得多么好。 A O ? S N
6. 我让人们知道他们被期待做什么。 A O ? S N
7. 我鼓励别人遵守详细统一的程序。 A O ? S N
8. 我对别人和蔼可亲。 A O ? S N
9. 我分派别人执行具体的任务。 A O ? S N
10. 我确保别人明白他们在群体中的角色。 A O ? S N
11. 我制定雇员工作时间表。 A O ? S N
12. 我要求别人遵守标准规则和规定。 A O ? S N
13. 我使工作更愉快。 A O ? S N
14. 我尽力做到帮助别人。 A O ? S N
15. 我尊重别人的感情和观点。 A O ? S N
16. 我考虑周到，替别人着想。 A O ? S N
17. 我在群体中维持一种友好的气氛。 A O ? S N
18. 我不努力使别人对成为我群体中的一员而感到更快乐。 A O ? S N
19. 我平等待人。 A O ? S N
20. 我事先告知别人变化并解释它将如何影响他们。 A O ? S N
21. 我关心别人的个人福利。 A O ? S N
22. 我容易接近、对别人友好。 A O ? S N

得分计算：

第一栏（1～12题）总得分_____

第二栏（13～22题）得分_____

评价标准：

在第一栏中被评分的问题反映一个首创型结构或任务领导方式。得分超过47分表明你在首创型结构或任务结构上把你的领导方式描述高了。你计划、指导、组织和支配别人的工作。在第二栏被评分的问题反映一种思考型或关系型方式。总分超过40分表明你是一个细致的领导者，能够关心下属的状态及其相关的福利。一般情况下，在首创型结构上的分数较高、在考虑型方面分数适度的管理者通常会比那些相反的领导者更容易管理好高产出的小组。

资料来源：唐·荷尔瑞格，小约翰·W.斯劳卡姆，理查德·W. 渥德曼. 组织行为学[M]. 大连：东北财经大学出版社，2006.

案例分析

领导风格与领导效率

中心街道安置机构是一家非营利的社会服务机构,拥有 70 名员工及 600 万美元资产。Josh Martin 是该中心街道安置机构的行政长官,他焦虑地坐在管理办公室外面的桌前。他思考着:"这不可能! 我不可能在这里工作了 20 年。时间都用在哪里了?"

Martin 将他全部的时间都用在了中心街道安置机构。自从他在学校取得经济学位后,他就在这里开始了他的职业生涯,缓慢地沿着狭窄的行政晋升阶梯,从最初的一个政府基金项目的主管到他现在的行政长官的职位。特别是在过去的 5 年,他出任机构的"for-profit"建筑公司的主席。他直接向机构独裁的主管 Tom Saunders 报告。

Martin 是一个有能力的行政长官,通常采用员工参与管理的风格来解决问题。在最近的几年,Martin 的工作责任呈指数增长。他为机构充当了信息、决策及人际管理等角色。6 个月前,他又被增加了一项为卖主和顾问处理发票的责任,从而与会计和 Saunders 共享了权力。

因为他在非营利机构的角色而受到慷慨的嘉奖。去年,他赚了 9 万美元,外加一系列优厚的额外好处,这些好处包括一辆机构的汽车、一个养老金计划、一个医疗健康计划(包括牙齿的)、一个月的假期、15 天带薪假期,以及没有特别规定的病假。

Martin 为他的有吸引力的嘉奖付出了极高的个人价值。他的 BP 机每天 24 小时开机,随时可以找到他。每个周日的早上,他都会出席要求所有代理处经理参加的托管代理战略会议。

过去这些年,Martin 忍受着 Saunders 奇怪的情绪波动,以及他对代理机构细节的疏忽。在最近的几个月,两人的关系紧张程度达到了最高点。比如说,两个月前,Martin 称他自己感染了流感,请了病假。Martin 的缺席令 Saunders 取消了一个重要的指导代理处财务审计的会议。Saunders 对 Martin 的缺席作出了不理智的回应,他将怒火集中在自助餐厅丢失的一块瓷砖上,并对中午在自助餐厅吃饭的两名员工大喊大叫。

"你们看。"他说道,"Martin 对这个代理机构的任何事情都不谴责。我总是不得不确认这周围的每件事都正常。就看看这地板! 这有一块瓷砖不见了!"Mary Thompson 和 Elizabeth Duncan 这两位老员工看上去对 Saunders 对丢失的瓷砖的反应感到震惊。当 Saunders 在空中挥舞着他的手狂怒咆哮地走出自助餐厅时,Mary 转向 Elizabeth 耳语道:"Saunders 真的将要走入困境了。没有 Martin,这里什么事都干不了。Saunders 怎么能因为每个小问题责备 Martin。我很好奇 Martin 对这种不公平的对待能忍受多久。"Elizabeth 同意地点了点头。

此事发生一个月以后,Martin 推荐给两名业绩受到其直接上司高度评价的员工涨薪水。Martin 相信,无可否认地,虽然 2% 涨幅只是一个象征性的涨幅,但它可以提供激励,鼓舞士气,并且不会严重危害到代理机构的预算。当 Martin 在周二(每周一次)的财务会议上提交他关于两个员工涨薪水的建议给 Saunders 时,Saunders 反对 Martin 的建议并咆哮着反驳他:"这里的每个人都希望涨薪水。现在是做更多工作及停止叫嚷金钱的时候。让我们进行下一个议程。"

Saunders 在结束每周员工会议时说，"我是这个代理机构的领导。我不得不为了这个机构的高效运转而管理每一件事。"室外操作的主管 Phil Jones 转身对财务主管 Paul Lindstrom 悄悄地说道："诚然，尽管 Saunders 是这个机构的领导，但他无法应付除文件袋以外的任何事。没有 Martin，这个地方一定会陷入混乱。再说，Martin 至少还听我们的，并且尝试运用我们的想法使这周围的一切变得简单点。"

Martin 也常常试图辞去代理机构的职位去寻找其他公共部门的职位。但是，这样的机会很少，因为他是个白种的中年男子。另外，Saunders 认识每个公共部门的首席执行官。Martin 认为只要他一申请工作，他的简历一到任何机构的人事部门处，Saunders 就会发现。而且，Martin 感到，他在机构的长期任职的经历可能对他不利，未来的雇主会怀疑他离开一个他服务 20 年的机构的动机。Martin 沉思："也许我在这里待得太久了。"依据目前国家的经济情况，许多公共部门的代表可能将不愿意付给他现有的薪水及福利——至少在他工作的头一年不会。

在这一点上，Martin 对他的选择不确定。尽管他的妻子是有收入的，并且在打印行业有技术和经验，但 Martin 依然需要维持他现在的生活标准来支撑他的家，包括他还在读大学的两个女儿、他的房屋抵押及其他的财务债务。虽然他有优秀的非营利及"for-profit" 的经验、优秀的管理和领导技巧。但是，他怀疑自己是否有办法走出目前的困境。

资料来源：史蒂文 L. 麦克沙恩，玛丽·安·冯·格里诺. 组织行为学[M]. 北京：机械工业出版社，2007.

案例思考题：

（1）描述 Josh Martin 与 Tom Saunders 所运用的两种不同的领导风格。这两种风格告诉了你一些关于领导的特征了吗？你认为有解决由冲突的领导风格引起的组织问题的方案吗？

（2）一名有效率的领导有哪些特征？你认为 Saunders 是一名有效率的领导吗？为什么是？为什么不是？Martin 是一名有效率的领导吗？为什么是？为什么不是？

（3）Martin 是否有办法走出目前的困境？如果你是 Martin，你会做什么？

即测即练

自学自练  扫描此码

第七章

领导力开发内容

掌握感召力、影响力、决策力、执行力、创造力和责任力的内涵与本质，了解领导力开发的内容，并对具体内容进行总结分析；熟练掌握领导力开发的策略，并在组织管理实践中领悟、判断和运用。

◆ 内容提要

领导力开发是指领导者通过完善领导技能，提高自身的领导能力，以便对被领导者产生影响力的过程。领导力开发主要包括感召力、影响力、决策力、执行力、创造力和责任力开发。领导者需要得到下属的追随，并与下属构建良好的互动，感召力吸引下属，而影响力激励下属；领导者还需要对自己的业绩负责，决策力是确保正确战略方向的前提，而执行力是将企业目标转变为绩效的行动过程；领导者的素养决定了领导本身是否能胜任职位，并带来长久的稳定，创造力使领导者以未曾想过的角度去创新，而责任力凸显了领导者的职业道德水平。

第一节　感召力开发

一、感召力的概念

感召力是指领导者吸引被领导者的能力。感召力也被称为"领袖气质"，表现为采用说服、示范等方式方法，赢得他人的支持和赞同。这种气质既不是来自传统组织职位赋予的权威，也并非基于物质性的被动迫使，而是来自下属感知到领导者卓越的才能，即领导者凭人格和信仰去领导和鼓舞下属的能力。《论语·为政》有言："为政以德，譬如北辰，居其所而众星共之。"这就是领导者通过感召对追随者影响的生动体现。

感召力的来源主要有以下几个方面。

（1）信念坚定且志存高远。

（2）具有崇高伟大的品格和强大的自信心。

（3）具备代表性的伦理价值观及近乎完美的涵养。

（4）具备出众超群的大智慧及丰富曲折的体验和经历。

（5）不安于现状，工作富有挑战性，拥有坚持不懈的毅力。

在感召力开发方面，领导者只有通过不断完善自身的内在和外在素质，提高自身前瞻力与表达情感魅力，培养灵活运用企业文化的引领力，才能对被领导者产生强大的吸引力，从而形成自身内在的、独特的感召力。

二、感召力开发内容

（一）愿景

愿景是指由组织领导者与组织成员共同形成的，具有引导与激励组织成员未来情景的意象描绘。1992 年，纳努斯（Nanus）在其著作《愿景领导》（*Visionary Leadership*）中正式提出"愿景型领导"一词，并指出领导者会对组织愿景产生广泛、深层次的影响。愿景型领导发挥实效的基本规律是运用远大的理想目标最大限度地激发组织的追求欲望，促使各级管理者和员工沿着充满进取心的理想、目标不断前进。不论是魅力型领导，还是变革型领导，其关键的组成部分都包括共同的愿景。

领导者事业发展的首要行动就是勾勒出企业明确的、有活力的和共同的愿景。愿景在一定程度上反映了领导者的理想，而领导者的理想彰显了组织的目标，这是领导者个人的理想与组织目标相互融合的结果。国内知名公司的愿景，无不体现出领导者对于组织目标的期望。正如，华为公司的愿景为"丰富人们的沟通和生活"；京东集团的愿景为"成为全球最值得信赖的企业"；比亚迪的愿景为"用技术创新，满足人们对美好生活的向往"；中国一汽的愿景为"创建美妙出行的美好生活，打造世界一流、绿色智能、消费者热爱的移动出行服务公司，成为汽车产业的时代先锋"。

远大的理想或愿景，它代表了一种视野，需要领导者具备远见的卓识，可以在繁杂的内外部环境中，识别组织未来发展的战略方向及促进落实的战术策略，即"领导者生活在未来"，这就需要领导者具备预测和把握未来的能力。这种前瞻的能力与五个要素息息相关：①领导者和领导所在团队的领导理念；②组织利益相关者的期待和希望；③组织的内部核心能力等微观环境分析；④组织所处行业等中观环境的发展规律；⑤组织所面临的宏观外部环境的发展方向和未来走势。

愿景从初始的形成到最终被组织成员所接受是一个过程，这一过程既反映了领导者本人心智认知的过程，也反映了领导者与下属互动沟通的过程。出色的领导者还可以将其下属的目标理想有机地整合到自身及组织的理想之中，并采取打造共同愿景的方式来鼓舞和激励被领导者。马丁·路德·金（M. L. King）的演讲——《我有一个梦想》，一直高居美国"20 世纪最佳公众演说榜"最前列，无论是老人还是孩子都能够感受到一个清晰、高尚的共同愿景带来的强大力量。

对于企业中的领导者，同追随者交流未来的愿景，描绘共同愿景，帮助员工感受到工作的意义是非常重要的。当员工意识到他们所做的工作具有很高的重要性时，是不会有惰性的。彼得·圣吉（P. M. Senge）认为，公司第一目的是培养人的愿景。如果管理层没有致力于培养人的个人愿景与公司愿景相一致，这很大程度上会成为公司发展的阻碍。如何有效运用个人对工作的热爱，将个人目标和企业战略发展目标联系在一起，是领导者面对的一个重要课题。

📖 知识链接 7-1

一百年前，一位伟大的美国人签署了解放黑奴宣言，今天我们就是在他的雕像前集会。这一庄严宣言犹如灯塔的光芒，给千百万名在那摧残生命的不义之火中受煎熬的黑奴带来了希望。它的到来犹如欢乐的黎明，结束了束缚黑人的漫漫长夜。

然而，一百年后的今天，我们必须正视黑人还没有得到自由这一悲惨的事实。一百年后的今天，在种族隔离的镣铐和种族歧视的枷锁下，黑人的生活备受压榨。一百年后的今天，黑人仍生活在物质充裕的海洋中一个穷困的孤岛上。一百年后的今天，黑人仍然畏缩在美国社会的角落里，并且意识到自己是故土家园中的流亡者。今天我们在这里集会，就是要把这种骇人听闻的情况公之于众。

就某种意义而言，今天我们是为了要求兑现诺言而汇集到我们国家的首都来的。当我们共和国的缔造者草拟宪法和独立宣言的气壮山河的词句时，曾向每一个美国人许下了诺言。他们承诺给予所有人以生存、自由和追求幸福的不可剥夺的权利。

就有色公民而言，美国显然没有实现他的诺言。美国没有履行这项神圣的义务，只是给黑人开了一张空头支票，支票上盖上"资金不足"的戳子后便退了回来。但是我们不相信正义的银行已经破产。我们不相信，在这个国家巨大的机会之库里已没有足够的储备。因此今天我们要求将支票兑现——这张支票将给予我们宝贵的自由和正义的保障。

我们来到这个圣地也是为了提醒美国，现在是非常急迫的时刻。现在绝非冷静下来或服用渐进主义的镇静剂的时候。现在是实现民主的诺言的时候。现在是从种族隔离的荒凉阴暗的深谷中攀登向种族平等的光明大道的时候。现在是向上帝所有的儿女开放机会之门的时候。现在是把我们的国家从种族不平等的流沙中拯救出来，置于兄弟情谊的磐石上的时候。

如果美国忽视时间的迫切性和低估黑人的决心，那么，这对美国来说，将是致命伤。自由和平等的爽朗秋天如不到来，黑人义愤填膺的酷暑就不会过去。1963年并不意味着斗争的结束，而是开始。有人认为，黑人只要消消气就会满足；如果国家安之若素，毫无反应，那么这些人必会大失所望的。黑人得不到公民的权利，美国就不可能有安宁或平静。正义的光明的一天不到来，叛乱的旋风就将继续动摇这个国家的基础。

朋友们，今天我对你们说，在此时此刻，我们虽然遭受种种困难和挫折，我仍然有一个梦想。这个梦想是深深扎根于美国的梦想中的。

我梦想有一天，这个国家会站立起来，真正实现其信条的真谛："我们认为这些真理是不言而喻的：人人生而平等。"

我梦想有一天，在佐治亚的红山上，昔日奴隶的儿子将能够和昔日奴隶主的儿子坐在一起，共叙兄弟情谊。

我梦想有一天，甚至连密西西比州这个正义匿迹，压迫成风，如同沙漠般的地方，也将变成自由和正义的绿洲。

我梦想有一天，我的四个孩子将在一个不是以他们的肤色，而是以他们的品格优劣来评价他们的国度里生活。

我今天有一个梦想。

我梦想有一天，亚拉巴马州能够有所转变，尽管该州州长现在仍然满口异议，反对联邦法令，但有朝一日，那里的黑人男孩和女孩将能与白人男孩和女孩情同骨肉，携手并进。

我今天有一个梦想。

我梦想有一天，幽谷上升，高山下降，坎坷曲折之路成坦途，圣光披露，满照人间。

这就是我们的希望。我怀着这种信念回到南方。有了这个信念，我们将能从绝望之巅劈出一块希望之石。有了这个信念，我们将能把这个国家刺耳争吵的声音，改变成为一支洋溢手足之情的优美交响曲。

有了这个信念，我们将能一起工作，一起祈祷，一起斗争，一起坐牢，一起维护自由；因为我们知道，终有一天，我们是会自由的。

资料来源：马丁·路德·金《我有一个梦想》节选。

（二）特质

感召力不仅体现在建立共同愿景，还包括领导者在与下属互动中展示的独一无二的"气场"。这个"气场"不仅来自领导者的非凡远见，还来自其内在的情绪，如其内在的魅力、激情等，这都是对下属产生吸引力的重要原因。常言道，"热情是可以传染的。"这句话对于领导者来说是千真万确的。

感召力与领导魅力相关。社会学家马克斯·韦伯（M. Weber）第一次提出了领导魅力，并将其定义为一种特殊的人际吸引力，这种吸引力可以让群体中的其他人接受自己，并支持相关的行为，从而使自己不同于群体中的其他人。感召力并不是基于传统及正式的权威之上的，而是被领导者自身具备的卓越品质所吸引，从而带来对领导者的自主追随行为。领导魅力包含个性、能力、经验和坎坷经历中形成的综合素质，会对下属产生一种情感上的深刻影响。中国很多知名企业的成功往往和某个人的名字紧紧相连。例如，小米与雷军、字节跳动与张一鸣、京东与刘强东、蔚来与李斌、海尔与张瑞敏、长虹与倪润峰等，这些都反映了领导者给下属及组织带来的独一无二的感召力。

感召力还与领导者的个性、生理、心理、才智及社会因素等方面密切相关。具有感召力的领导者往往表现出外倾、自信、进取心、正直与诚实、智慧等特质，并充满激情，愿意接受挑战。领导感召力的作用对象是个体或群体，并通过感召促使实施对象自发或自愿做出符合领导者期望或目标的行为。领导者的状态影响着团队的状态，领导者的语气、神态、姿势等，无不散发着影响追随者的魅力。无论在什么情况下，如果领导者都能保持正能量，那么团队也会充满正能量。即使在当年红军长征如此艰难的情况下，毛泽东还写下了"红军不怕远征难，万水千山只等闲"这样充满乐观主义的不朽诗句。正是这般豪情壮志，感染号召着全军奋勇前进，攻坚克难，取得决定性胜利。同时，组织内部及外部的环境并不是一成不变的，领导者还要学会在危机中育先机，在变局中开新局，激情面对，不断地迎接挑战，才能给追随者树立一个好的榜样，对未来抱有积极乐观的态度，激励大家努力奋斗。

（三）企业文化

埃德加·沙因（E. H. Schein）认为，领导所做的唯一真正重要的事情是创建和管理文化。企业文化从根本上奠定了优秀领导者的领导力。企业文化和领导力是同一个问题的两个方面：一方面，从一定程度上来说，企业文化是领导者的文化，任何一个组织的文化，都是通过高层领导者制定、推行和固化的；另一方面，企业文化从形成、得到员工认可再到员工遵循方面，又会进一步提升领导力。

企业文化的核心内容包括企业使命、愿景和企业价值观，这些要素决定着企业文化的内容与方向，是企业文化的灵魂所在。其中，企业文化的根本理念包含使命、愿景和价值观三个课题，对应回答"我是谁？""到哪去？""怎么去？"三个企业的根本命题。有关企业文化的层次划分，通常形象地展示为四层"洋葱模型"，这一模型将企业文化划分成四个层次，由内而外分别是理念层、制度层、行为层和物质层。在企业的具体实践中，领导者只有合理构建、管理、贯彻企业文化，才能真正地把企业文化植根于企业员工的心中。

领导者以个人独有的前瞻力和远见的卓识，带领企业走正确的道路，但一个健康的企业不应该时时刻刻都依赖领导者指引"正确"方向，也可以通过运用组织文化进行引领性管理，推进组织的持续健康发展。组织文化反映了组织中大多数成员认可的价值观体系，能够通过一系列强化这些价值观的管理规范影响个体行为。企业文化影响着员工的正式行为和非正式行为。领导者通过文化宣贯、自身的行为活动等，展示企业文化，促进文化的落地，从而让员工从内心产生对领导和组织的认同，自愿为了组织战略目标的实现而奋斗。

在组织管理实践的过程中，可能会发现与企业文化不一致的思想观念、制度、行为等，为了凝聚人心，领导者可以选择一些场合和机会，通过奖励或处罚等手段，对员工施加影响。例如，起初海尔的员工不重视冰箱的质量，张瑞敏没有选择继续让这些冰箱进入市场，而是直接亲自砸毁了质量不合格的冰箱。通过这一行动，张瑞敏不仅向组织中的员工，而且向组织外的公众，传达了领导者及企业的价值观和质量观。

（四）关系

海勒和范缇（Heller & V. Til）认为，领导者和追随者是两个相关的概念，如果不理解其中一个也就很难理解另外一个。领导是领导者与下属相互影响的过程，不论是领导者，还是追随者，都在刺激和强化着对方的行为。领导和员工这一影响的过程是通过双方的有效互动达成的。

人际关系是指在同一活动实践过程中能够直接观察到的人与人之间的关系。显然，不同的人际关系会带来不同的情感体验，进而影响领导者与下属的心理距离。领导与下属的关系在一定程度上会影响领导者的行为选择，进而对下属的行为和感受产生影响。受领导者自身性格、价值观与下属的相似性，或下属的能力较强、性格随和等因素的影响，领导者可能会对这些下属更加信任，进而与下属建立特殊的关系，即这些下属被视为圈内人士。而对于其他下属，则被视为圈外人士。

领导者的地位能否得到巩固，取决于下属是否支持，其重要性几乎占到 70%。在日常的工作中，下属要依靠自己的领导者，以满足自身的需要，同时领导者也需要下属，以达到自己和组织目标的实现。因此领导者应该学会与下属建立良好的关系，面对不同类型的下属采取不同的人际交往策略。比如，对待圈内人士，为了避免下属之间比较带来的不平等，应该与其保持适当的距离，坚持就事论事，有赏有罚。这样才能和下属保持一种持久的、真挚的信任，正如庄子在《庄子·外篇·山木》所言："君子之交淡如水，小人之交甘若醴。"领导者在面对圈外人士的时候，也要多关心、多沟通，做到"兼听则明"，避免"偏信则暗"。

三、感召力开发策略

（一）提高前瞻力，打造共同愿景

美国学者 Cashman 和 O'neil 认为，领导者善于制定符合自身和组织理想的目标，可以清楚直观地阐述这一理想，并运用切实可行的目标来促使这一理想的实现。构建远大的理想或愿景，带领企业走正确的道路，需要领导者具备一定的前瞻力。这就需要领导者及时洞察并熟知政治、经济、法律、社会文化和科技等组织外部的宏观环境发展趋向，组织所处行业的中观环境的发展规律，组织内部自身核心能力的管理，内外部利益相关者的期望，并结合自身具备的战略管理理论与实践融合的战略理念。同时，领导者也需要将这种理想进行战略落地，及时向追随者交流未来的愿景，共同描绘愿景，让个人目标与组织战略目标达成有机统一。

（二）善用言语和行为，表达情感魅力

超凡魅力既不是神秘的，也不是超自然的特质，它是一种人们的行为方式。对于领导者来说，自身的一言一行，与下属互动的言语、身体语言、肢体接触等，无一不是表达情感的具体体现。重大的情感事件可以产生强烈的、持久的记忆。在组织所处关键时期领导者所作出的选择，是直面挑战，激情面对，抑或是另辟蹊径，都向被领导者展示出了一种独一无二的"气场"。任务传达、项目开会等日常的交流互动，领导者适时地面带微笑、表达清晰、及时热情鼓励等，都能够提升自身独特的感召魅力。

（三）促进企业文化落地，增强企业文化感召力

文化兴则企业兴，文化强则企业强。企业文化代表公司员工认同的文化理念和行为要求，对员工的正式行为和非正式行为具有规范性和引领性作用。领导者可以通过一系列的文化建设、文化宣贯等活动，将企业文化理念渗透到员工的日常工作中，增强文化凝聚力和引领力，真正实现企业文化"内化于心、固化于制、外化于形、实化于行"。只有这样，才能提升对追随者的感召力，为组织长远可持续发展提供强大的文化软实力。

第二节　影响力开发

一、影响力的概念

美国管理学家哈罗德·孔茨（H. Koontz）认为，领导力是一种影响力。领导是领导者影响组织员工自觉自愿并富有激情地促使组织目标实现的过程。影响力更多地表现为领导者改变他人的心智模式和行为方式的能力。

领导影响力是指领导者在领导活动中，改变和影响追随者心理与行为的能力。其主要表现在以下几个方面：①领导者可以及时洞悉察觉下属的内在动机和需求；②领导者构建与下属之间的正式和非正式的关系；③领导者能够把握好各种组织利益相关者尤其是下属的利益之间的平衡关系；④领导者和下属之间在正式或非正式工作场所相互交流沟通的方式方法、言语手势等行为与实施的效果；⑤领导者具备组织职位赋予且能对下属产生影响的各种权力。

二、影响力开发内容

领导影响力有两大类：一类是与职位有关的权力性影响力，另一类是与个人自身有关的非权力性影响力。领导者可以通过合理授权和有效运用激励手段，增强权力性影响力，也可以通过不断学习、提高自身素养、掌握沟通艺术来提升非权力性影响力。领导影响力的具体构成，如图 7-1 所示。

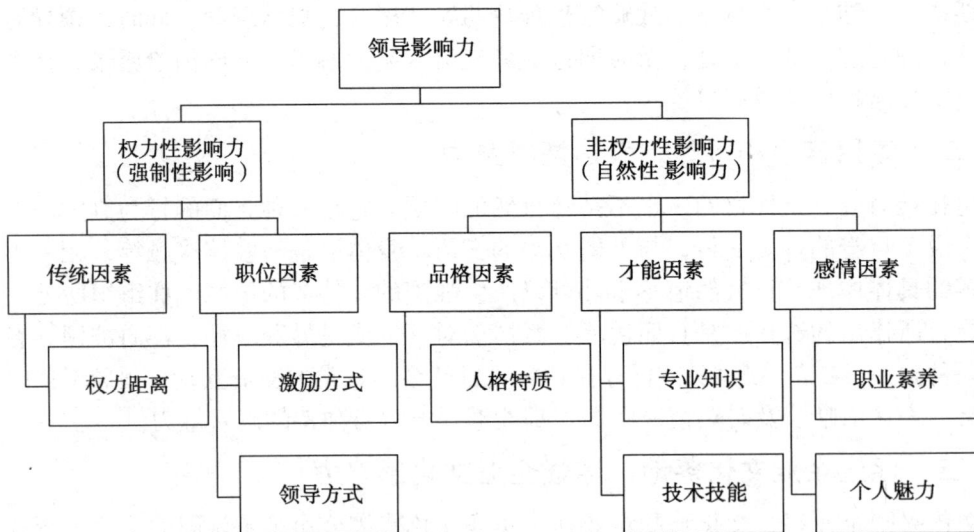

图 7-1　领导影响力的构成

（一）权力性影响力

权力性影响力是指职位本身或者所处的文化环境，对被领导者产生较为明显约束力的影响力，其更多地以外部压力的形式发生作用，属于强制性影响力的一种。其构成要素可以分为传统因素和职位因素。

1. 传统因素

霍夫斯泰德（G. Hofstede）在《文化的结局》一书中，将国家的文化差异分为权力距离、不确定性的规避、个人主义与集体主义、男性化与女性化四个维度。其中权力距离是指社会或系统接受或承受权力分配不均的程度。相对于其他国家而言，中国的权力距离较大，这也就意味着在组织中地位象征尤其重要，管理者拥有的权力在大多数情况下被认为是理所当然的。

与此同时，数千年的中国传统文化显示，下属需要对领导者产生服从感。如果下属没有一定的服从感，那么组织的工作就很难贯彻执行下去，领导者的工作也没办法顺利开展。当然，需要强调的是，在强调这种强制性的约束力同时，也反对领导者一味地追求个人权威。

2. 职位因素

由于组织架构中职级、职位的存在，领导者本身所在的职位会使得下属产生敬畏感。一般来说，领导者在组织中所处的职位、职级越高，其所拥有的权力越大，相应地其对下属的影响力也更大。这种影响力大多建立在职位本身之上，与领导者自身的能力、素质等没有直接的关系。职位因素最重要的是激励方式和领导方式。

（1）激励方式。激励是组织为了更好地激发员工的工作热情和积极性，通过设计一系列对员工有刺激作用的措施，来激发、引导、维持和规范员工的行为，从而使员工能更好地为实现组织目标服务。激励力是指激励和激发他人的能力，是企业领导者利用自身及组织的相关要素，创造、设立实现员工多样化需求的条件，并以此激发员工的内在动机，促使其产生符合组织目标行为的能力。组织中常用的激励方式主要有薪酬激励、期权激励、事业激励、文化激励和沟通激励。

（2）领导方式。领导方式是指领导者与下属之间产生影响和发挥作用的方式，是领导者因下属特征或工作内容的差异化而选用不同的领导手段。一般来说，组织中常用的领导方式可以分为专制型、民主型、伦理型、魅力型、授权型、谦逊型、包容型等，以及衍生出的双元型、平台型、灰度型等领导方式。同时，这些领导方式，并不以单一、割裂的方式存在于组织中，而更多地在组织实践中呈现重叠化、融合化的表现形式。根据不同的情境，采取适宜的领导风格，更能够被下属接纳，从而产生更强的权力性影响力。

（二）非权力性影响力

非权力性影响力是指领导者的品行、才能、作风等非权力因素对被领导者产生影响的能力。相比于权力性影响力而言，非权力性影响力的作用范围更加广泛，也更有助于激发被领导者的工作积极性和工作潜力。

1. 品格因素

袁采在《袁氏世范》中提出，"己之性行为人所重，乃可诲人以操履之详"。只有自身的品行、道德、行为等为人所尊重，才能用自身的操行来教导他人。对于领导者来说，亦是如此。品格因素，包括领导者的品行、人格、作风风格、道德修养等，它深深植根于领导者的言行举止。《论语》有言，"其身正，不令而行；其身不正，虽令不从"，阐述的就是领导者要有高尚的品格，才能得到众人的拥护，才能让被领导者产生敬爱感。

领导特质理论认为，领导者拥有的某些特质能够使其更有效地领导和影响他人，领导力水平由领导者个人特质决定。下属心甘情愿追随领导者的原因来自下属被领导者自身的个人特质所产生的魅力所吸引。领导者的个人特质包含领导者自身的品行、道德、才能等，如自信、谦逊、诚实可靠、勤奋、果断等，这些品格等特质会带来被领导者的积极、正面评价，从而使得被领导者自发拥护领导者，产生非权力性影响力。

2. 才能因素

才能因素是指领导者能够运用自身的知识专长，给予组织员工带来实现组织目标的希望，激发被领导者对领导者的敬佩感和依赖感。专业知识和技术能力是一个人工作的基础，也是领导者管理能力的基础。领导者在工作实践中所表现出来的卓越的能力、渊博的知识，可以让被领导者产生敬佩感、信赖感。

成功的领导者在起步和发展阶段，大多以领域或行业专家的身份构建自身领导基础。1960 年，杰克·韦尔奇（J. Welch）在获得伊利诺伊大学化工博士学位后，加入通用电气公司（GE）塑胶事业部，靠着自身的专业知识，担任 PPO 工艺开发项目领导人，并在 1968 年担任通用电气公司总经理这一职位，并很快成长为通用电气公司首席执行官。不难看出，专业知识和技术才能等对领导影响力起着至关重要的作用。

3. 感情因素

感情是指人对客观事物（包含人）好恶倾向的内在表现。当人与人之间构建起积极的情感关系时，彼此的社会距离由此拉近，二者之间相互影响的作用也会随之增强。卓越的领导者应该向下属展示人性化的关怀、尊重，并基于此与下属构建亲和良好的关系，从而使得下属在感情上服从且支持自身的领导，并由此产生较强的集体凝聚力。

松下电器公司的创始人松下幸之助认为，企业的经营观念应基于人与人相互依存的基础上，并赢得组织员工的信任和忠诚。这启发领导者做好从传统的管理方法，即批评、惩罚工作场所不合理行为，从被动地使员工服从，到及时给予员工赞赏或有建议性的批评等人性化管理模式的转变。一部分贯彻落实"走动式"管理的国家，其主要目的就是改善并提升领导者与被领导者之间的人际关系。只有领导者与被领导者之间构筑起一定的信任机制，与员工建立感情，才能进一步提升领导者的影响力。

📖 **知识链接 7-2**

领导影响力发挥作用的社会心理基础包含以下几个方面。

（1）对特定组织的归属心理。人具有社会性，归属感是人的一种需求，每个人都存在于一定的社会团体和组织中。

（2）对卓越人群的崇尚心理。心理学和社会学研究指出，人们普遍会对富有才华和有卓越履历的人产生崇敬和敬佩的心理。

（3）对榜样模范的模仿心理。通过模仿，人类得以适应环境，得以生存。见贤思齐，有助于促进社会的整合和发展。

（4）对权威有服从的心理倾向。组织凝聚力越大，遵从性越强；组织的价值目标越明确，遵从性越大。

三、影响力开发策略

（一）合理授权，构建使用权力的艺术

权力性影响力的核心是权力，提高权力性影响力的关键是在行使特定职位的法定职权内，使得权力性影响力最大化。当今组织中的管理者大多面临着多而复杂的管理工作，很难做到事必躬亲并游刃有余，因此需要领导者将权力与责任授予下属，从而挖掘和充分利用组织成员的智慧和能力，实现权力效能的最大化。

（二）有效运用激励手段，实现组织目标

在组织的具体实践中，领导者要具备一定的敏感度，及时有效地识别出被领导者的物质、精神、自我实现等方面的需求，针对性地采取薪酬、事业、组织文化和沟通等激励方式，从而引导和激发员工产生符合组织目标的特定行为。同时，领导者也需要关注激励的及时性和时效性，以达到激励效用的最大化。

（三）不断学习，提高自身修养

现代领导科学理论和实践证明，非权力性影响力在领导影响力中发挥着更为主导性的作用。领导者自身的道德修养、品德素质、品行作风等越优秀，越可以使得被领导者对其产生敬佩、认同和服从，从而提高领导者的影响力。因此，领导者应加强理论和实践方面的学习，努力提升自身道德素质、人格魅力等，树立良好的形象，更好地发挥组织"领头羊"的作用。

（四）实现有效沟通，提高领导艺术

有效沟通是实现领导影响力的基本方式，卓有成效的领导者将大部分的工作时间都用在与他人的沟通上。沟通并不是单向的自说自话的过程，而是一个双向的互动沟通过程，既需要组织成员的发言，也需要领导者的倾听和反馈，前者有助于领导者准确地了解表象的信息，以及背后的动机和需求，后者则提供给被领导者正确的努力方向，并进一步激发组织成员的热情。

第三节　决策力开发

一、决策力的概念

决策是指人们为了实现某一目标，在充分搜集并分析相关信息的基础上，运用科学的方式方法制定、评价各种可行性方案，并从中选取合理执行方案的过程。领导决策力

是指领导者在实际的管理过程中，面对内外部等综合环境和形势，通过识别问题、作出诊断、提出和对比备选方案，并判断或选择某种方案的能力。决策力是组织领导者在管理过程中必须具备的能力，它使得领导者在组织面对复杂或威胁的环境时，能够给予及时的决断，作出正确的选择。

决策力的开发过程，关键在于实现决策过程的原则性和灵活性的有机统一。领导者需要提升自身的创新性、决断力等整体素质，优化决策过程，依靠民主决策，提高决策的理性程度，也需要适时调整，灵活应对。决策由决策者、决策目标、自然状态、备选方案、决策后果、决策准则这些要素构成。

（一）决策者

决策的本质是人们对周围客观世界的认知能力和对未来实践驾驭把控的能力。决策者是决策的主体，既可能是单个的人，也可能是一群人或组成群体的机构。决策者是决策系统的灵魂和核心，决策能否成功，取决于决策者的特质、个性、背景和经验等要素。

（二）决策目标

决策目标，即决策所期望达到的目的，具体体现为决策方向在具体实践落地时所能达到的水平。进行任何决策都是为了实现某种目标，决策目标是决策的前提。决策目标有两个基本要求：一是正确，二是明确。所谓正确，是指决策目标应符合科学的规则、程序，并且可以预测到决策目标的实现会带来一定的正效应；所谓明确，是指在表达形式上要清晰，不会使人产生不清晰或误解。决策目标是否清晰明了，会对决策效果产生直接显著的影响，甚至决定着决策的成败。

（三）自然状态

自然状态是指不以决策者主观意志为转移的情况和条件。决策方案能否顺利实施并实现预期的决策目标，不仅取决于决策方案本身，而且还受到一系列诸如自然环境、社会环境等自然状态的制约。换言之，决策行为在一定程度上是决策者内在主观因素和自然状态这一外部因素共同作用的结果。因此，决策者需将自然状态纳入决策过程之中。

（四）备选方案

备选方案，即可供选择的各种可行方案。不论是在理论模型中，还是实践探索中，解决一个问题或实现决策目标的方案往往不止一种。这些方案尽管从结果上看都可以促使决策目标的实现，但从付出花费的成本上看存在一定的优劣之分。有的方案花费的时间、人力等成本低且效率高，有的方案则花费的成本高且效率较低。因此，在决策过程中需准备多个备选方案。其原因主要有以下两方面。一方面，由于不同决策者受主观因素的影响，对问题的识别及性质定义往往存在不同的看法，这些都会反映在不同的决策方案中。只有事先制定多种备选方案，才能全面反映问题，在分歧中充分讨论以得到更加科学的结论。另一方面，决策的本质是选择，决策的定义也是从两个及以上的备选方案中作出选择的过程，若只有一种方案，选择便无从谈起。因而，设计并提供多种备选方案是科学决策的前提和关键。

（五）决策后果

决策后果，即决策行动所能引起的变化或带来的结果。决策是在界定问题后，对多种备选方案进行客观、公正的评价后，择优选择方案，并付诸行动实践的过程。决策没有付诸实施并发挥作用，决策的过程就没有结束。只有用报告、表单、数字、图表，以及实地反馈等方式检查过决策的结果后，才能真正评价决策的好坏。

（六）决策准则

决策准则，即决策所依据的原则和对待风险的态度，其涵盖决策所蕴含的内在思维逻辑、制定备选方案等方面的准则。根据经济人假设，人们在作决策过程中，对备选方案的评估，以及选择较为满意的执行方案时，大多遵循决策理性，采取并运用"最优化原则"。但由于人们知识、能力、经验等的限制，人们不可能列出所有可能的方案并完全理性地进行方案的优劣评估。基于此，决策理论学派提出用"满意原则"代替"最优原则"。满意决策是指寻求符合合理目标要求的决策，满意原则是决策者探求自身感到满意的可行性方案的原则。

二、决策力开发内容

（一）理性决策模型

决策管理学派的创始人西蒙（H. A. Simon）认为，管理的实质是决策。人们通常觉得最优决策者是理性的，即其可以在给定的决策环境及条件下，作出有助于实现价值最大化的决策。具体来说，这一过程遵循着理性决策模型，如图 7-2 所示。

界定问题所在 → 确定决策标准 → 为标准分配权重 → 开发备选方案 → 评估备选方案 → 选择最佳方案

图 7-2　理性决策模型

首先决策者依据目前所处的决策环境和决策条件，能够识别界定出问题所在，接着决策者依据自身经验、价值观和个人偏好，以及内外部客观环境，确定与决策相关的决定性标准，并且为选取的标准赋予相应的权重，为后续决策方案优先顺序排序奠定基础。其次，决策者应尽可能列出所有可以解决问题的备选方案，并依据既定标准和权重，评估备选方案。最后依据评估结果，选出总分最高的备选方案，即为最佳方案。

> **知识链接 7-3**
>
> 科学决策是有步骤、有规律的，泰勒认为决策有四个步骤，西蒙认为决策有四个阶段，而德鲁克认为领导决策必须要把握五个要素，如表 7-1 所示。

表 7-1　决策过程比较

决策四步骤	决策四阶段	决策五要素
1. 发现目标的调查过程	1. 收集情况阶段	1. 确定问题的性质
2. 调查后制定目标	2. 拟订计划阶段	2. 找出解决问题的边界条件
3. 为达到目标选择不同方案	3. 选定计划阶段	3. 找出解决问题的正确方案，以及这些方案必须满足哪些条件，然后再考虑必要的妥协、适应及让步的策略，以期该决策能被接受
4. 评价结果	4. 评价计划阶段	4. 决策方案要同时兼顾执行措施，让决策变成可以被贯彻的行动
		5. 在执行的过程中要重视反馈，以印证决策的正确性及有效性

（二）决策力模型

对于领导者来说，"能否做正确的事情"是由决策力决定的。这种决策力在一定程度上彰显了领导者的思维和决断能力。只有谋定而后动，才能提升成功的概率，对组织中的领导者亦是如此。领导者"做正确的事情"的决策过程，也是对组织中不断出现问题的解决过程。因此，我们用解决问题的 5D 模型，来具体阐述决策力开发的主要内容，如图 7-3 所示。

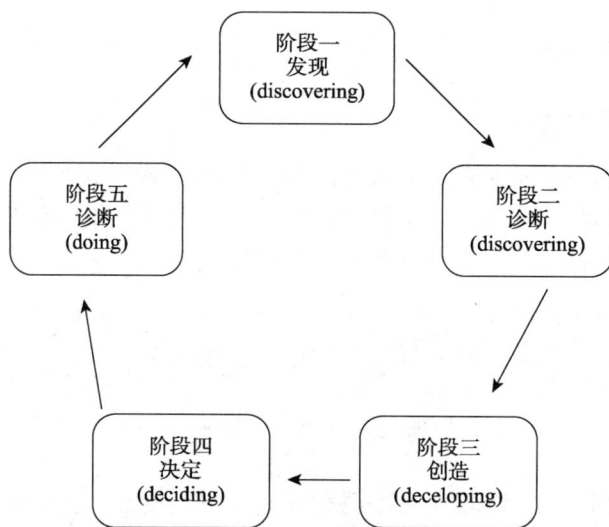

图 7-3　解决问题的 5D 模型

第一步：发现（discovering）

决策是针对问题作出的回应。发现是指领导者需要定义问题是什么，即回答"是什么（what）"的问题，这也是决策的起点。基于此，产出关于问题的清晰陈述。

具体的操作可以运用麦肯锡公司常用的一种分析问题的方法——问题树（或逻辑树）。它是一种运用树状图形的直观展示，系统地探究存在的问题及问题之间相互关系的方法，其基本原理是列举出问题所包含的所有子问题，并采用分层的方法，由高至低依次罗列。具体来说，可以将一个问题比拟为树干，接着思考这一问题与哪些问题或子问题相关。如想到一个相关之处，则给这个树干（本身的已知问题）添加一个树枝，并将这一树枝背后隐藏的问题如实加以备注。以此类推，直至挖掘出这一已知问题背后所相关的所有项目。

问题树的主要作用是：①运用树状图形的直观展示，厘清思路，减少对重复和不相关问题的思考；②确保问题解决这一过程最大的完整性，即它可以最大限度地确保所发现问题的不重不漏；③帮助分析解决问题，即逻辑树通过树干和树枝的直观展示，将工作划分为便于操作的部分，并按照轻重缓急，敲定各部分的优先顺序，将相关的工作责任细化落实到个人。

第二步：诊断（diagnosing）

诊断就是要找出问题发生的根本原因，即回答"为什么（why）"的问题。这一步的产出是针对上一步提出的问题找出相应的几个主要的可控原因。决策专家认为，大多数决策是一个判断的过程，而不是一个通过规范的模型进行界定的过程。

在分析原因的过程中还要有"打破砂锅问到底"的决心，如有客户反映自己购买的电视机坏了，经过维修中心的检查，机器方面的原因可能是电阻坏了。那为什么会出现电阻坏了的现象，可能是客户本身使用的问题，也可能是电阻本身无法承受电流量负荷的问题。那为什么出现电阻本身无法承受的问题，可能是设备出厂的测试或者设计时候的问题。那为什么出现设备出厂检测不合格的问题，可能是检测的员工缺乏相应的检测技能或者是检测设施的老化……就这么一步一步地探究下去，才能找到表象原因、直接原因、间接原因和根本原因。

在找到根本原因之后，根据帕累托的二八原则，领导者还要找出 20%的主要原因，去除那些相对不重要，以及不可控的原因，这样才能达到纲举目张的效果。

第三步：创造（developing）

创造就是针对上一步分析出的几个主要的可控的原因尽可能地想出多个解决方案，即回答"如何（how）做"的问题。这一步的产出是尽可能多地提出有创意的解决方案。

在尽可能地提出创造性解决方案时，战略、战术层面的策略最后都要落实到可操作性的层面。比如，上一个例子，我们的目标是，减少电视机的故障率，确定了其中一个主要原因是检测的员工缺乏相应的技能。那我们这一步针对性的解决方案就是要提升检测工人的检测技能，那么相应的解决方案可以是定期的培训、导师一对一、举办相应的考核比赛等可供操作的选择方案。

在具体提出解决方案的过程中，领导者可以运用头脑风暴等方式集思广益，尽可能多地提出解决方案。需要注意的是，此环节不包括对方案的轻易评价或者判断，最重要的是产出多多益善的解决方案。

第四步：决定（deciding）

决定就是从上一步发散提出的解决方案中选出可行的方案。这一步的产出是可行性方案，即回答"哪个（which）"的问题。决定主要体现在以下五个方面：①熟知、领会并擅长运用各种相关的决策理论、方法及决策工具；②拥有敏捷和精准评估决策收益的能力；③具有预判、评价、防范及化解决策风险的能力；④拥有或可支配达成目标所需要的关键的资源；⑤能够敏锐识别并及时把握决策时机的能力。

具体的操作过程，可以参考亨特（Hunt）在1966年提出的决策树工具。决策树主要包含以下四个构成要素：决策结点、方案枝、状态结点和概率枝。具体绘制方法如下：①绘制树状图，基于已知的前提和基础，列举每个可行性备选方案及各方案的自然状态；②将每一个方案的各个自然状态的发生概率和损益值标记在相应的概率值上；③依据标记的概率值和相应的损益值，计算得出每个方案的期望值，并将其记录在对应的状态结点位置；④根据得出的各方案期望值大小，进行相互比较，并剪去期望值较小的方案所在的方案枝，最后留下的那一个方案枝，即为最优方案。

第五步：执行（doing）

执行是指将上一步确定的可行性方案付诸行动。其回答的问题是谁在何时做何事达到何种效果。决策制定的成功不仅包含决策本身质量的好坏，还包含实施的有效性。遵循上述程序，假设最终选择了定期培训来提升管理能力的解决方案，那么领导者需要做的就是将这一行动方案进行层层分解，拆解为一个个小的行动单元，并明确每个行动单元的行动目标、行动规划、具体责任人、时间进度安排、所需的资源和完成的标准等。将行动方案付诸实施，并不代表着问题的完全解决，最终的效果要看实践的效果。

问题解决是一个持续改善的过程，不论是问题的定义，还是解决方案的提出等，都是一个动态变化的过程。在现实实践中，一方面，我们身处的世界复杂多变，不确定性强；另一方面，我们没有强大的信息处理能力，因此我们几乎不可能获取完全充足的信息，准确地界定和识别问题所在，并且知晓问题的所有解决方案。例如，受到"有限理性"和"信息不确定性"等条件的制约，在决策之前一般不可能完整清楚地界定相关的问题，因此在决策的过程中，对问题的定义也是随之发生变化的。为此，领导者需要不断提高自身发现、诊断、创造、执行等能力，同时在当今信息时代，也要注重运用大数据、人工智能等技术，进一步辅助自身的决策，才能不断解决问题，实现问题解决过程的螺旋式上升。

三、决策力开发策略

（一）提高决策者的整体素质

领导者作出决策的过程，通常受到外在客观环境和自身主观因素的叠加影响。决策者的素质是影响决策有效性的关键因素。决策者需要具备较高的信息收集能力、民主化决策意识、科学决策相关方法、一定的创新意识和决断魄力等。同时，领导者也需要培养自身的大局意识。决策前，需要熟知组织情况和项目相关进展，做好承接工作；决策中，善用联系的视角，提前预判决策和后续执行的关联程度，确保决策的有效落地；决策后，追踪决策的后续进度，并保持对决策执行落地结果的实时反馈和评估，以便及时修正和完善决策。

（二）优化组织的决策过程

领导者个人的力量是有限的，而科学的决策往往来自众人的智慧，因此，领导者在做决策前，应当听取大家的意见和建议，集中大家的智慧，这样不仅可以提升决策的有效性，而且会提高组织成员的积极性。领导者要创造各抒己见、百家争鸣的决策环境，同时要善于听取不同的意见甚至是反对意见，依靠民主参与，实现协同理性。同时，当今数字化时代，也需要领导者合理利用大数据、人工智能等新业态、新方法，提升信息搜集、处理、分析等能力，实现技术对领导决策的赋能。

（三）实现决策原则性和灵活性的有机统一

领导既是一门科学，又是一门艺术。决策过程亦是如此，其科学性表现为较为完备的专家咨询、决策公示与审计制度、决策失误追究制度等，是一种具有原则性的科学规律；艺术性则表现为对这一科学规律的创造性应用和灵活性展现。领导者在决策中，既需要运用科学的决策方法和工具，遵循科学的决策过程，也需要在决策中适时调整，灵活应对。《孙子兵法》指出：水因地而制流，兵因敌而制胜。故兵无常势，水无常形；能因敌而取胜者，谓之神。即领导者在决策时，要根据内外部因素变化而灵活决策，只有将决策的"灵活性"与"原则性"有机地结合起来，才能实现决策的最佳效果。

知识链接 7-3

2019 年 5 月 5 日，华为的总裁办电子邮件转发了《任正非谈管理：正职 5 能力，副职 3 要求，华为接班人，就要这么选！》，明确提出了华为干部所拥有的四种关键能力。

1. 清晰的洞察战略，以及战斗的决断力。
2. 准确的执行力。
3. 精准的理解力。
4. 人际交往能力。

我们选拔干部主要是以这四种能力为标准。具体地应用到华为选拔干部中，体现为具有第一种能力的人，可被选为部门一把手；具有第二种能力的人，可被选为部门的副职；具有第三种能力的人，可以被任命为机关的干部。

资料来源：https://page.om.qq.com/page/OdalbQZ6sa_LJnBbwkfumk0g0.

第四节　执行力开发

一、执行力的概念

执行具有过程属性，侧重于将企业目标转变为组织绩效的实践过程。这一过程涵盖了组织制度重构安排、经营流程设计再造、团队沟通协作、高素质的领导团队与员工队伍建设、个体行为重塑及人际关系构建等。执行力作为一个名词概念，是综合素质能力的集中体现，强调领导与员工之间连通关系，具体是指员工对于领导者的工作设计、战略思维及实施细则的贯彻落实。

领导者与下属沟通交流是执行力的重要实现形式，在这种交换关系中，信息、任务、权力是沟通的关键媒介，如何实现领导与下属联动是执行力形成的关键。基于该观点，执行力需要包含具体任务制定和有效授权。一方面，领导需要统筹规划与分解任务，做到量化管理；另一方面，领导要通过有效授权调动下属的工作积极性，保证任务高效完成。

二、执行力开发内容

执行力开发的关键在于执行过程的全面控制。领导者在执行过程中，要善于运用复命制度、追踪及诊断制度等方法有效保障执行过程顺利进行，注重下属能力的培育，从而不断积累执行经验，并使其标准化，最终引导下一个执行过程的实施。

（一）任务制定

当团队领导与成员存在信息连接缺失或沟通不畅、相互推诿时，抱怨并不是最佳的解决方式。相应地，团队领导需要从工作任务指派入手，有效明确下属任务的量化标准与目标设置，严格统筹量化管理、目标管理，把控下属任务实施的各项细节，从而构成有机协作整体。

1. 量化管理

（1）量化维度。量化包含了对时量、数量、质量的全面把控。时量凸显完成任务所耗费的时间要求，数量可以泛指所需完成的工作量，质量则强调工作完成的价值评判，三者共同构成整个量化体系，缺一不可。领导者在任务指派时需要对时间、任务量及质量标准进行统筹顶层设计，否则下属就会陷入职责混淆、执行不清的工作困境，影响工作质量。

（2）管理应用。在现实管理实践中，一般领导者往往会采用"赶快去办""抓紧去办"等较为模糊的表达语句来完成任务下达工作，并且附带个人的感情表达，下属无法充分理解任务的具体性质，这并不符合量化的指导理念。而具有量化思维的领导者会有效兼顾时量、数量、质量三个任务管理属性，并将其分解为工作任务的各个组成部分，帮助员工深刻理解"如何完成工作""如何高质量完成工作"。

与此同时，"量化"意味着确定，即领导者需要在任务指派前尽可能地挤压不确定性的风险成分，把握任务工作的可控性。而任务确定性的提高可以更好地适应不同素质员工的工作需求，有效降低工作偏差对于工作有效性的影响。一方面，量化使素质较高的员工更容易发挥自身的主观能动性，在有限的时间内实现工作质量最优；另一方面，对于素质一般的员工，也就是大多数普通员工而言，量化可以进一步将工作任务程序化，引导员工保质、保量、按时完成，有利于其实现工作绩效。因此，量化管理在管理中的应用主要体现在工作任务与员工素质的匹配上，反映了领导素质与管理艺术的结合。

2. 目标管理

（1）目标明晰。美国管理学教授洛克（E. A. Locke）在 20 世纪 60 年代末对目标设定和激励进行了首创性研究。在文章"任务激励和奖励的理论"中，洛克指出，应该通过明晰的目标和适当的反馈来激励雇员。一个有目标的工作为雇员提供了一个重要的动机，以实现目标，这又反过来提高了工作绩效。因此，洛克的研究表明，只要目标具体并带有一定的困难，相比那些简单模糊的目标，能够产生更好的工作绩效。具体到管理实际，目标明晰需要领导者认真领会工作任务的分配逻辑，即该项任务是为了解决什么管理问题？只有对管理问题有充分的自我认知，才能明确工作任务，明晰具体的管理目标。

（2）目标界定。基于目标在组织经营业务中的重要作用，目标管理的核心是高效地进行组织、目标的配置，从而实现更好的工作绩效。在目标实施的全过程管理中，目标界定起到关键的基础性作用。SMART 原则便是为了达到这一目的而提出的一种方法，该方法是在 1954 年由管理学大师彼得·德鲁克（P. F. Drucker）提出的，目前在企业界得到广泛的应用。SMART 原则中的五个字母分别对应：specific（明确性），measurable（量性）、attainable（可达成性）、relevant（相关性）和 time-bound（时限性），即一个有效的目标必须具备具体、可以衡量、可以达到、具有相关性、具有明确的截止日期这五个要素，否则，该目标界定是无效的。该原则已经成为衡量团队和个人工作目标科学性的"标尺"。

（3）目标应用。工作目标要想得到最终实现，领导者需要试图抹平自身与下属的信息"鸿沟"，即领导者所期望的工作要求与价值成果应与下属具体实施成果保持动态一致，一旦有一方偏离了目标执行路径，那么目标的实际应用就会受到不同程度的损耗。因此，在任务指派时，领导者应该首先清楚地告诉员工公司正在努力实现的目标，并让他们清楚、具体地了解指定的目标是什么。这样员工可以基于他们的能力进行工作分解，第一步、第二步、第三步，直到成功。例如，在美国运通公司，高管们在布置任务时会十分仔细地向雇员解释此项任务如何能帮助他们达到个人发展的目标，称之为标注与联系（label and link）。他们教导经理们在向某人布置任务时应该注明他们要做的是什么，并将之与对员工来说重要的事联系在一起。通过这种方式，领导者可以保证目标实施的每一个关键步骤都能对应具体的人、财、物，以提高目标应用效率。

（二）有效授权

1. 授权的概念

授权是指领导者将自己的直线职权委授给下属的过程，即将分内的若干工作交由下属履行。授权的成功与否直接关系到领导者工作的顺利开展。授权的执行可能在管理现实与理想之间存在不一致性，容易产生极端的权力行使。部分领导具有极强的掌控欲，不太允许下属发挥自身的创意与能动性，调动员工共同参与目标执行的动机不强，对于他人缺乏足够的信任，工作的各个细节都要亲力亲为，导致其最终疲于奔命，无暇专注自己理应关注的重大管理议题。当然，也有其他领导者一味授权，对于下属权力执行的进展与完成情况并没有监督检查，完全忽视了员工的绩效实现，造成组织管理工作流于形式。

授权需要把握权责对等的基本原则。下属在获得某项权力的同时也会伴随责任的产生，这样授权链条才会形成完整闭环，否则授权过程将无法实现有效性。如果领导者在授权时只给下属强调具体责任，没有提供充分的权力，则会导致授权形式化。

从员工视角来看，权力授予可以极大地激发自身的工作主动性，使得个体持续产生积极的情绪与认知价值，进而稳健处理各项工作事务。但如果仅有工作要求没有具体授权，那么个体认知和情感信息流就会受到阻碍，不利于催生工作热情。相反，如果仅强调权力授予，忽视责任要求，那么这种"自由"也会逐渐导致员工陷入理想陷阱，引发权力的非理性使用。

从领导者角度来说，授权需要仔细权衡权力与工作的平衡关系，即权力是否贴合工作所需。具体来说，权力授予一旦超过了工作所需，势必导致权力转移与滥用，影响组织利益分配；如果权力授予低于工作所需，组织可能会充斥着保守畏惧之风，层层审批、开讨论会成为新的组织常态，最终不利于工作目标实现。

2. 授权的类型

根据授权任务的重要程度及被授权者的工作能力和管理水平，可以将授权分为以下几种方式。

（1）充分授权。充分授权是一种双方共赢的授予关系，一方面，领导充分认可下属的执行力，认为其可以依据自身的专业素质全方位统筹方案设计与实施；另一方面，下属在充分授权的感染下会产生工作意义感，有利于其找准自身的工作定位。这一授权方式通常适用于下属能力较强且所要处理事项或任务相对复杂多变的场景，需要下属发挥其主观能动性和创造性。

（2）不充分授权，也称刚性授权。与充分授权相对立，不充分授权是指下属接收到的工作任务有明确的规定，如相应的工作要求、实施路径、考核办法等。要注意的是，不充分授权是一种常态化授权方式，对于大部分员工来说，具有普适性，领导者也不会担心权力转移的问题。对于科层组织而言，该授权方式更能得到推广与应用。

（3）弹性授权。弹性授权更能体现授权的艺术性与动态性，领导者会综合考虑任务在不同阶段的发展特点，从而有针对性地设计授权方案。相比于其他的授权方式，此授权活动考虑了时间因素，一方面，授权对象能力、经验等方面会不断提升；另一方面，所授任务的重要性及所处的环境可能也会发生变化，因此，授权需要领导者审时度势，从下属和环境情况出发考虑，对授权事项进行灵活调整。这一授权方式通常适合那些对经营环境不确定的或领导者对下属能力认知较为欠缺的情景。

（4）合约授权，又称交易授权。合约授权体现了契约化管理的本质要求，即领导在授权过程中强调突出了被授权对象的职责范围和考核方法，两者通过沟通共同达成契约规定要求。

（5）心理授权。心理授权是授权在组织行为学领域的应用体现，是指员工对被授权的心理感知。与前面的方式相比，心理授权并不过于强调授权的实质形式，相反，心理授权被带入了员工视角，反映了员工对工作要素的内在感知，这种授权方式更具有内在性、情境性。在企业组织中，如果员工在信息、资源、支持等方面感受到自己被授权了，那么员工被尊重的需求就得到了满足，会进一步激发员工的工作潜能。被授权体验程度越高的员工，对企业绩效的推动作用越明显。因此，领导者在授权中可以增强员工的心理授权，说明委派职责，激发下属工作意愿。

三、执行力开发策略

执行是一种动态化、流程化的行动流程，需要领导者对各要素进行统筹把握，及时跟进工作进程，确保权责明晰。

（一）复命制度

复命，是对工作任务的无条件接受、执行和完成，并在第一时间给予答复和反馈。

复命制度本身带有强制性，从古至今一直得以延续，在很长时间都被世人认为是目标执行的有效手段。复命的时候，一般可采用4W1H的模式阐述：What，什么工作任务；When，什么时间完成；Where，什么地点完成；Who，找什么人或需要什么人完成：How，怎样去完成。在这五个要素的加持下，复命制度可以有效地保证目标执行的明确性与过程性，严格保障步骤实施的规范。

（二）追踪管制

追踪管制并不是束缚员工工作的"隐形束绳"，它的初衷并不在于监控员工的工作举止和实施步骤，而在于整个目标执行流程的合规性，确保目标执行维持在合理的技术通道上。

为了进一步加强任务追踪，提升执行力，领导者可从以下几个方面切入：首先，领导者通过自主检查分析，确定目标执行的关键工作点；其次，领导者要与下级保持高效沟通，确保传达的工作重点准确无误；最后，在遇到不可抗拒的原因时，领导者要推动目标执行方案的调整与改进，并及时向下级反馈。

（三）诊断制度

复命与追踪管制阶段的结束，是新目标管理周期的开始。领导者可以使用PDCA循环作为诊断制度。

PDCA循环被广泛应用于质量管理领域。其中，P（plan）代表计划，重点在于确定行动方案；D（do）代表执行，要求执行人按照要求合理合规地落实计划；C（check）代表检查，主要指评估计划执行效果；A（act）代表调整（再行动），根据执行检查的结果做出后续的调整安排。围绕P—D—C—A的顺序进行工作循环，最终能提升产品质量，如图7-4所示。

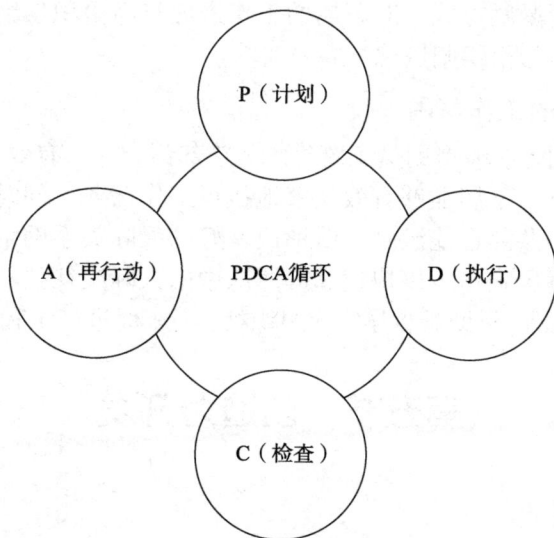

图 7-4　PDCA 循环图

在 PDCA 循环的应用阶段，领导者需要遵从四个步骤来保证执行效果。①在计划阶段，领导者需要把握用户价值需求，通过市场调查、现状分析来界定具体的工作任务，围绕 5W1H 基本原则确定解决问题的行动计划；②在执行阶段，领导者应当着重做好设计、决策及预警工作，保证执行结果的顺利进行；③在检查阶段，领导者应当严格按照计划阶段所制定的衡量指标进行评价，保证结果的准确性，并依据运用结果对后续方案进行调整；④在调整阶段，领导者需要将运行结果与经验标准化，维持日常工作的治理水平。同时，领导者应对问题进行集中的分析与总结，对于该 PDCA 循环中遗留下的问题应自动结转为下一个循环，不断加以改进。

（四）能力培育

在工作中培育下属的能力，可以更好地助力领导者执行事务，达到组织中执行力最大化。在执行过程中对于下属需要提供正确的指导，充分有效的授权，关注结果、检查过程。授权但不放手，及时给予应有的辅导与关怀，组织阶段性培训与考察。因此，领导者可以从以下三个方面培育下属的能力。

1. 培养下属的学习能力

领导者培养下属的学习能力，需要把握三点：①要培养下属的学习习惯，以点带面，以良好的学习习惯带动自身学习能力的全面提升；②要建立科学的辅导机制，通过内部导师辅导、外部师资培训等方式来提高员工的学习能力；③要实现全员学习，建立终身学习体系，用系统的激励机制来规范和激发员工的学习兴趣。

2. 建立员工实践能力培育机制

领导者也要为下属积累工作经验提供良好的发展平台与激励手段。一方面，设置与下属能力匹配的工作目标。领导者在明晰员工个性特质和工作能力的基础上，安排略高于其工作能力的工作任务，防止因超出其能力导致的工作热情受打击。另一方面，在工作任务完成过程中，领导者与下属要积极开展经验总结分享会，形成指导文件推动后续任务的进行。通过创新激励方式，对下属的工作进展与经验积累给予人性化激励，有助于培育下属的实践能力与组织归属感。

3. 培育合作共赢的工作氛围

营造合作共赢氛围，能够帮助员工跨组织、跨部门合作，有效提升员工的协作能力。在合作共赢理念指导下，下属能够有效从容地执行工作任务，同时通过跨部门协作，高效完成组织任务。合作共赢也能激励团队形成良好的人际关系网络，为组织营造良好的工作环境。员工通过竞争合作可以快速掌握团队中的人际交往技巧，赢得部门人员的信任，进而提高组织归属感，帮助其尽早完成组织社会化，促进员工和组织的共同成长进步。

第五节　创造力开发

一、创造力的概念

创造力是领导力的重要组成部分，主要是指领导者发掘并运用个体的想象力及创新能力去创造新的事物、理念或解决问题的能力。创造力不仅体现在领导的日常工作中，同时还可以通过领导与下属的沟通实现溢出效应。一般来说，具有创造力的领导者能创新性地管理团队、振奋人心，使团队成员受到鼓舞，充满活力，更好地为组织想点子、拿主意，并提出组织愿景。

根据创造力的定义描述，创造力强调过程导向，并不是简单的头脑风暴，而是需要领导者不断迸发新的观点与想法，最终有效运用到工作、人际互动中。基于此，创造力应当包括新颖有价值的想法的提出（创造性思维），以及观点想法的有效应用（创造性方法），两者的联动促成领导创造力的显性表达。

在激发领导创造力方面，企业要积极运用培训制度、激励体系，鼓励领导者提高学习主动性，为其发展与决策提供足够的支持，营造相互学习、开放包容的组织学习氛围。

二、创造力开发内容

（一）创造性思维

1. 学习思维

创造性思维是一种突破性思维，它是建立在领导者自我心智的调整、与时俱进的发展，以及对本质规律的洞察和认知提升基础上的。

最持久的竞争优势是学习。作为企业的领导者，有责任、有义务营造一种不断学习、提升自我的环境，而这要从倾听和理解开始。将不同个体知识有机地联系起来，把它们组成有机的整体，这就是智慧。一个组织的领导者要不断地充实自己，并且还要和组织的成员分享，同时在分享的过程中，他的想法对员工来说不能是一个限定，也不能设置框架，它只能是一个起点。它要求组织的成员必须以该起点为基础去汲取、学习更多新的知识，并集中讨论分享，从而实现知识与学习的扩张。

同时，领导者应借助对话以提升组织的核心学习能力。优秀的领导者善于营造一种组织氛围，使置身其中的员工感到非常自信、安全、放松，坦率地谈论自己的看法。同时，企业高层可以让大家在对话中找到企业的发展方向是什么，企业面临的最紧迫挑战是什么，在对话中提升核心学习能力。

2. 系统思维

系统思维就是从全面的、运动的、辩证的视角重新审视事物发展的本质。系统思维具有以下特征。

（1）整体性。领导者不能在乎一时之利，要懂得因势而变、因势而谋、顺势而为。有时为了顾全全局利益，牺牲局部利益也是必要的。

（2）全面性。不仅看某一个方面，而且要把多方面的因素，立体地、全面地考虑进来。其充分体现了领导者的战略定力和高度，确保其充分考虑各类关键因素，作出合理决策。

（3）领导心智模式。作为系统思维的重要依托，领导心智模式是领导者在管理实践中形成的关于自身发展、人际关系、社会认知的思维模式和行为习惯，与以往的知识素养、学习习惯和价值观念显著相关。一般来说，心智模式一旦形成，将使行为人自觉地以某种固定的思维方式去认识和思考问题，并按照个人习惯来分析解决问题。

综上所述，一位领导者要想提升系统思维，必须不断改善自身的心智模式。要知道，自己的行为不仅会对他人产生影响，而且反过来也会影响到自己本身。要记住这一点，否则往往会陷入"归罪于外"的学习障碍中。

（二）创造性方法

1. 创造思考

（1）强迫思考。由组织或个人开展使用。主持人所下达的题目与要求是针对某项功能的，请小组每一成员在规定时间内，构想出能达成该功能的创意构想，并将其整理在创意构想表格里。当时间到了以后，主持人再组织小组成员共同讨论，可要求各成员将其创意构想逐项说明，并以组合构想、简化构想等方式，激发新的构想。

（2）距离思考。当亟待解决一个问题时，影响思路开阔的最大障碍，常常是不能和事务保持一定距离，即只见树木，不见森林，即使有收获，也无非是一些平庸无奇的想法，对处理问题毫无帮助。这时候，最好是寻找一个跟事务相关的最抽象的问题，从而拉开自己和事务之间的距离。然后，随着问题的逐步具体化，最后切入正题。通过抽象问题，解决具体问题。

2. 创造互动

（1）头脑风暴。该方法是在外在刺激的作用下，成员不断产生创意想法的内在形式。其目的性在于尽可能多地产生新颖想法，不关注想法是否科学可靠，而是更多聚焦于素材积累，便于后续形成议案。头脑风暴前需要先确定所面临或所需要解决的问题，并由此确定会议的主题。过程中，小组中的任何成员不允许表达对其他成员方案的否定意见；主持人应尽可能鼓励成员多提方案与想法，并做好创意记录。使用头脑风暴法必须善用团体，充分发挥"1+1＞2"的效应。不同成员提出的构想，通过交流探讨的改进、启发、互补、组合等方式探索解决问题的方法。随着团体成员数目的增加，不同专业背景的成员会极大地丰富构想的多样性，推动构想的代表性。值得注意的是，头脑风暴法在方案批评阶段可能会阻碍进程，不容易形成批判性的指导意见。

（2）戈登法。戈登法是由美国人威廉·戈登（W.J.Gordon）开创并命名的，是一种由主持人指导进行集体讨论的创新生成方法。具体来说，主持人并不传达会议的具体目的，而是任由参会人员自主确定并捕捉创意想法，并在会议中开放讨论。

（3）拼合程序。与群体讨论相比，拼合程序吸取了头脑风暴法的有益经验，能产出更多有价值、有趣的观点与构想，通过对自身创意想法的拼合重组，极大地提升了创意质量与效率。

3. 创造检测

（1）要素组合。1940年，詹姆斯·韦伯（J. Webb）提出了影响深远的创意法。他认为创意的产生关键在于老要素的重组。其创意法有五个特定步骤：①收集原始资料；②用心检查这些资料；③孵化阶段；④构想的产生；⑤最后形成与发展构想。

（2）5W1H 法。5W1H 分析法又称六何分析法，现已成为社会各界人士认识世界的重要思维模式。简单来说，该方法认为，对于特定项目、工作、流程的认识，都要从原因（why）、对象（what）、地点（where）、时间（when）、人员（who）、方法（how）六个方面集中思考，任何要素的缺失都会导致认知局限。通过提问和思考办法，提出影响方案实行的关键因素，进而有针对性地提出创新改进方案。5W1H 法的使用可以遵循 ECRS 分析原则。其中，取消（eliminate）就是要着重识别删除项目执行的冗余流程；合并（combine）则是尝试多个流程合并的内在可能性；改变（rearrange）指项目顺序的改进与替换；简化（simplify）也指对表述、流程的精炼具体。在原有的项目认知上，领导者可以运用 ECRS 原则实现项目的重组与演进，进而形成对事物的全新认识。

三、创造力开发策略

（一）活用制度体系，激发领导学习活力

公司需将管理制度体系重构作为着力点，通过把握培训、绩效、薪酬三大制度设计体系，有助于从根源上激发领导者的学习主动性与实践参与，秉持促进个体全面发展的人本主义核心理念，最终自觉推动领导者创造力的涌现。

1. 以培训管理引领领导者创造思维

培训管理制度的根本目的在于学习能力、工作素质与意识的培养与重塑。首先，公司要深入挖掘各层级领导者的培训需求，因地制宜地统筹设计培训体系；其次，组织通过对岗位要求、战略发展、技能提升及领导职责的全面培训，着重转变领导者的思维模式，鼓励其从整体、创新、灵活的视角重视工作分配和人际沟通，摆脱以往的思维局限；最后，组织要时刻追踪领导力管理职能演变的最新发展趋势，结合本公司的发展实际，定期强化、补充领导者的管理知识，使其更有空间发挥自身的主观能动性。

2. 以绩效管理激励领导者的创造意识

绩效管理涉及从绩效计划、绩效实施到绩效反馈的全过程，组织需将绩效考核、评定与领导创造力的表现相挂钩，鼓励其提出有建设性的问题解决方案。一方面，在设计绩效指标及考核方法时，组织需要囊括领导的问题解决能力与效率，为领导者独立思考、运用新方法等创造性实践赋予相应权重；另一方面，组织要尽可能发挥绩效反馈的独特作用，灵活运用绩效面谈、追踪，提升领导的绩效满意度，使其更具有内在动机提升自身的工作水平，不断改善工作实施过程的短板与局限。

3. 以多样化薪酬制度巩固领导者的创造成果

薪酬是个体绩效表现的直观反映。公司在薪酬分配与设计时要把握不同层级领导者的个人发展需求，尽可能提供多样化的薪酬激励体制，如非物质性的荣誉与福利、团队带薪休假等，更好地平衡领导者的工作与家庭的边界管理，使其在工作中更能发挥自身的创造思维，协调好团队成员间的利益与矛盾关系，更好地领导团队不断实现高质量的创造成果。

（二）利用工作设计提升领导创造力

工作设计在于调整工作特征、工作氛围及工作政策，使其更好地符合企业发展战略，促使领导者高效地实现自我价值，从而在上下级互动、任务配置方面更加游刃有余，有益于自我创造力的有效发挥。

1. 重塑工作任务属性

组织在工作任务设计方面需要有针对性地结合创造力发展的现实需要，使其更好地服务于领导的创造力培养。具体来说，对于领导者的工作职责安排，组织应当侧重于创造性方案的提出与甄别，帮助领导者摆脱思维定势；对于工作任务安排，组织应当凸显任务的适度挑战性，鼓励领导者尝试不同的工作模式，促使其高效实现工作绩效；对于工作反馈，组织应引导领导者从不同视角深入剖析自身与下属工作的不足，善于运用小组周例会、午餐会等反馈机制来交流工作改进方案。

2. 构筑支持创造力发展的工作氛围

工作氛围对于个体创造力的激活起着压舱石作用。一方面，组织应当尽可能构建知识共享的传递通道，鼓励不同层级、不同职能部门的领导者共享发展信息与职能技术，共同解决发展难题；另一方面，部门内部需着重培养公平友爱、互动关怀的团队工作氛围，可以有效地保障成员内部的知识传递与协作配合，有利于团队凝聚力的形成，领导创造力的发挥也会得到各成员的肯定支持。

3. 提供关键性政策支持

组织需对领导创造力的激发提供有利的政策环境。聚焦于领导创意方案提出，组织应成立专项创新发展保障基金，帮助方案与项目的落地与实践。同时，成立专项创新审批专家小组，对领导创意发展提供评定与技术支持服务，提升方案的成功概率。加强对于创新榜样的宣传，组织专项创意分享会，促使领导者在日常工作中自觉地采用新型思路与方法，向榜样学习、看齐。

第六节　责任力开发

一、责任力的概念

责任力是指领导者关注组织内部与外部利益相关者的意愿，并以负责任的核心价值理念全面落实组织价值与企业社会责任。责任力的构成不仅包括领导者自身的责任特质，同时也包括组织责任文化的构建。其中，责任特质体现了领导者在内部经营活动中承担责任的倾向，责任文化则会更好引导领导者关注企业社会责任的实现，两者共同反映了组织利益相关者的价值诉求，并通过主客体的充分联动最终促成责任力的产生。

有关责任力的开发也需要同时考虑内因与外因因素。从内因来看，领导者需要敢于承担责任，通过良好的责任形象赢得下属的认可；从外因来看，组织应当通过制度、文化、氛围建设，营造互相负责、以人为本的责任文化，更好地带动领导者敢于担责。

二、责任力开发内容

（一）责任力构成

1. 尽责性

具有责任力的领导应当具有尽责性的特质。尽责性是个体特质层面的集中体现，它常与责任心、责任感相联系。尽责性是个体为遵循社会责任需求的冲动控制倾向的差异体现，主要表现为目标导向、勇于担责、延迟满足、遵循社会规范等具体行为倾向。尽责性由勤奋、有序、冲动控制、可靠性和惯例性五个方面组成，它们共同作用于个体工作动机。一般来说，尽责性程度越高的人更具有预测性，他们能够有条理地完成各项任务，更有信心面对困难，始终将公司、团队、外部利益相关者价值放在工作首位，从而高效实现业绩产出。

对于具有责任力的领导来说，尽责性应当稳定存在于个人的道德、工作及生活的方方面面，并可以通过各项事项集中反映。在与下属的沟通交流中，尽责性较高的领导者会主动考虑下属的实际能力，在分派工作任务的同时敢于为下属承担最终责任，帮助其顺利成长；在与上级汇报中，该领导者又极具工作导向，愿意为推动工作顺利开展承担风险与挑战，因而获得上级的赏识与认可。

2. 平等理念

有责任力的领导者十分重视平等理念的培养。人性化领导需要做到尊重员工，员工受到的身份尊重会让他们真正感到被重视、被激励，工作时才会真正发自内心，才愿意和领导者打成一片，站在领导者的立场，积极主动地与领导者交流想法、探讨工作，完成领导者交办的事务，心甘情愿地付出。基于此，有责任力的领导会淡化组织中存在的等级观念，将员工放在平等的职场地位中，切身实地为员工的成长发展着想，有效促成与员工的良性互动关系，最终在为人处世中收获更高的声望，顺利推动各项任务的贯彻落实。

3. 调和冲突

在多元文化和多个利益相关者的环境中，具有责任力的领导者有调和困境、化解利益冲突的特质。在当今常见的多元文化和多个利益相关者的情境中，多方声音相互碰撞，如何才能确保任务的完成，做到尽职尽责？领导者需要有良好的斡旋能力，即调和困境、解决利益冲突的特质，顺好多方利益的"毛"。因此，调和困境与解决冲突是有责任力领导者的重要特质。

具体来说，有责任力的领导者会从矛盾分析、关系协调两方面调和冲突。一方面，领导者会从理性视角严格梳理各方的矛盾焦点，有效回溯事情的经过，帮助各方冷静面对自己的言行举止，从而快速达成矛盾"冷却"；另一方面，该领导者善于协调各方的冲突关系，具体分析各方的对与错，实现由"热"的感性冲突到"冷"的理性判断的转变，最终引导双方走向和谐共生的关系局面。

（二）责任文化

1. 责任文化的概念

在数字经济与经济全球化的推动下，企业外部利益相关者逐步成为影响企业绩效实现的重要力量。企业决策、产品、服务是否符合利益相关者的价值主张，是否体现社会责任属性将直接影响企业的社会形象，构建责任文化已经成为企业战略考量的基本内容。具体来说，责任文化包含三个要点。首先，领导者作为企业的灵魂人物，其行为表现将决定企业责任文化的构建；其次，责任文化同样具有非正式性、内在约束性等特征，其本质还是在于推动员工表现出更多的组织公民行为；最后，责任文化具有明确的价值导向性，有效的引导和榜样作用将直接影响其重塑的效果。在这个过程中，领导者需要着重发挥其榜样作用，以点带面全面推进组织整体的责任意识。

2. 责任文化要素

企业责任文化在实践中具体包括责任精神文化、责任制度文化、责任行为文化及责任物质文化。其中，责任精神文化强调从企业经营理念、愿景、价值观入手，植入责任经营意识，极大程度上决定了责任制度文化、责任行为文化及责任物质文化的发展；责任制度文化凸显责任制度建设的重要性，即在日常管理制度、分配制度及基本生产流程方面融入责任管理要求，做到权责对等；责任行为文化则更为微观，提倡为员工行为、企业家行为树立良好的责任模范，引导其在日常工作行为中以实现内外部利益相关者的价值为宗旨；责任物质文化更多体现在产品设计、生产、质量方面，保证产品服务更好地迎合利益相关者的诉求。

三、责任力开发原则

（一）以身作则

领导者在时势艰难时经常面临考验和挑战。领导者如何塑造良好的组织形象并使其更好地发挥组织引领作用，关键在于以身作则，即将"说"转化为"做"的内在过程。如果领导者不能亲身践行自己宣扬的价值观，他们就不能赢得团队的信任。领导者可以将个人行动与企业价值观相联系，进而推动个人工作目标与企业经营目标实现共鸣，有效放大自身的价值魅力。

领导者如何将以身作则贯彻到管理实践中，需要注意以下几点。

（1）向内看。领导者需要通过自我修炼来明白自己的价值诉求与关注点。

（2）用明确的价值观让每个人同步。领导者要在组织内部确立共同价值观，帮助团队成员培养信任。

（3）收获追随者的前提是赢得下属的信任。

（4）通过树立榜样来引导他人。

（5）为正确的事情坚守承诺，并在工作生活中一以贯之。

（6）将价值观转化为行动本身，切勿空谈。

（7）在关键时刻更要做到理性分析，带领团队冷静思考。

（二）聚焦外部

具有责任力的领导者不光聚焦内部，同时也需要聚焦外部。一般来说，当危机来临时，仅具有个人观点的领导者会聚焦内部，靠价值、优势和风格带来影响力，进而有效应对危机。而聚焦外部的领导者在面对危机时较少依靠自身的直觉与判断，他们会从问题的本身出发，积极从外部利益相关者的角度寻找潜在的解决方式，最终通过理性思考来敲定具体的方案。总结来看，聚焦外部的领导者决定什么是应该做的事情，聚焦内部的则是强调自身应该具备做这些事情的品质和能力。内外两方面都很重要，但是按照先外后内的顺序更为重要。

通过先聚焦外部，领导者能保证他们的观点会让他人受益，更好地响应各方的价值诉求。先外后内的思路更容易成功，因为这种领导者更能得到他人的支持，而不是仅靠自己的坚持。

（三）即时反馈

没有反馈，员工就没有机会反思、改变和学习，所以也不可能担负起可持续发展的责任。要使员工承担责任就需要员工清晰明确地了解他们做得好不好，这样他们才能在未来调整要怎么做。关于反馈，管理者最有可能存在的缺点往往是完全不给予反馈或不想要反馈。当员工做错了事情，领导者却什么都不说的时候，员工就会觉得做错的事情其实没关系，而且领导者也不在乎，或者说他们没有勇气去指出。领导者可能因为担心或缺少勇气，而对分享负面消息产生迟疑。员工因为担心不知该如何回应，或是误以为一开始没被纠正的错误可能就不要紧，而不想得到反馈。

想要承担责任的领导者需要向前一步直面挑战，学会如何给予和接受反馈。在实践中，正向反馈应与负向反馈相辅相成，共同推进责任力的开发。有些领导者常常仅运用负向反馈，聚焦员工的差错；然而那些期望持续改进的领导者会利用正向反馈来平衡，聚焦员工哪里做得好及如何去强化它，他们会提供建设性的反馈，并指导员工需要改进的地方。

四、责任力开发策略

（一）确立以责任力为主体的决策标准

组织为了充分保证责任力的开发实践，应当将承担责任、协调各方利益关系纳入领导决策标准中，并赋予相应权重以便落实。在领导日常管理工作中，无论是对待员工下属，还是顾客、供应商等企业外部群体，都需要秉承责任初心，从而引领自身决策能力的提升，并内化为自身的分析依据。组织需定期考察领导责任力的基本实施情况，作为领导调岗、晋升的指标依据，间接推动其胜任力的全方位提升。

（二）打造企业内部责任管理全链条

与全面质量管理的原理类似，企业需将责任管理的基本理念融入经营管理的各个有效环节，保障责任、产品、服务三者相互融通，不可分割。领导者作为生产经营决策的制定者和践行者，要带头做好责任表率，始终把握"第一责任人"的基本准则。组织要以产品生产价值链为责任基础，在责任转接的关键节点落实责任主体，明确具体生产环节的责任条目，保障责任的可追溯、可控制。最终，组织需将责任管理制度上升到战略制定层面，并积极寻求外部公益机构、媒体的合作与监督，确保公司产品、责任形象深入人心。

（三）开发专项责任力发展指标

在责任管理、责任决策的政策落实基础上，企业要结合自身的发展实际，开发有针对性的责任力发展指标，并与领导、员工绩效考核相挂钩。由于责任力是各个利益相关者相互作用的关系产物，这就注定责任力是一个多维、多层次的发展指标。组织可以从文化传承、政府满意、舆论引导、提供信息的准确度这四个方面构建责任力绩效发展指标。关于文化传承，企业应当重点考察产品所传递的文化底蕴与责任，是否积极践行社会主义核心价值观，以及保留传承传统文化的精华部分；关于政府满意度，企业需分析评判产品与服务是否扮演政府与民众关系交流的桥梁，积极跟随政策发展步伐；关于舆论引导，企业要对产品、服务、员工行为、形象作出价值评价，判断其是否符合正确的社会发展方向，是否向社会传递正确的企业价值追求；而关于信息的准确度，企业要衡量自身产品与服务是否存在夸大其词或者隐瞒关键信息的情况。通过完成这四项核心指标，有助于企业内部的责任力规范的实现，做到责任力研判有根有据。

本章小结

领导力开发涉及诸多方面，本章选取了六个主要维度进行研究。感召力是指领导者吸引被领导者的能力，感召力开发内容包括愿景、特质、企业文化、关系；影响力是指领导者在领导活动中，改变和影响追随者心理与行为的能力，影响力有权力性影响力和非权力性影响力；决策力是指领导者在实际的管理过程中，面对内外部等综合环境和形势，通过识别问题、作出诊断、提出和对比备选方案，并判断或选择某种方案的能力；执行力是综合素质能力的集中体现，强调领导与员工的连通关系，具体是指员工对于领导者的工作设计、战略思维及实施细则的贯彻落实；创造力是指领导者发掘并运用个体的想象力及创新能力去创新的事物、理念或解决问题的能力；责任力是指领导者关注组织内部与外部利益相关者的意愿，并以负责任的核心价值理念全面落实组织价值与企业社会责任。责任力的构成不仅包括领导者自身的责任特质，同时也包括组织责任文化的构建。

复习思考题

1. 什么是授权？授权有什么优势和劣势？
2. 如何理解"决策力"与"执行力"的关系。
3. 简述创造力开发的内容与策略。
4. 简述执行力开发的内容与策略。
5. 简述决策力开发的内容与策略。
6. 简述责任力开发的内容与策略。
7. 论述领导者"以身作则"的意义与方法。

随堂测验

创造力测试

本测试将考察读者创造力水平，请读者在每一个题项后空白处打钩，最后将分数加总，得到最终得分。

题项描述	非常不符合（1分）	比较不符合（2分）	不清楚（3分）	比较符合（4分）	非常符合（5分）
1. 对工作事务有自己独特的、正确的见解					
2. 对问题总有新鲜的解决方法					
3. 能提出有创造性的方法来解决问题					
4. 工作经验丰富，掌握了核心知识或技术					
5. 会寻找新的技术、过程、科技或产品创意					
6. 不害怕承担风险					
7. 将工作变得有趣或有挑战性，增加员工的成就感					
8. 用新鲜的方式激发员工的创造性					
9. 会积极推动新想法、新建议的实施和执行					
10. 会学习和应用新的管理思想和管理方式					

判断标准：

41~50分：高创造力。高创造力是指具有极高的创新能力和创造力的人或事物。这些人或事物通常能够提出新的想法、创意和解决问题的方法，并且在创造新事物方面表现出非凡的才能。高创造力的人通常会思考更深层次的问题，而且能够找到独特的解决方案。

31~40分：较高创造力。较高创造力是指具有一定程度的创新能力和创造力的人或事物。这些人或事物通常能够提出一些新的想法或者创意，并且能够在解决问题的过程中表现出一定的才能。虽然他们的创造力不如高创造力的人那么强，但是他们也能够在一定程度上推动事物的发展。

16~30分：平均创造力。平均创造力是指在创新能力和创造力方面处于中等水平的人或事物。这些人或事物通常能够在解决一些基本问题的过程中表现出一定的才能，但是在面对复杂或者高级的问题时，他们可能会遇到困难。尽管他们的创造力不如高创造力和较高创造力的人那么强，但是他们仍然能够为一些事物的发展作出贡献。

0~15分：较少创造力。较少创造力是指具有较少创新能力和创造力的人或者事物。这些人或事物在面对创新和创造方面通常表现为能力不足。他们可能只能提出一些常规的想法或者解决问题的方法，并且在面对复杂的问题时可能会遇到困难。他们的创造力不如高创造力、较高创造力和平均创造力的人那么强。

案例分析

马斯克是"专家通才"

埃隆·马斯克（Elon Musk）的成功不仅仅在于努力工作、想象未来的能力和永不言败的态度。马斯克是 SpaceX 的 CEO 和首席技术官（chief technology officer, CTO）, Tesla 的联合创始人、CEO 和董事长，OpenAI 的联合创始人，Neuralink 的创始人和 CEO。他的身家为 153 亿美元。这位 45 岁的企业家是如何在如此短的时间内实现这一切的？据报道，他每周工作 85 小时，他为未来创造了一个独特而清晰的愿景，他不会让失败降临到他身上。但同样的情况也适用于在科技行业或任何行业工作的许多人。根据企业家、作家和记者迈克尔·西蒙斯（Michael Simmons）的说法，马斯克成功的关键在于他是一位"专家通才"。

什么是"专家通才"？

美国管理咨询公司贝恩公司董事长奥里特·加迪什（Orit Gadiesh）创造了"专家通才"一词，将其定义为"有能力和好奇心掌握和收集许多不同学科、行业、技能、能力和国家专业知识的人"。

通常认为，专注于一个领域是获得精通的唯一途径。那些在科技行业工作的人应该坚持学习他们所能学到的关于科技的一切，生物学家应该坚持学习他们所能学到的关于生物学的一切。大多数人会建议不要探索多个领域，如谚语所说，"万事通，则无所事事"。然而，我们学到的每一个新领域，对于我们领域的其他人来说都是不熟悉的，都让我们有能力做出他们做不到的组合，这就是"专家通才"的优势。如果从事科技行业，并且了解生物学的最新进展，那么将比竞争对手更具优势。加州大学戴维斯分校的院长 Leith Simonton 于 2000 年对 20 世纪 59 位顶级歌剧作曲家进行研究，该研究指出：最成功的歌剧作曲家的作品往往代表了多种流派。……作曲家能够通过交叉训练避免过多专业知识（过度训练）的僵化。

小时候，马斯克对科幻书籍和电影充满热情。他阅读了所有关于太空旅行和火箭技术的信息。12 岁时，他编写了一个计算机程序来计算火箭的轨迹。14 岁时，他开始用纸和铅笔设计火箭。后来，他说，"……我的建议是不要盲目跟风，应该质疑和挑战现状。在深入了解事物细节之前，确保了解正在尝试做的事情的基本原则，否则可能会在错误的基础上进行构建。"马斯克有一种超乎寻常的能力，可以看穿当前的趋势和状态，看看会发生什么。这种开放性使他能够与他的团队合作。因此，他培养了一种开放的精神，鼓励分享和期待下一个伟大的想法。此外，他还探索各种类型和主题，包括科幻小说、哲学、宗教、传记、科学、工程、产品设计、业务和技术。但仅靠阅读是不够的，你必须掌握"学习迁移"。只有当能够学会将所学的知识转移到自己的领域，如将生物学知识转移到技术领域时，获取众多不同领域的知识才有用。

马斯克与员工

2008 年圣诞节前后，他几乎同时失去了特斯拉和 SpaceX。即使在这些黑暗时期，他仍然表现出无可挑剔的领导能力，激励着他的团队继续前进。SpaceX 前人才招聘负责人多莉·辛格写道，在 2008 年猎鹰一号失踪后，"领导层的失败不仅会在媒体和消费者的眼中摧毁我们，而且会从企业内部摧毁我们。"知道了这一点，马斯克向他的团队发表了一篇鼓舞人心的演讲，描述了他们的使命及尽管遭遇挫折但他们不会放弃的事实。"瞬间，团队成员们从绝望和失败中下定巨大的决心。"他解释道。很明显，失败是马斯克生活中的一股动力——用它来激励团队取得成功。

马斯克发展了一种鼓励工作与生活平衡的工作文化。例如，看到一名员工每周工作90小时，则让他们回家休息；努力在团队成员之间建立信任；讨论期望，向他们展示如何履行职责，教他们如何做这些，并在他们成长为新角色时帮助他们；认可人们所有辛勤的工作；表达感激之情等领导实践，可以让员工感受到领导的赞赏和关注；学习如何成为更有魅力的领导者。

资料来源：https://www.leadershipreview.net/elon-musk-expert-generalist/.

案例思考题：

（1）该案例中马斯克拥有哪些领导力特征？他是如何运用在企业中的？

（2）根据案例总结"专家通才"与"创造力"之间的联系。

即测即练

自学自练  扫描此码

第八章

领导力开发实践

学习目标

掌握驱动领导效能与公司业绩有关的性格、情绪、思维和文化等因素，了解领导力开发实践过程中的障碍，熟练掌握领导力开发的方法。

内容提要

领导力开发实践一方面需要依据领导者品格、情绪管理、决策思维等提高领导的有效性；另一方面需要调动个体能动性，发挥综合效能，提高领导的艺术性。领导继任计划、高潜力发展计划、领导者体验式发展、高管教练与发展、领导团队效能和领袖选拔等开发实践在研究领域具备相当热度，但他们仍然离不开领导力与性格、情绪、思维、战略和文化等根本因素的关系。学习过程中，领导力与情绪、领导力与思维是重点，领导力与文化是难点。

第一节　领导力与性格

一、领导者个性品格

领导力与性格之间存在着密切的关系。个性是指个体的独特性格和特征，它影响着人的信息处理、行事偏好与决策方式。当然，个性也可以影响一个人的领导风格和处事方式。例如，一个具有较强的自信和决断力的人可能更倾向于采用指挥型的领导风格；一个具有同理心和协调能力的人可能更倾向于采用辅导型的领导风格。但在多年的领导者性格调查与开发实践中发现，领导者在很大程度上低估、误解了性格的作用，认为性格是一种固定的、与生俱来和不可改变的特质，而不是可以培养的品质，将性格边缘化，认为它仅与道德有关，而不是将其视为所有判断和决策的基础。因此，领导者通常看不到在自己的组织和文化中嵌入和扩展自身性格的力量。

当我们了解性格的本质及它如何影响我们的判断和选择时，就会发现性格是支持优秀表现的关键因素。缺乏这种判断力可能会导致不当行为和糟糕的决策。在许多引人注目的案例中，技术能力显然很重要，但性格同样重要——无论是大众汽车排放丑闻、乐视贾跃亭回国，还是波音 737Max 悲剧。性格中的妥协倾向可能会导致判断和决策的失败。重要的是要记住，尽管性格有助于道德决策，但它的影响范围要广泛得多。许多领导者将性格简单地视为"好"的因素，其实这是过于狭隘的。性格也对个人幸福感和持续卓越产生重要影响，因此它对组织的各个层面都很重要，而不仅仅是在领导层。科洛桑（Crossan）等通过对 2000 多名高管进行了焦点小组讨论和定量分析，提出领导者 10 个维度的品格框架，同时阐述领导者性格与领导者决策判断的关系，如表 8-1 所示。

表 8-1 领导者个性品格框架

领导判断力	品格维度	品格描述
情境意识	超越（transcendence）	欣赏、启发、有目的、乐观、有创造力、面向未来
认知复杂	驱动（drive）	充满激情、积极进取、结果导向、主动进取、精益求精
善于分析	合作（collaboration）	合作、合议、豁达、灵活、尽责、互联
果断	仁慈（humanity）	体贴、善解人意、大度、宽容
批判性思考者	谦逊（humility）	自我意识、谦虚、反思、好奇、持续学习、尊重、感恩、悲悯
直觉	正直（integrity）	真实、坦诚、透明、有原则、始终如一
有洞察力	自制（temperance）	耐心、冷静、沉着、自制、谨慎
务实	公正（justice）	公平、公正、相称、公平、对社会负责
适应力强	责任（accountability）	承担责任，接受后果，尽职尽责
	勇气（courage）	勇敢、坚定、坚忍、有韧性、自信

资料来源：Crossan M, Ellis C, Crossan C. Towards a Model of Leader Character Development: Insights from Anatomy and Music Therapy[J]. Journal of Leadership and Organizational Studies, 2021, 28(3): 287-305.

科洛桑提出的领导者个性品格框架包含 10 个关键个性品格。

（1）超越。超越是指领导者具备欣赏、启发、有目的、乐观、有创造力和面向未来的特质。这使他们能够看到更远的目标，并激发团队成员的潜力。

（2）驱动。驱动力是指领导者充满激情，积极主动，专注于结果，并不断努力提高。他们的热情和动力可以影响团队成员，推动整个团队朝着目标迈进。

（3）合作。合作是指领导者擅长与他人合作，愿意倾听和接纳不同的意见，以达成共识。他们鼓励团队成员之间的合作和协作，提升团队的凝聚力和效能。

（4）仁慈。仁慈是指关心他人，体谅他们的感受，并展现出宽容和善良的态度。这种仁慈使他们能够建立良好的人际关系，增强团队成员的信任感和忠诚度。

（5）谦逊。谦逊是指领导者具备自我认知，谦虚而善于反思，保持好奇心和学习的态度。他们尊重他人并心怀感激，能够建立良好的工作环境和团队文化。

（6）正直。正直是指领导者诚实、坦诚，保持透明度，坚守原则并始终如一。这种正直和诚信使得团队成员愿意跟随领导者的指导，建立起良好的信任关系。

（7）自制。自制是指领导者能够保持耐心、冷静和自控能力。在充满压力和困难的情况下，他们能够保持冷静的头脑，作出明智的决策。

（8）公正。公正是指领导者能够作出公正的判断和决策，确保每个人都受到平等和公正的对待。公正是领导者的核心品质，公正能够增强团队成员之间的信任和合作关系。

（9）责任。责任是指领导者承担责任并接受相应的后果。责任感强的领导者能够尽职尽责地完成任务，并对团队的成功负责。这种责任感激励着团队成员，使他们更加努力地工作。

（10）勇气。勇气就是敢想敢做，毫不畏惧的气势。领导者需要在困难面前不退缩，失败之后依旧坚持。

总之，领导者的个性品质共同促进领导决策效能的提高。领导者具备优秀的判断力和决策能力，能够看清问题的本质并作出明智的决策。他们的超越能力使他们能够设定远大的目标并激发团队的创造力。驱动力和合作能力使他们能够推动团队向前发展，实现目标。仁慈和谦逊性格使他们能够建立良好的人际关系和团队文化。正直和自制品质确保他们以诚实和冷静的态度面对挑战和压力。公正和责任感使他们能够公平对待每个人，并承担起领导的责任。这些品质相互交织，共同塑造出高效领导者的形象。当领导者具备这些品质时，他们就能够有效地引导团队，作出明智的决策，并实现团队的成功。

二、性格对领导者判断的影响

领导者的性格可能会对其行为产生重要影响，但并不是简单地将其归类为"美德"或"恶习"。领导者的性格特征可能会在不同的情境中产生不同的影响，并且可能会在组织中的不同层面上产生影响。例如，一位非常坚定的领导者可能会在面对困难挑战时取得成功，但是同样的性格特征可能会导致其在处理人际关系时出现问题。领导者的性格特征也可能与其组织文化和组织价值观不相符，导致其在组织中不受欢迎或不被认可。因此，深入了解领导者性格特征及在不同情境下他们可能产生的影响，并且在组织中培养多样化的领导风格以适应不同的情境和挑战是非常重要的。

科洛桑的个性品格框架给出了一个影响领导者判断的性格特质的系统框架。我们在理解这个框架时，除了要注意个性品格维度对领导者判断的作用外，还要考虑各个维度之间的关系。比如，需要考虑到勇气、正义、责任等各个维度之间的相互关系。过度勇气可能会导致鲁莽行为，因此需要通过自制来平衡。正义和责任可以加强勇气，避免退缩。比如，一个有足够自制和仁慈约束的领导者能够在充满挑战的情况下保持适当的勇气，并采取适当的行动。这不是关于减少勇气，而是关于保持平衡，避免过度行动或言语。

与领导者判断紧密结合的个性品格框架有利于领导者培训与开发其人格竞争力。与领导力发展的其他领域不同，除了关注每位领导者独特优势并允许其弥补弱点外，品格发展工作还着眼于可能成为恶习的潜在优势（因为维度是相互作用和补充的），并试图通过加强弱点来恢复领导者个性品格的整体良性状态。良好的个性品格是可以养成的，也可以得到加强，但如果不注意其发展，它也可能萎缩。比如，许多研究表明，随着领导者在组织中的崛起，他们可能变得傲慢自大和缺乏谦逊。

知识链接 8-1

科洛桑等提出强化职业个性与品格的五个阶段。

（1）发现。通过简短的领导者性格回顾和讨论，可以发现自己的潜在优势。例如，在一次会议中，一位高管发现自己的活力水平可能随着时间的推移而减弱，并有意愿强化它。这种认识有助于个人进入下一阶段，并在领导岗位上取得更大的成功。

（2）激活。可以通过提醒、启动和强化来激活角色。有很多方法可以做到这一点：对于一些人来说，可能是设置一个提醒闹钟，或者在早上喝第一杯茶来触发某个性格维度的注意。音乐可能特别有效，研究表明，通过节奏和记忆，音乐可以激活性格维度。例如，人们凭直觉认为音乐可以在锻炼时激活动力，而音乐激励在我们的生活中很普遍。

（3）加强。这就是性格发展对个人和组织都更具挑战性的地方，因为它需要日常练习。借鉴锻炼和习惯养成来预测培养性格所需的条件。请注意，即使个人对发展一种性格行为有强烈的态度，但如果该行为受到同行或文化氛围的影响，效果也可能有限。

（4）连接。这个阶段强化了性格的相互关联性，以及某些维度和行为如何被高估或被低估。人们经常看到勇气和正直的好处（很少看到恶习），但却不了解谦逊（包括悲悯）的力量，它能让人变得真实和坦率，展现正直。缺乏坦率通常与不愿表现出悲悯有关，人们害怕说出来和被他人评判。

（5）坚持。个性品格养成的真正考验是它是否能在压力和不同的环境下保持稳定。例如，带有谦逊色彩的悲悯意味着当你需要变得悲悯和脆弱时，你可以感到那种不适或恐惧。维持品格意味着领导者可以在需要时调用任何方面的品格，而不是你一直在锻炼它，而性格总是在发展的，无论是好是坏。例如，时间压力往往会考验自制，而自制已成为大多数高管性格中最薄弱的方面。对你要成为的领导者有了更深刻的洞察力和更清晰的认识，你就可以作出有助于加强而不是削弱性格的选择。

资料来源：Crossan M, Ellis C, Crossan C. Towards a model of leader character development: insights from anatomy and music therapy[J]. Journal of Leadership and Organizational Studies, 2021, 28(3): 287-305.

第二节　领导力与情绪

一、成为高情商领导者

情商对于任何领域的社交和心理能力都是必不可少的，而情绪会影响个人、团队和组织的健康。高情商的企业领导者可以在许多层面上改善其组织的健康状况。在愿景导向和工作意义构建变得越来越重要的组织中，特别强调精神联系和同理心，而情商提高了身心与精神联系起来的能力。

情商是成功的核心属性。具有自我意识、富有同情心、能够读懂他人、能够体验和控制强烈情绪的领导者比缺乏这些品质的领导者更容易成功，尽管后者可能具有更高的智力。有些人天生就具有高度的情绪管理和人际交往能力，情感天赋对领导效能有非常好的促进作用。但对我们其他人来说，关键在于，那些没有天生情绪管理和社交技能的人可以学习情商吗？回答是肯定的，尽管教授和学习这套技能的方法存在较大争论。情商不仅是生理性的，也是心理性的，其功能来源在于我们大脑最古老部分——脑干。情绪甚至可能在出生前就存在了，并随着生命发展起来，是我们个性的源泉和生存本能。定义情商的自我意识、自我控制、洞察力和同理心都植根于这些核心本能。创伤会对自我意识和生存本能造成障碍，但通过重新连接、唤醒这些核心本能，情绪能力是有可能治愈的。

情绪智商领导力是一种可以终身学习和培养的技能。通过勇敢面对与他人交往时犯的错误并吸取教训，我们可以不断试验，不断提高情绪智商，成为高情绪智商的领导者。使错误成为我们的导师，提高我们管理他人和自己的能力。有时候通过情绪智商导师的榜样学习情绪智商领导力是一种更快的方法，他们愿意公开自己的经历，讲述真实的故事。教育工作者认为，没有比跟随我们信任和崇敬的人的榜样更有效的学习或教学方法了。以下是可以使一个人在情感上得到发展，并成为一名高情商领导者的若干建议。

（一）自省反思

每天反思，调整核心直觉，并连接自己的思想与感觉。通过减缓节奏，我们能够学会理解我们的身体不断通过身体和情感的反馈传达给我们的信息。身体的感知和肢体语言是非语言的，需要我们花费时间和精力去理解它们。当反思的重点是内在发现时，可以通过祈祷或冥想来实现放慢速度，调整我们的感受和感觉。如果生活压力很大，那么这一点尤其重要。压力大的生活方式会激活大脑内的内啡肽，导致人们产生一种类似于药物的虚假幸福感，同时实际上会降低他们对感受和需求的认识，甚至削弱他们的生存本能。我们需要了解最紧迫的问题和更深层次的价值观，并意识到自身无法作出明智决策，尤其是在缺乏信息或不准确时。

请用身体和情绪来表达您的想法，同时也用您的想法来表现您的感受。然而，身体的非语言信息很可能被压制，导致无法听到自己的声音。未解决的创伤也可能对生活产生影响，导致惊恐、愤怒及身体疾病。与此同时，通过保持想法、说话和行动与感受的联系，能够将核心智慧带入决策和行动中。高情商的领导者在决策过程中结合理性思考和直觉判断，因此可以更全面地收集数据。这有助于他们更有效地沟通，作出更明智的决策。

（二）倾听交流

真正的倾听，能让人感到被理解。这需要一种能够让别人感到被理解的倾听，还涉及整合信息的能力和本能。领导者通过增加对自己内心感受的认识和对他人体验的敏感度，会更快作出明智和充分知情的决策。练习非语言交流，促进良好的沟通，尤其是与高压力和倦怠的人进行的沟通，几乎完全是非语言的。需要注意的是，一个真正优秀领导者必须懂得如何与客户或员工进行眼神交流、微笑、安慰，以及以温和的方式交流。

我们都记得很多冷漠的、公事公办的、不顾他人感受的沟通事例。情感接触（其中大部分是非语言的）能够减轻身体和情感上的创伤，而缺乏情感接触会使情况变得更糟。高情商的领导者与自己和他人的非语言交流保持一致，可以传输和接收远远超出文字范围的信息，进入治疗领域。

（三）培养同理心

同理心是理解他人的观点和感受的能力。同理心可以让你安全地考虑自己的想法、感受和价值观，从而在不忽视自己需求的情况下了解不同的观点。如果缺乏同理心，会在很多交流中引发冲突。此外，如果能够成功地理解他人的观点和感受，就会更容易了解他们的需求，并满足这些需求。人们通常更忠诚于那些努力理解他们的人，愿意为他们更努力地工作。对他人感受、需求和关注表现出兴趣，会产生更深层次的满足感，员工也会感受到领导者真正关心他们的幸福。

（四）控制情绪

通过理性探索内在情感，可以让我们学会控制情绪。领导者应该拥有良好的情绪控制能力。控制情绪并不是压抑或忽略它们，而是有意识地决定何时及如何表达情绪。即使是领导者，也会有消极的情绪，如愤怒或悲伤。有时，他们也会有想大喊大叫或哭泣的冲动，但通过情绪意识，可以避免不适当的行为。通过适度地表达情绪，并将过往情感与现实情感分开，他们可以避免把问题或冲突过于"个人化"，从而避免对身体造成压力。正是因为勇敢面对情感，这些领导者才可以更好地控制自己，避免因情绪过于激动而影响工作效率。

（五）把握机会

将挑战视为独特的机会，以独特的方式应对它们。情商与下意识是截然相反的，情商决策在很大程度上不是基于规则的，而是基于混合头脑/智力（任务是什么？它有多重要？现在需要什么？）和内心/本能（我的直觉是什么？告诉我这个决定的影响？我对所有相关人员的长期后果有什么看法？我认为在我思考问题的方式中可能遗漏了什么？）。高情商的领导者将注意力集中在当下，对正在发生的事情作出反应。他们不会用假设或"可以/应该"的思维过程来扰乱他们的注意力。每个情况都是独特的，因此也应该有独特的回应，以增强灵活性、适应性，并让自己保持冷静。然而，尽管存在统一的管理原则和好的实践，每个人的情况仍然需要独特的个人回应。真正的领导者不是完美主义者，而是通过每天的挑战不断扩大人性教育的人。领导者不应该固执己见，拒绝让步或谈判，否则不太可能与他人长期融洽相处。

（六）相互依存

高情商的领导者明白他人对其个人和职业幸福的影响，并敢于承认这种责任。他们不是孤单的领导，而是欣赏他人对自己的帮助。相互依存并不是纠缠或情感上的依赖，而对他人贡献的真正赏识。被他人认可和赏识是产生忠诚度和自我意识的强大动力。当工作人员工作效率高时，我们的工作也更容易完成。目前组织普遍存在的一个主要问题是，有更多的工作需要完成，而没有足够的人去完成它们。许多员工感到压力巨大且无所适从。高情商的领导者明白，认可和真诚的赏识可以减轻压力。良好的人际关系可以平衡压力，激发人们的最佳潜力。通过让员工知道领导者了解和认可他们工作方式来与员工建立联系，如拨打电话沟通、花时间倾听，既可以相互依存又不会失去权威或尊重，同时还减轻压力。

总之，情商能带来健康的专注状态、坚定不移的能力，使领导者能够长期保持领导地位。情商是本能和智慧的结合。我们天生具有与智力一起发展的感觉和本能。未解决的创伤限制了我们与直觉联系的能力，也限制了我们理性思考的能力。那些思想和身体相互对立的文化条件也会扰乱情商。但因为情商是学习和本能资源的产物，我们永远不会真正失去它，所以它总是可以提高的。学习情商的人会发现自己可以放慢脚步，更深地呼吸，专注于我们的身体，识别核心本能，并通过勇敢和开放的途径通往其他心灵来治愈我们的创伤。通过这种方式，我们使用情商为他人和我们自己创造更健康、更令人满意和有意义的生活。

二、提升情绪控制力

情绪控制是领导者成功管理员工必备的领导技能。员工会以领导者作为行事榜样，特别是在动荡和变革时期，领导者需要表现出冷静、理性的态度。具有较强的情绪控制能力的领导者，通常被认为是更受欢迎、具有更高道德，并且积极为组织利益工作的。情绪控制不是压抑所有情绪，而是在特定情境下有意识地选择合适的情绪，避免表现出极端或消极情绪。情绪控制对于帮助困难员工和组织变革非常重要，同时也关系到长期健康。一些人天生具有控制情绪的能力，随着练习也可以提高这项能力。

（一）理解情绪的价值

控制情绪与压抑情绪不同。领导者应该知道情绪在组织中具有重要作用。他们可以以积极的方式创造新的情况和事件。领导者可以通过对个人行为产生积极影响来表现对他们的信心。严重压抑自己情绪的领导者工作满意度低，更有可能离开组织，并对直接下属的工作产生负面影响。但在压力大的时候，领导者可能表现出的情绪并不积极，包括焦虑、愤怒、沮丧或生气等。这是领导者必须小心的地方。

（二）管理好消极情绪

领导者在组织变革期间表现出的高度忧虑、压力和分心可能引起员工的警惕。在解决冲突时表达愤怒会降低双方和解的可能性。总是在压力下"崩溃"的领导者会让所有员工都感到不舒服和低效。在表达消极情绪前，考虑一下这会向员工传递什么信息，以及是否会带来积极和有成效的结果。领导者应该避免出现高压情况及减少与引发消极情绪的人的接触。对于领导者来说，缺席会议和避免与员工交流是不行的，被迫参与或与遭受挫折者一起工作会增加领导者的消极情绪。领导者应该在面临可能产生负面情绪前做好准备。通过深呼吸，记住自己的目标和准备应对可能出现的压力或冲突。做好准备的领导者通常能更好地处理即将发生的事情，并不容易以愤怒或沮丧的方式回应。

领导的消极情绪的短暂爆发会对员工产生持久影响。尽管表达负面情绪可能带来短暂的解脱感，但员工在组织变革时期会向领导寻求指导，而领导的任何信息（包括行为）都可能被员工用来当作对自己未来的假设。此外，领导者对于维护组织文化也至关重要。表现出愤怒或挫败感的领导可能会营造出压力环境，在这样的环境中，员工容易因害怕受到责备而不敢表达想法，也可能导致员工之间缺乏耐心和尊重。因此，领导应该将自己视为榜样，了解自己的行为，这对员工来说也很重要。

（三）掌握情绪控制技巧

1. 放慢速度

避免情绪爆发的有效策略是暂时退后一步，在应对压力事件之前给自己留一点时间，考虑自己的反应。即使是很短的时间，也可以让领导者克服冲动，反思自己的反应会对员工产生什么影响，并做出适当的回应。这个短暂的停顿使领导者有时间考虑他们需要了解的所有信息。在处理员工之间的冲突时尤其重要。沉着冷静的领导者可以客观地考虑争论的各个方面，以解决问题的态度而不是情绪化的态度回应。虽然养成暂停的习惯可能不容易，但领导者可以在非压力或冲突的情况下开始实践，如在与员工的会议或沟通中。随着时间的推移，这种行为将成为一种习惯，成为领导者对任何情况的自然反应。

2. 主动

情绪调节和控制策略有多种选择。避免冲突等被动方法不适合领导者日常活动。领导者要考虑采用更积极的情绪控制方法，例如，分心于其他工作任务，寻找安静时间处理情绪，或和其他员工交流。适合领导者的策略取决于工作场所、当前情况和个性。多尝试几种方法，直到找到一种始终可以控制工作情绪的方法。

3. 正念练习

正念练习是获得情绪控制的有效方法之一，特别适合处于压力下的领导者。它通过冥想课程，提高对自己和环境的意识和关注度，以非评判性的方式处理情绪，来避免压抑情绪而产生负面影响，并避免对员工的抨击。相关研究发现，正念练习可增强情绪调节，并与一系列情绪和身体健康结果相关。正念练习很简单，只需每天花 5 分钟专注于呼吸，让思绪自然流过，在结束一天之前让自己冷静下来。

三、领导者安全感

领导者的情绪和他们的安全感是密切相关的。当领导者有足够的安全感时，他们会有更好的领导能力和关系。然而，研究表明在日常工作生活中增强领导者的安全感是困难的。依恋安全增强模型认为，领导者通过与互动合作伙伴建立的关系来管理其焦虑和回避，并逐渐增强他们的安全感。人际过程的主要结果是依恋安全性。通过协调依恋安全增强模型中的保护性过程和长期过程，可以增加安全感。长期过程涉及改变个体对自己和他人的心理模型，从而增强依恋安全性。领导者可以通过培养自身更强大自信的经历，减少对他人的依赖，增加内在的价值感，并消除焦虑的想法、感受和期望。与合作伙伴建立积极和（最终）亲密关系的经历，减少保护性人际防御的需要，减少不信任，并消除回避的想法、感受和期望。

当领导者极度缺乏安全感或过度自信且无法承认自己的错误时，低情商就会成为一个特殊的问题。根据 2000 年后期在诺基亚工作的高管和经理的说法，恐惧和恐吓文化使诺基亚失去了在手机市场的优势。高级领导者向经理们施压，要求他们在不透露竞争对手威胁程度的情况下工作，并惩罚任何持不同意见的人。员工们害怕传达坏消息，包括公司的手机战略失败。结果，随着智能手机取代了使诺基亚繁荣发展的旧技术，该公司最终无法跟上发展的步伐。而卓越的领导者通过展示"内心平静的修炼"来应对外界，获得成功——这是一种任何人都可以通过拥抱自我意识、情商和正念来培养的技巧。

第三节　领导力与思维

一、领导者的成长思维

预测一家企业是否能取得成功的第一大因素不是市场条件、筹集的资本风险和知名投资者，而是其领导者的成长心态。即使市场条件非常有利，如果缺乏成长心态，扩展业务也将是一个艰难痛苦的过程。一家成功的公司通常由一位拥抱成长心态、摒弃固定心态的领导者领导。这就是为什么一家公司的成功与领导者是否采用了成长心态，放弃了固定心态有关。

成长心态和固定心态之间的主要区别在于成长心态是一种态度和信念，认为人们有能力发展自己的才能、能力、智力和情商。这基本上意味着相信成功来自克服挑战的不懈努力。具有成长心态的领导者往往更关注过程，而不仅仅是结果。因为具有成长心态的领导者更有可能营造一个鼓励学习和发展的环境。成长心态的领导者相信通过努力和经验能够发展能力和智力，他们更愿意接受新的思想和观点，更愿意授权和指导团队成员，也更有恢复力面对挑战和挫折，更愿意把这些看作学习和成长的机会。这种心态可以传染给团队成员，创造一个积极和富有成效的工作环境。而固定心态则是认为人的基本素质，如智力和才能，是无法改变或发展的。固定型思维模式的领导者极端注重结果，如果结果失败了，那么他们会认为所有的努力都白费了，而不是认识到学习和成长的机会。他们不太可能冒险，不太可能从错误中学习，也不太可能授权团队成员。因此，固定型思维模式和成长型思维模式对公司的影响值得更深入地探究。

固定心态会伤害领导者的底线和领导力。以固定思维方式领导公司的高管会营造一种恐惧文化。每当出现问题时，具有固定心态的领导者会立即将这种情况解释为失败，并责备他人。领导者甚至可能会解雇或更换被指责的人。这是因为他们不相信一个人可以提高他们解决问题的技能。有时还会看到领导者介入解决问题，因为他们不信任其他人。具有这种固定思维模式的领导者会发现自己陷入阻碍业务增长的压力环境中。例如，一种恐惧文化，他们的团队害怕冒险、创新或表达想法；他们害怕犯任何错误，他们害怕被视为无能；一个没有动力的团队，没有充分发挥他们的潜力，也没有扩大他们的潜力；不断地"救火"或微观管理他们的团队，这常常导致每个人都变得过度劳累、精疲力竭和压力重重。这种环境培养了一种防御性的、相互指责的文化，在这种文化中，人们更多地投入到保护自己的安全上，而不是共同努力发展公司。当公司文化表现出这些特征时，在最坏的情况下，扩大规模几乎是不可能的。充其量，扩大规模成为一条充满戏剧性、消极情绪、沟通不畅和压力的道路。

成长心态培养团队才能。采用成长心态的领导者将成倍地发挥团队的潜力，并营造一种健康的问责文化，从而推动业务增长。具有成长心态的领导者即使在危机时期，也会为他们的团队看到机会。他们不会蜷缩在角落里，认为所有的努力都白费了，他们也不想责怪任何人。相反，他们会尽一切努力加速团队的成长，以克服任何业务挑战。

领导者如何创造和培养成长心态？最高效的现代领导者都拥有成长型思维模式，能够跟上瞬息万变的数字世界的需求。以下是可以采用的一些实践和信念，为领导者自身和所在的团队创造和培养成长心态。

1. 拥抱变化

最有效的现代领导者接受这样一个事实，即我们生活在一个瞬息万变的数字世界。通过拥抱变化而不是害怕或抵制变化，他们让自己准备好推动有意义的变化——这意味着无论是改变自己、他们的团队、他们组织的系统和结构，还是改变他们的业务方向和愿景。

2. 强化自我意识

在我们改变和成长之前，需要先了解我们的起点。我们自己的局限、动机和情绪状态是什么？凭借领导者的自我意识，可以更好地作出有影响力的决策并探索发展业务的机会，帮助确定领导者及其所在的团队找到更多成长的领域。

3. 颠覆自己

领导者一旦有了自我意识，他就准备好颠覆自己了。领导者需要在别人或自己做事情之前先颠覆自己。如果变化来自其他来源，如颠覆性技术的采用，领导者会发现自己很难赶上和适应；但如果你成为推动创新的人，那你就是游戏规则的改变者。建议自省询问这些问题，以养成打破自我、为改变做好准备并培养成长心态的习惯：生活中的哪些习惯、做法和常规需要稍微改变一下？是否在做过去成功但现在不再有效的事情？是否将宝贵的时间花在了非生产性活动上？是否需要改变、限制或结束与对自身产生负面影响的人的关系？通过有意识地努力颠覆自己，你会播下改变的种子，这将反映在你以成长心态培养团队的能力上。

4. 承认并奖励从失败中学习的价值

在经营企业时，失败是不可避免的。能从错误中吸取教训的领导者能够不断突破自身和团队成长的界限。在组织中营造一种将失败视为学习的文化也很重要，这样团队将在被鼓励中成长并承担创新风险。

5. 关注过程

成长心态的一个关键部分是关注过程，而不仅仅是结果。没有哪个团队或公司会在100%确定的时间内完美执行，有时会出现结果不符合预期的情况。通过专注于流程，领导者将发展团队以实现持续的边际执行改进。

6. 练习毅力

一棵橡树不会在一夜之间长成，成长的果实需要时间，所以坚持是关键。学会克服失败，将障碍视为挑战，并在困难的情况下坚持不懈，这将使领导者能够带领团队实现更有影响力的目标。

二、领导者的韧性思维

韧性是人类经历逆境、挫折和创伤后，从中恢复过来，从而过上充实生活的能力。有韧性的领导者有能力在压力下维持他们的能量水平，以应对破坏性的变化和做好适应工作。他们从挫折中振作起来，还克服了重大困难，而不会表现出功能失调的行为或伤害他人。韧性思维是高绩效领导者的一个重要特征。领导者必须在自己身上培养它，才能得到进步和茁壮成长。

（一）提高抗压韧性

2022年凤凰网发布一篇《深圳老板，涌入精神科》，通过列举多个企业家的心路历程，揭示了心理健康和韧性思维的重要性。领导者肩负着帮助保护自身及团队能量的责任，只有当个人和团队恢复高能量水平时，领导力才能持续。

一个普遍的误解是，更加努力地工作是应对管理压力的最佳方式，认为延长工作时间和同时处理多项任务是提高工作效率的有效方法。然而，从压力研究中可以发现，给自己施加更多压力并不总是会提高绩效，逼自己太紧只会导致过度劳累和倦怠。当危机、行业动荡、社会转变或工作场所带来压力时，要专注于培养领导者的韧性，从障碍和挫折中提升能力。

太大的压力会导致思维狭隘，并增加推理错误的可能性。它还会启动身体的压力反应，释放大量化学物质和荷尔蒙。在当今充满不确定性和动荡的管理世界中，领导者应确定过大的压力来源和身体反应的自我感知，努力建立个人弹韧能力储备，并通过一定的方法来培养领导者的应变和弹韧能力。

1. 重构情境

作为领导者，建立韧性最有用的工具之一是重构情境。了解是什么触发了自己的压力感对领导者是有帮助的。当你的直觉让你觉得自己负担过重、受到威胁或陷入冲突时，请考虑用其他方式来描述这种情况。在不确定或困难的情况下进行领导时，积极的自我对话非常强大。重构需要从不同的角度审视一种情况，并询问还可能发生什么。例如，如果一位有价值的员工辞职，那么您可能会关注损失，或者您可以选择将其重新定义为雇用新人才的机会。您可以问自己一些基本问题："这种情况有什么好处？"和"我对这种情况的解释可能遗漏了什么？"我们的许多计划都可以通过提供机会重新思考处境及考虑对处境和应对方式的不同观点来帮助领导者提高适应力。

2. 增加睡眠

保证充足的睡眠可以让你成为一个更有效率的领导者，但许多处于领导地位的人仍然愿意牺牲一些睡眠时间来完成更多的工作。然而，睡眠至关重要，因为它可以让大脑从接受新输入到编码、处理和整合当天的经历，以备将来使用。睡眠是作为领导者建立复原力的内在生物来源，但许多人并未充分利用睡眠。充足的睡眠可以提高注意力和创造力。如果你无法获得所需的东西，请在白天休息一下以恢复活力。尝试小睡一下、散步、做瑜伽或休息一下来正念冥想。这些做法是将注意力从手头的具体情况转移开，让思想有机会摆脱压力的想法，帮助领导者培养应变能力。

3. 探索积极力量

积极性有助于人们从挫折中恢复过来。积极性是一个广泛的术语，涵盖了许多积极的情绪，包括爱、快乐、欣赏、希望、平静和娱乐。研究人员发现，当人们处于积极的心态时，他们的思维比处于消极的心态时更广泛。所以，在任何情况下都要寻找好的一面。品味你的快乐和积极的感觉，让它们持久。做到这一点的一种方法是保留一份感恩日记，记下你每天最感激的3～5件事。给予感谢实际上会让你成为更好的领导者。积极的情绪可以作为你在工作中面对逆境时可以储备的韧性来源。

4. 增强专注力与提高授权

当一项任务变得压力重重时，寻找组织和简化工作的方法。有效的策略包括定义角色和明确期望、管理项目进度及在截止日期前完成任务。集中注意力可以减轻任务完成之前或其间的压力；更多授权，可以减少任务处理。在日程安排中安排时间充电，放弃不重要、不紧急的工作或将这些任务委托给其他人。代替这项工作，做一些能激发你的灵感并让你恢复精力的事情。将重要且最复杂的工作在一天中最早做。不要认为耐力是无限的。

5. 重新定义工作与生活平衡

保持生活中各个方面之间的平衡很困难。需求和兴趣会随着时间的推移而变化，在某一时刻感觉平衡的东西很快就会过时。如果你的生活围绕着你是谁和你看重什么，你会感到平衡，即使有时候领导者不得不对任务活动的轻重缓急排序。

6. 成为持续学习者

读、收听播客，学习新技能，获得新理解，并在压力和变化时期应用这些课程。许多经理拒绝学习新的工作方法，并坚持旧的行为和技能，即使这些行为不再奏效。有了可靠的计划、培训、反馈、反思和必要的课程修正，领导者才能够精神坚韧，然后领导和激励团队。

（二）提高生活韧性

领导者不仅在工作中需要韧性，在个人生活中也需要韧性。拥有这种内在力量有助于应对生活可能给你带来的一切变化，如离婚、财产损失、疾病和意想不到的变化。作为领导者，建立韧性可以让自己有力量反弹并保持最佳状态。

韧性也是一种能力，它使得个体能够快速地从变化、困难或不幸中恢复过来。韧性也是成功领导的关键因素，无论是在个人目标和幸福的追求上，还是在带领他人渡过难关、缓解压力和应对不确定性环境的能力上，有弹性的领导者倾向于在压力下保持情绪平衡和镇定，不会因为自己的紧张和焦虑而影响他人，能够容忍不确定性并随时适应新情况，能冷静而优雅地处理错误或挫折。此外，他们会正确看待压力大的经历，不纠缠于它们，并投资于自己的身心健康。在困难时，他们会传达信心和稳定性，并获得应对情绪超负荷所需的支持。

没有韧性，在面对挫折时会发现恢复速度较慢，尤其是在动荡的环境中。阻碍韧性发展的原因包括难以拒绝请求，难以确定优先级；艰难谈话或冲突后反复思考，导致压力状态；没有意识到自己已经变得过度投入；在竞争激烈的环境中工作，不断地采取行动而牺牲了定期反思；缺乏对工作或承担任务的控制；为了坚强而牺牲了同理心；被认为是不切实际的乐观态度；过于依赖自力更生而不相信他人；仅依靠现有优势而不发展新技能。通过认识这些阻碍因素，人们可以着手解决它们，并发展韧性，以应对生活中的挑战。

（三）促进组织韧性

在不确定时期，领导者提高组织韧性和长期企业价值的一个方法是通过节俭创新来提高综合股东回报，因为它能创造反周期性和非周期性的收入。可持续创新成功的关键取决于若干种实践，如根据当前业务的生存能力重新设定愿景，选择平衡的短期与长期创新组合，差异化价值主张和进入邻接领域的方法，随变化而进化的业务模式，努力扩大外部合作伙伴等。当稀缺心态占据上风或逆势成长时，要相信我们在危机期间的丰富创造力和韧性。当员工利用他们内在的独创性和同情心，能够从根本上彻底改造公司产品、供应链和商业模式时，要使其变得更好。而领导者应该要求员工实践节俭创新——巧妙简化和重新利用现有产品和资产以服务于更高目标的敏捷管理。在新冠疫情发生的时候，我们已经看到了有多个工厂转向制造呼吸机，如比亚迪利用他们的工厂生产口罩等防护品。在这种高度不确定时期，公司必须谨慎平衡旨在降低成本的短期创新和潜在的突破性投资。对设计和流程的"革新"可以节省资金，帮助为创新的长期投资提供资金，从而创造增长盈利的途径。例如，当一家消费品公司发现自己没有达到其增长和利润目标，但又缺乏投资新产品的资金时，一个跨职能团队会为近期和长期产品制定路线图。在四个月内，评估了包装优化和配方合理化等降低成本的速效方案，以及转向可持续包装和全新产品的突破方案，分析其财务影响和执行可行性。渐进式创新带来的成本降低，使公司有资金，公司将其重新投资于长期创新增长，同时大幅缩短了产品开发时间。

将可持续性重新定义为创造性的韧性，可持续性和企业责任是不可或缺的优先事项。最具可持续性的公司是那些在不断变化的环境中不断适应和进步，同时又坚定不移地忠于其核心价值观的公司。就像一棵竹子，这些灵活的企业深深植根于他们的基本价值观，因此他们可以在最强的风中挺立，尽管会弯曲但永远不会被折断。研究表明，从长远来看，将社会和环境可持续性地置于短期货币收益之上的公司在财务上比追求利润的企业高出 40%。首席执行官可以利用当前的危机，通过成为 B 型公司（一种利用商业力量解决社会和生态问题的营利性公司），将可持续性融入其组织的 DNA 中。

三、领导者的创业创新思维

创业创新思维不仅仅适用于创立公司或革新，也包含适应性、反脆弱和解决方案导向。创业创新思维有助于领导者识别机会并采取行动，利用有限信息作出决策，并在不确定和复杂的条件下保持适应性和弹性以创造价值。创业创新比创立公司的内涵更大，对创业创新精神的需要存在于我们的整个社会中，而不仅仅存在于风险投资支持的初创企业中。

1. 导向

作为领导者，首先应该以解决方案为导向。创业创新思维是具有弹性、具有足够智慧和思考能力、以解决方案为导向的。拥有这些思维的人是终身的学习者，他们充满好奇心和创造力，并且是批判性思考者。他们以自我为导向，以行动为导向，高度参与，对消极的事件有乐观的解释，并将问题视为潜在的机会。他们不仅关注他人，而且通过为他人解决问题来为他人创造价值。他们将自己置于一个积极影响和批判性指导的有意义的社区中。创业创新思维的人认为，追求和坚持某件事会带来意想不到的机会。

2. 适应性

作为领导者，适应性是至关重要的。创业者的心态是拥抱变化，因此我们需要双元型领导者，这些领导者既有管理者的能力，又有企业家的精神。当面对变化时，创业思维的领导者会密切关注公司的使命，并能够在需要时转变为管理者，在需要时又可以成为企业家，灵活应对变化。作为领导者，我们需要具备这样的能力，来应对不断变化的市场和环境。

3. 反脆弱性

作为领导者，反脆弱性是一种关键的创业思维。这意味着在面对变化时，能够保持信心并将其视为机会而非威胁。反脆弱性包括四个部分：心态（培养积极乐观的心态，面对不确定性保持开放和灵活）、头脑（发展系统性和全局性的思维，洞察复杂性）、手艺（掌握各种实用技能，使自己能够应对各种可能的情况）和社群（建立关系网络，团队合作,互帮互助）。领导者应该保持积极的心态，在变化发生时理解其重要性并制定行动计划。仅仅了解应该做什么是不够的，领导者还需要拥有将头脑中的知识转化为实际行动的能力。此外，领导者还需要建立一个能够提供资源支持的社群。最终，领导者需要在组织的各个层面培养反脆弱性和创业思维，以应对面临的挑战。

4. 创新设计思维

如今许多公司都有创新嫉妒症。他们渴望像苹果的 iPad 一样创造出一种游戏，或者像微信一样创造出一个全新的品类。许多公司努力创新——他们投入研发，带来创意设计师，聘请创新顾问，但却得到了令人失望的结果。马丁（Martin）在《商业设计》一书中，提供了一个有说服力和具有挑战性的答案：我们过于独立地依赖分析思维，只会细化当前的知识，只能对现状进行小幅改进。为了创新和获胜，公司需要设计思维，这种思维来源于知识如何从一个阶段转移到另一个阶段——从神秘（我们无法解释的东西）到启发式（指导我们找到解决方案的经验法则），到算法（一个可预测的公式，用于产生答案），到代码（当公式变得可预测时，可以完全自动化）。随着知识在不同阶段推进，生产率增长，成本下降——为公司创造了巨大的价值。马丁在书中展示了顶尖公司，如宝洁、马戏团等如何使用设计思维来推动知识在以上不同阶段中转移，从而创造出突破性创新和竞争优势。

四、领导者的批判思维

有效的领导意识不仅仅是在危机中抵制自己做事情的冲动，更重要的是通过获得有关危机的第一手资料来进行批判性思考。在高度复杂的情况下，领导者将依赖他人收集更多信息以作出最佳决策。为此，领导者需要通过"多个传感器"或团队成员的观点来了解事物的全貌。领导者考虑过所有的变量吗？因为情况通常比眼前所呈现的要多，更为复杂，所以依靠他人让你有机会看到可能改变你决定的因素。

领导者身边往往都是才华横溢的员工，领导者甚至可能相信这些员工在危机中能够作出有效反应，但当信息不能证实先前的观点时，领导者仍然不会听取员工的意见。我们更愿意倾听支持我们决定的意见，这就是普遍存在的确认偏见。当只有一个人提出异议时，领导者就更难听取异议，并采取必要的步骤来思考并向前迈进。

为了防止确认偏差渗透到决策中，鼓励领导者与团队成员从各个角度检视决策场景，特别注意那些与他们自己的观点相矛盾或具有挑战性的观点。在极少数情况下，组织链条顶端的人可以完全看到一切。如果在决策之前听取了更多的声音，高级领导者就可以获得更广泛信息并学习处理这些信息的有效方法。

知识链接 8-2

针对某公司拳头产品做 VAVE 的成本改进。公司特别从采购部、销售部、市场部、技术部和售后服务部各抽调两名工程师，由市场部经理作为组长，用时 3 天共同讨论改进方案，最后将方案报公司管理层以获落地实施。根据前期的市场部、销售部和售后部的 97 份调查问卷做了相关整理：占 4 成的改进举措是为方便设备检修，去除外围盖板，使内部部件可以有更多的检修空间；主要的举措占比为 25%，增加入口进油的报警上限，以避免冷油时的频繁报警。后面改进举措还有七八项，占比较少。经过一天的讨论和改进方案总结，去除盖板的这项举措被否决了。原因是市场部经理于上周拜访了 2 个客户，均认为我司设备外形漂亮，因此给予高度评价。但在项目组员中只有来自销售部的 1 人同意此说法，而其他的几个同事均反馈从不同的客户得到过反馈：由于产品设计紧凑，非常不好检修，所以大部分时间都是将盖板拆掉运行的。这个设备本身就是工器具，其最重要的价值是实用和方便检修。但最终市场部经理作为项目组长，也只是采纳了 1 名销售同事和 2 个客户的意见：设备外观使公司产品更有竞争力。最后的报告也只是建议在其他方面做了改善，而调查最高的选项，只作为"后续可能改进举措"被公司管理层通过。

由于该公司的管理层不到一线，不听取真正的客户声音。因此在决策中，出现了严重的确认偏见。

五、领导者的复杂思维

许多领导者发现，之前管用的做法,在新环境里可能就不管用了。这是因为不同的环境需要不同的应对方法。在处理问题之前,领导者需要判断现在是什么环境，然后采取合适的行动。斯诺登（Snowden）和伯尼（Boone）提出了一个新的领导决策方法，叫作肯尼芬（Cynefin）框架。它把问题分成五种环境。

（1）简单环境。局势稳定，原因和结果很明显。正确的答案通常一目了然。在这种"已知已知"的环境里，领导者先要评估事实，然后分类和应对。

（2）复杂环境。可能有多个正确答案，虽然原因结果存在，但不是所有人都看得清。这属于"已知未知"。领导者需要先感知、分析，然后应对。

（3）混沌环境。大部分商业运作都属于这种"未知未知"的情况。正确答案无法直接找到,领导者需要通过试错来找到方向。先探索，再感知，然后应对。

（4）失控环境。原因结果难以确定,处于不断变化中。像"9·11"这类事件属于"不可知"。领导者需要先行动以确立秩序，找到相对稳定的着力点，然后把情况从失控带向复杂。

（5）完全混乱环境。当判断不出主导环境时就会出现混乱。可以先把问题分解，其次再判断每个部分属于上面四种类型中的哪一种，然后因势应对。

简单、复杂和混乱的环境都需要不同的管理响应，学会改变他们的决策风格以适应不断变化的商业环境。通过正确识别管理环境，深入了解其中的微妙之处和模糊性，时刻注意危险信号并避免不当反应，管理者可以在各种情况下有效地领导。一种关键策略是开放讨论，并在团队成员之间培养互动沟通。大型团体方法（LGMs），如"正面偏差"可以在这方面发挥作用，因为它允许人们讨论组织内已经在运作的解决方案。这种方法可以帮助领导者制定和执行复杂的决策和策略。此外，设定边界和障碍可以帮助系统自我调节，而激励条件可以提供结构和连贯性。例如，eBay 制定了一组简单的规则，参与者必须遵循，如按时付款，快速交付货物，以及全面披露货物状况。参与者通过对彼此行为质量进行评级来自我监督。

鼓励异质性和不同意见也是复杂领域中领导者的重要策略。异质性和正式辩论是有价值的沟通资产，因为它们鼓励出现经过精心锻炼的模式和思想。例如，"仪式异议"方法是指平行团队在大型集体会议环境中解决相同问题。每个团队任命一名发言人，从该团队的桌子走到另一个团队的桌子上。发言人向第二组展示第一组的结论，而第二组静静地听着。然后发言人转过身去背对第二组，第二组不择手段地抨击演讲，而发言人静静地听着。每个团队的发言人依次访问其他桌子。会议结束时，所有的想法都已经被精心剖析和磨炼。轮流静静地听取，帮助每个人理解认真倾听、坦诚沟通和不将批评看作个人问题的价值。

管理起始条件和监测新事物的出现也是复杂环境中的重要因素。因为复杂环境中的结果是不可预测的，所以领导者需要关注创造一个良好事物可能出现的环境，而不是试图实现预定的结果以致可能错过意外出现的机会。例如，3M 多年前规定其研究人员可以花 15%的时间在任何感兴趣的项目上，产生了"便笺"这一超级成功的产品。

总之，在复杂领域中有效领导需要结合多种策略，如培养互动沟通、设定边界和障碍、刺激吸引、鼓励异质性和不同意见，以及管理起始条件和监测新事物的出现。这些策略可以帮助领导者在复杂领域中应对模糊性和不确定性，并最终制定和执行有效的决策和策略。

第四节　领导力与战略

一、领导者的战略角色

无论是团队未能实现其销售目标，还是招牌产品面临召回，作为领导者都有责任在出现问题时作出响应。一种常见的本能是将日常职责搁置一旁，卷起袖子，让自己沉浸在运营细节中。领导者开始可能会质疑团队成员并仔细检查他们的工作，就好像这是自己的工作一样。这种控制局面并试图修复问题的自然冲动似乎是一种明智的领导方式。但可能导致的问题多于它解决的问题。当领导者表现得好像他们是唯一能够解决某事的人时，这可能会成为整个组织的问题，因为他们没有专注于战略，而是在做别人的工作。干涉的领导者也会向他们的团队发出信号，表明他们的意见不受欢迎——而且可能不会被考虑——这会削弱积极性。领导者不应接受，而应表现出克制，并考虑他们的行为和决定如何广泛影响公司。

任何组织的高级领导者的责任都是着眼于大局，而不是陷入战术流程的泥潭。然而，在危机中，许多领导者会感到一种想要冲破当前具体困境的冲动，尤其是那些新晋升的领导者。正是在这里，领导者可能认为他们正在解决问题。然而，一旦你接管了执行的任何部分，你就退出了你的战略角色。你的技能、时间和注意力都集中在其他人的工作上，所以你在错误地分配资源。如果销售团队在一周内失去了两个主要客户，直觉可能会告诉领导者要大声疾呼并设法吸引他们回来。但是，任命一位了解销售团队、具有向上管理和沟通技能的营销人员，将使领导者的注意力集中在客户流失如何影响业务的其他部分上。更糟糕的是，领导者如果坚持自己做每件事，就剥夺了团队证明他们有能力完成工作的机会。当领导者处于权威地位时，有责任信任你团队中的每个人，不能表现得好像你是唯一可以解决问题的人一样，无视他们的知识和专长。如果你过于频繁地介入"解决"问题，你的团队文化也很快会恶化。

二、领导者的核心价值观

领导者自身核心价值是公司愿景的指南针。作为经营企业和管理团队的领导者，要有远见，这对公司的成功至关重要。领导者应该将自身的核心价值观作为信号，指引生活或事业的前进方向。领导者的价值观应该成为愿景不可或缺的一部分，随着业务的发展，激发其意义并铺平道路。那些认为自己的公司缺乏目标的领导者要么没有意识到他们的核心价值观，要么是二者不一致。

核心价值观决定了领导者战略决策的优先事项。作出感觉正确的决定通常涉及领导者的道德原则、精神和战略思维。一个正确的核心价值观系统可以使领导者在当前特定场景、特定情况下设置最有价值的优先级，还可以快速消除任何不符合清单的内容，而无须进一步思考或试图在脑海中证明另一种方式。

价值观会赋予领导者目标感和满足感。当领导者的行为符合自己的核心价值观时，表明领导者是一个行事正直并在事业和生活中都有独特目标的人。只要领导者愿意向内看并发现它，就可以知道并在这个世界上有明确的意图。传达真实的领导力意味着通过行动连贯地支持领导者的核心价值观，领导者将这种强大的振动传递给所有追随者。致力于成为最好的自己意味着勇于挑战自己，并知道您为自己和他人所做的一切都是目标驱动的，因此也是核心价值驱动的。

三、数字素养助力战略决策

基于数据的决策能够帮助领导者超越个人的经验与局限。当今企业竞争面临更为动态和多元化市场，企业早就不能按照线性思维来进行战略决策。企业和领导者的决策需要结合大数据和 AI 等新技术，拓展传统决策边界。比如，希音（Shein）潮流女装采取大数据挖掘消费者偏好，借助搜索趋势预测需求变化。通过抖音达人带货获取流量。打造从用户到管理的消费者到企业（customer to business，C2B）模式，利用共享用户数据来指导设计管理与生产。极致化小单快返，发展三千多家供应商。最终产品策略突破价格、周期与品类不可兼得的矛盾，获得行业高效发展。因此，领导者开发实践需要纳入数据素养的发展，以革新决策机制，提高战略决策水平。

什么是数据素养？麻省理工学院教授凯瑟琳·迪吉纳齐奥（Catherine Dígnazio）等在一篇论文中将数据素养描述为能够读取数据，了解数据是什么，以及它代表的世界；处理数据，包括创建、获取、清理和管理数据；分析数据，包括过滤、排序、聚合、比较和对其执行其他分析操作；与数据争论，使用数据来支持更大的叙述，旨在向特定受众传达某些信息或故事。

现代领导技能应包括相信数据来指导决策，以及知道何时质疑结果。领导者很难相信数据，因为他们虽然擅长决策，但往往依赖直觉，并且越是经验丰富的领导者，其隐含偏好和直觉越强烈。要求领导者放弃一些决策权并接受数据分析的指引是很困难的。但是，将判断力和直觉与数据洞察相结合，可以使领导者变得更强大，尤其是在愈加多元和分裂的市场环境中。领导者不一定参与数据的创建或分析，但他们经常根据分析结论作出决策。从数据素养的角度来看，领导者的目标应该是，怎样才能成为组织数据快速而有效的消费者？

领导者还负责在其组织中建立数据素养。重要的步骤包括定义数据素养对公司和不同角色的意义，建立数据素养技能的基线。围绕使用数据和定义成功建立好奇心文化。数据素养要求最高领导者承诺不仅要真正学习数据处理、分析和争论相关的语言，还要以易于理解、可使用的方式使用这些语言，以便组织中的每个人都能参与进来，形成基于数据决策的企业文化。对于公司多个品类产品是否适销，决策者往往充满不确定感，任何具有长久销售经验的专家对鉴别真需求和伪需求也无迹可循。例如，元气森林的总经理彬森曾经面对 100 多个产品线下铺货的选择困境，采取网上精准分发，小规模实验测试，淘汰伪需求品类，剩下元气森林、元气奶茶、燃茶和满分果汁四个真需求产品。为了建立敏捷和倾听市场需求的公司，从传统经验决策方式进化为直觉与数据洞察混合决策方式，显得愈加重要。

提升数据素养需要亲力亲为、持续不断的努力。这不是完成一次培训课程的问题，而是思维方式的根本转变，改变领导者的决策方式需要时间，但使用系统化的改变方法会更快更容易。如果将数据素养视为培训和复选框，那么将浪费你的时间和金钱，也会浪费组织资源和时间。通过数据创造新的商业价值并定义数据素养对领导者及其组织意味着什么，应该成为该过程的一部分。这是对长期学习和改变的承诺。

虽然阅读企业案例是了解数据计划内容的好方法，但读者很难理解数据和数据语言，书本知识永远不能上升为能力，除非你去使用它。数据是一种非常活跃的概念。尽管谈论数据质量可能含糊不清，但尝试使用或修复不良数据集可以帮助领导者理解其重要性，以及克服挑战面对的困难，成为公司数据的精明消费者。与此同时，需要领导者能够评估数据并在适当的时候持怀疑态度。领导者应牢记以下几点。

（1）在显示数据之前，请考虑自己希望看到的内容。那样的话，你所期望的和实际出现的之间的对比就会突然出现在你面前，这通常会快速突出数据报告中最相关的部分。这是一个值得培养的习惯，你会通过练习变得更好。

（2）数据是不确定的。数据总是存在一定程度的不确定性。一些数据和对答案的强烈渴望并不能确保可以从给定的数据中提取出合理的答案。领导者需要忍受这种不确定性，或要求他们的团队获取更多数据以提供更多信息并减少不确定性。

（3）使用"常识"测试。如果领导者要根据一项数据分析作出重要决定，请尽力让另一个团队根据另一个数据集进行分析，交叉验证能检验它是否指向同一个方向。

（4）不要混淆因果关系和相关性。每当领导者查看某些因素正在推动某些结果的分析时，请始终尝试弄清楚其中有多少是相关的，有多少是因果关系。领导者很少经过系统的科学训练，对相关性和因果关系缺乏直观感受。因此，他们应该与管理团队一起集思广益，看看还有什么原因可以解释这种所谓的因果关系。

第五节　领导力与文化

一、信任文化

信任是员工参与投入的关键驱动因素。高度信任可以提高员工的工作积极性，并营造出一个更加高效和人性化的工作环境，使员工感到安全和受到尊重。研究证实，领导者信任员工，员工的工作积极性会提高 260%，缺勤率降低 41%，寻找另一份工作的可能性降低 50%；研究还发现，大约 1/4 的员工不信任他们的雇主。与此同时，大多数雇主将员工的信任度高估了近 40%。缺乏信任感是一个巨大且具有破坏性的问题，影响员工的敬业度，用系统建立信任是解决问题的关键。如果有一种简单可靠的方法来衡量、预测和管理信任，管理人员就能够知道旨在增强信任的行动是否真的有效。

在这个新的工作时代，躺平、倦怠和远程混合等因素对工作影响越来越大，我们如何才能建立信任？

1. 重视长期关系

作为领导者，我们应该重视长期关系，因为信任需要长期积累。在作出决策时，不应该只考虑短期利益，而应该考虑这些决策会对他人未来对我们的看法产生什么影响。信守承诺，让团队成员能够信任你，相信你会兑现自己的诺言是非常关键的，哪怕是长期许诺。避免作出不能兑现的承诺，并始终努力去实现达成的协议。

2. 应该诚实

作为领导者，我们应该诚实，不应该有不诚实的行为。说谎是破坏信任的最快方法之一，因此我们应该永远说实话，即使这很困难，也不应该让别人有机会说谎。承认错误是领导行为中非常重要的一部分。避免逃避责任或寻找借口，坦诚相待。如果你做错了，就应该勇敢地承认错误，并采取措施来纠正。这将让你看起来更人性化，让团队成员更信任你。承认错误也是诚实的一部分，并且可以帮助你在未来的领导中更好地避免错误。另外，坦诚地表达自己的情绪并表达一些感受有助于建立信任。因为这表明你在乎，而且你也是一个人，也有脆弱的一面。

3. 有效沟通

作为领导者，有效沟通是至关重要的。信任是建立在沟通基础上的，如果沟通不畅，很容易破坏信任。因此，我们应该尽最大努力以不给误解留下余地的方式进行交流。如果在谈话中不确定某事，我们应该提出问题来澄清。对于有效的沟通，倾听与说话同样重要。我们应该确保给其他人说话的机会。如果我们真诚地倾听，这将表明我们关心他们。作为一名领导者，我们应该敞开心扉，坦诚地表达自己的情绪和感受，这可以帮助团队建立信任关系。另外，及时给予反馈是建立信任关系的重要因素。在工作中给予及时的反馈可以让员工知道他们的工作是否符合组织的预期，并且可以让他们知道哪里可以改进。领导者应该对员工的工作进行定期评估，并给予反馈，这样员工会有更多的机会改进自己的工作。此外，领导者应该对员工的贡献进行表扬，这样可以提高员工的工作积极性和自信心。

4. 公平透明

作为领导者，公平地对待每个员工是非常重要的。这意味着对所有员工都进行平等的对待，不管他们的职位、经验和能力。这样可以让员工有信心，知道他们会得到公平的对待，增强他们对公司的忠诚度。此外，公平还意味着领导者应该公正地处理员工之间的纠纷，以便找到最佳的解决方案。作为一个领导者，透明度是至关重要的，领导者应该公开和透明地做事。这意味着领导者应该向员工公开信息，让员工了解公司的战略和计划，让员工了解公司的目标。领导者应该明确解释你所做的事情，以及为什么采取这种做法。这样做能够让大多数人理解你的决策和行动。在领导过程中，不应该为自己保守秘密或囤积信息，而是应该与团队分享所需的信息。与你建立信任关系的人通常是你团队中应该与之合作的人，因此，与他们分享成功所需的信息是至关重要的。

5. 乐于助人

作为领导者，乐于助人是一种重要的行为。如果可能的话，值得信赖的领导者会竭尽全力帮助团队成员。他们不是因为某些利益目的，也不是因为希望得到回报，而是因为他们是真正的好人。例如，当一位团队成员面临工作压力时，领导者可以提供帮助或者向经理提出申请，帮助团队成员完成工作。此外，向新员工提供指导和建议也是领导者的责任。总之，领导者应该是一位乐于助人的人，只有这样才能帮助团队成员更好地完成工作并取得成功。

向员工展示关心是非常必要的。这不仅能增强员工对你的信任，而且能提高团队凝聚力。具体来说，记住同事孩子的名字，问问他们周末过得怎么样等小细节都是很好的开始。与那些不关心除了自己之外的人相比，友善的领导者更容易获得员工的信任。因此，像记住和说出某人的名字这样简单的事情也能表明你在乎他们。

6. 坚持做正确的事

作为领导者，应该坚持做正确的事情，因为这是获得尊重和信任的关键。虽然有些上司可能喜欢那些总是同意他们观点的人，但最好的领导者应该重视团队成员的见解和意见。不要为了取悦某人或追求成功而牺牲自己的价值观和信仰，因为这会失去他人的信任。

二、心理安全文化

领导者和普通人一样，要么害怕自己的团队会失败，要么认为团队中某个人没有能力处理职责任务，要么领导者没有建立问责制。在高度复杂的工作场景下，领导者将依赖他人收集更多信息以作出最佳决策。虽然大多数公司没有系统训练和模拟来提升团队效能，但领导者可以通过为团队创造心理安全的机会来学习和分享惨痛的教训实现同样的目标。领导者应经常为团队成员提供练习新技能的机会，允许试错，并提供坦率的反馈。

虽然每个职位都有其职责和界限，但领导者应始终了解团队成员可以权衡并找到创新解决方案的方式。这可能意味着放弃部分权力，为团队成员提供决策和学习的自主权。例如，当向团队成员介绍一项新技能时，领导者不应急于下达指示，而应先询问个人将如何处理，以鼓励成员自主地解决问题。目标是训练团队成员"自主行走"。团队也采用演习后的"行动回顾"，让参与者讨论在行动的每一步中哪些是有效的，哪些是错误的。让每个团队成员都作出贡献，以便从多个角度评估成功和不足。当学习和反馈融入团队文化时，当困难问题浮出水面时，员工会准备好承担更多责任。因此，领导者将不再感到自己有责任解决团队的所有问题。团队成员有机会在任务中建立信心和技能，最终可以减轻领导者的负担。

当团队成员可以公开辩论和讨论不一致的观点时，创新就会蓬勃发展。问题是如何让他们说出自己的想法，尤其是当这意味着挑战他们的领导或公认的专家时。一些管理专家认为，让人们畅所欲言的最佳方式是营造心理安全感。哈佛大学教授埃德蒙森（Edmondson）将这种氛围描述为"人们感到被接受并乐于分享疑虑和错误，而不用担心尴尬或报复"。

心理安全感有利于建立学习文化并培养好奇心。领导者应确保营造一种奖励好奇心的环境，而不是惩罚不足或错误的环境。如果团队存在一种恐惧文化，而不是持续学习改进和探索的文化，那么人们会感到羞愧。因此，必须有一种基于心理安全的持续学习文化，好奇心才会得到回报。如果工作绩效显示出一些负面信息，员工也不一定会被惩罚，而是让员工面对负面绩效的残酷事实并从中吸取教训。如果惩罚是第一反应，那么人们会试图隐藏绩效或操纵指标。这是心理安全文化的另一个方面。

三、创新安全诚实文化

组织内部创新是企业价值实现和韧性提升的关键。组织成员可以安全地提出异议并不是确保健康辩论的唯一重要因素，领导者还需要营造创新与诚实文化。诚实是尊重事实本身规律，回归真实，不受偏见、不相关信息和其他信念影响来解决问题。对创新者及其团队的研究发现，心理安全和诚实（说出自己真实想法）之间可能存在一种很少有人意识到的紧张关系，即在这种安全诚实文化中，团队成员会以理性和建设性的方式主动表达他们的想法和分歧。这显著提高了团队的创新能力，尤其是提高了突破性创新的能力，因为它释放了团队成员的创新能力。

要做到创新中的诚实，需要处理好两种类型的冲突：任务冲突和关系冲突。任务冲突是指团队成员对工作内容或构想有不同意见，进而导致激烈的辩论；关系冲突是指人际之间的矛盾，包括互相不喜欢、人身攻击等，并且伴随着挫折、愤怒、烦恼等情绪。特定情境下的任务冲突对团队有积极的影响，而关系冲突通常只会降低个体满意度并损害工作绩效，并且这种负面影响具有扩散性，会影响整个团队的氛围。例如，当某人说话或做事的方式让人感到被拒绝时，就会出现关系冲突，这是有害的。当团队成员以公正、理性的方式追求真理而不是争夺地位时，智力探究取代了倡导。要做到平衡发展团队心理安全和诚实文化，领导者需要做到以下几点。

（一）培养情商

情商是将心理安全与智力诚实结合起来的黏合剂。领导者需要情商来创造一种环境，让团队成员能够自如地表达自己的想法，并因此而受到重视。情商包括四个主要要素：自我意识（对自己情绪的意识）、自我管理（调节情绪）、社会意识（同理心和了解他人观点的能力）和关系管理（发现共同点的能力，并建立融洽关系）。领导者不仅需要精通这四个方面，而且在社会意识和关系管理中对于不破坏心理安全的情况下鼓励辩论尤为重要。能够以同理心倾听、看到他人的观点并通过找到共同目标化解冲突的领导者更有可能在保持安全的同时诚实。他们可以进行自我反省，谦逊，用幽默来缓解紧张的情况，并告诉人们他们被重视。

（二）雇用和培养积极主动的员工

正如除非团队成员具有情商，否则团队不太可能建立心理安全感一样，除非成员积极主动，否则他们不太可能建立智力上的诚实。研究表明，个人主动性是预测某人是否会提出想法或提出问题的最重要的个人特征，它的重要性是心理安全的两倍多。因此，应雇用积极主动并愿意挑战彼此想法的人。创造一种敏捷文化，领导者被鼓励利用最佳信息迅速作出决策，即使只有部分信息，并在出现新信息时也会迅速迭代。大量互联网公司的做法是作出错误的决定，立即采取行动并学习如何解决它，而不是一开始就等着做决定。

（三）合法化并鼓励诚实

诚实的主要障碍之一是它存在风险。事实上，当员工对组织的实践或流程提出问题或疑虑时，他们会得到更差的绩效评估和不被信任。团队成员可能需要确信他们不会因为诚实而受到惩罚。组织可以通过合法化和鼓励诚实的管理原则或流程来应对这一挑战。对冲突研究的结论是：团队内部的任务冲突会导致更多的创业策略、更多的创新和更高的绩效。

（四）服从于统一的目标

人们在追求自己关心的目标时，更愿意表达自己的意见。确保诚实的同时，员工对团队或组织使命的参与度和责任感比心理安全更重要。如果不同意一个想法，需要提供错误原因的证据，并向同事传达信任和任务承诺。以尊重的态度对待不同意见的能力是确保诚实并保持心理安全的关键。

领导者常常过分乐观，以为只要创造出一种心理安全的文化，就能促使知识分子诚实与学习创新。但心理安全与诚实有时会冲突。领导者面临的挑战是在保证心理安全的前提下，促进团队坦诚地讨论问题，解决人际冲突。平衡心理安全与诚实有助于提高绩效。领导者可以先放下自尊，邀请团队成员审视自己的想法、诚实。让揭露偏见或错误成为寻求最佳答案的过程，团队成员会更倾向于敞开心扉。这种诚实（坦白而不粗暴）是团队创新需要的关键因素。

四、DEI 文化

DEI 是多元化、公平性和包容性（diversity, equity and inclusion）的缩写。它是一种管理和组织原则，旨在推动建立包容性和公平性的工作环境，使每个人都能充分参与组织活动并发挥其潜力。多元化指的是在组织内部促进各种背景、特点和经验的人员的多样性。这包括但不限于性别、种族、民族、性取向、宗教、年龄、残疾状况和文化背景。通过招聘和留住具有不同背景和经历的员工，组织能够获得更广泛的视角和创新思维。公平性是确保每个人在工作环境中都能平等地获得机会、资源和待遇的原则。这意味着消除不公正的制度、政策和偏见，并积极采取措施以解决不平等现象。公平性关注的是平等对待所有员工，并照顾到他们的不同需求和背景。包容性是创建一个能够接纳和欣赏每个人的工作环境。包容性的目标是确保每个员工都感受到被尊重和重视，无论其背景如何。通过培养文化和氛围，鼓励员工发表意见、参与决策并展示他们真实的自我，组织可以增进员工的参与感和归属感。

近年来，DEI 文化成为促进组织实现公平与健康的工作环境、提高创新力、竞争力及长期业务成功的关键因素。在"Z世代"（也被称为千禧一代，是指出生于1997年至2012年之间的人群，是继"Y世代"之后的一代人。他们是数字技术和社交媒体的原生用户，成长在一个全面数字化和互联网普及的时代）。员工占据了劳动力结构的重要地位，而面临多样文化挑战、快速回应市场需求的全球化经济，组织更加需要实施改革。这时DEI文化和管理实践成为时代主流的背景。DEI文化建设能够促进公正劳动力环境和业务目标的完成，不仅包括努力的举措，而且还需要真正实现公平结果。

中国企业在近年来逐渐关注DEI问题，认识到其对企业的重要性和益处，但是相对于其他国家和地区，中国企业的DEI实践仍然处于初步阶段。一些领先的企业已经开始制定并实施DEI战略，但仍然存在对DEI文化不够重视、文化障碍和缺乏法律法规支持等问题。中国企业在DEI上的变化表现为提高劳动力多样性、改善包容性工作氛围和实现工作身份平等。新趋势包括企业开始更加关注DEI的重要性，并通过内部政策和活动来提高DEI水平，以促进创新、提高竞争力和长期业务的成功。例如，人们越来越认识到能够将"真实的自我"带到工作中。此外，客户、员工、供应商和社会现在对企业实现DEI计划提出了更高的要求，并希望看到现实的成果。

组织在推动DEI进步方面需要做好几个方面的工作。

首先，强调DEI活动和公平的结果的重要性。根据德勤2023年全球人力资本趋势调查，23%的组织通过遵守合规标准来衡量多元化承诺的进展情况，这可能偏重于活动，而不是活动的影响。例如，针对特定身份群体的指导计划和执行这些计划的结果会让特定身份群体有留下的意愿和产生公平的看法。

其次，重视解决个人问题和系统问题。通常组织会先关注个人范围内的多元化、平等、包容（DEI）培训，如解决专业问题、无意识偏见、包容行为等。但只依靠个人培训并不能改变结构性偏见，需要系统性解决组织内的制度障碍和承认组织是更大文化和社会体系的一部分。

再次，组织应关注特殊群体，而不是仅以报告进展或结果为中心。很多组织不会收集有关DEI的数据，因为其缺乏操作性的见解，仅仅关注劳动力的代表性（即多样性）。如果数据被汇总，可能难以显示特定身份群体所面临的公平挑战。比如，组织经常跟踪员工的内部流动，但很少分析申请内部职位的次数，可能暴露不同身份群体在获得内部机会方面的不平等性。

最后，整合DEI目标与其他业务目标。企业将社会价值视为业务成果的一部分，而不是独立存在的。以社会价值的差异化作用为重点的组织可以通过提高声誉、创新、市场估值、运营效率、风险缓解和人才成果来实现自身价值和竞争优势。研究表明，多元化包容性的组织与创新和利润等核心业务目标有关。然而，根据德勤2023年全球人力资本趋势调查，只有15%（多元化）和30%（包容性）的受访者表示他们的组织将多元化和包容性的进步（有助于实现公平的结果）与提高盈利能力或生产力等业务成果联系起来。公平的结果应该被视为业务成果，而不应该与业务分开。高级管理人员应该与DEI领导者合作，考虑实施系统性变革。虽然超过90%的CEO已将DEI纳入其战略重点和目标，但要实现公平的目标，还需要采取大胆的行动。

本章小结

本章我们探讨了领导力开发与性格、情绪、战略、思维和文化的关系。某些个性维度与决策判断效能息息相关，领导力开发的目的是提升个性对决断力的促进。情商、不安全感和消极情绪控制是提升领导力的必要条件。领导力开发有关的成长思维、韧性思维、批判性思维、复杂思维和创业思维，对于应对当前领导情境十分必要。领导者的战略角色、价值观驱动和数字素养，对领导者战略决策能力培养大有帮助。领导者亟待强化信任、心理安全、诚实和DEI文化四个方面。

复习思考题

1. 什么是韧性，提升领导者韧性需要从哪些方面入手？
2. 控制消极情绪有哪些技巧？
3. 什么是DEI文化？为什么领导者需要关注DEI文化？
4. 提高领导者数字素养和能力的手段包括哪些？
5. 如何成为高情商领导者？

随堂测验

你能成为一位好领导吗？

领导及管理能力是经营管理技能的一个重要方面，它关系到公司运行的效率及公司的效益。那么，你是一位好的领导吗？你的管理能力如何？

请首先回答下列问题，再对照答案进行判断。

1. 在以下三种职业中，你最喜欢哪种？
   A. 做某个组织的发言人
   B. 做某个团体的领导人
   C. 做一支军队的指挥官

2. 你认为授权下级有何好处？
   A. 有利于提高员工个人能力
   B. 可以让上级领导集中精力于高层管理
   C. 减轻上级领导的工作负担

3. 当你准备作出一项与下属员工的工作密切相关的决定时，是否会征求他们的意见？
   A. 是的，我一贯重视员工的意见
   B. 不，我认为管理者有权作决定
   C. 不一定，这要取决于我是否有时间

4. 当你授权给下级时，给他们多大权限？
   A. 希望他们先斩后奏
   B. 每次做重要决定时都要征求你的意见
   C. 自行决定是否要征求你的意见

5. 你希望下属参与制订工作计划吗？
   A. 不，因为他们会劝我降低指标的
   B. 是的，因为这样才能使他们发挥积极性，真正全心全力地完成工作
   C. 有时候，但重大项目除外

6. 如果某位下属在完成一项艰巨任务过程中表现出色，你会如何做？
   A. 立即向他表示祝贺
   B. 不加评论，避免他趁机要求加薪
   C. 遇到他时顺便表扬几句

7. 如果某位一向表现很佳的员工突然业绩下降，你会如何做？
   A. 尽快找他促膝谈心，找出问题所在
   B. 态度强硬地逼他改正
   C. 让人事部门去调查原因

8. 如果你将向全体下属宣布一项重要的新措施，你会如何做？
   A. 发一份简报，将新措施方案刊载在其中
   B. 安排一名助手去向大家解释
   C. 召开一次专门会议，向每位下属详细地解释新方案

9. 如果某位下属因未获提升而情绪低落，你会如何做？
   A. 告诉他那个职位本来就不适合他
   B. 教他改进的方法，以便在下一次提升时脱颖而出
   C. 劝他别伤心，告诉他谁都会有挫折

10. 如果你对某位下属提出的过激方案不感兴趣，你会如何做？
    A. 指出这个方案的缺陷，同时鼓励他重新考虑新方案
    B. 告诉他这个方案不合时宜，成本太高，不能实施
    C. 表示你将认真考虑他的意见，随后丢进档案柜不再理会

【评分标准】

选项	1	2	3	4	5	6	7	8	9	10
A	0	0	10	5	0	10	10	5	0	10
B	10	5	0	0	10	0	0	0	10	5
C	5	10	5	10	5	5	5	10	5	0

分数总计：

【测试结果】

80～100 分，你将是一位出色的领导者，你善于调动员工的积极性，善于合适地授权下级，使公司运行具有较高效率，也使你的公司具有较强的竞争力。

55～75 分，你能正确认识经营管理者的职责，不过还不够大胆，不能充分信任员工，你还需学习和训练。

25～50 分，你过于保守，束缚着下属的发展。你不仅需要参加各种培训和学习各类方法，还应增加自信及对别人的信心。

0~20分，你根本不适合做经营管理工作，你很难是一名领导者。

资料来源：https://www.doc88.com/p-1921755338865.html.

案例分析

元 气 森 林

"年轻人喜欢什么样的饮料？或者说，我喜欢喝什么？"鹿角自问道。

鹿角是一家饮料公司的新员工，公司成立不久，这是她作为新人接手的第一个方案。"好喝的，好看的，喝完不会变胖的。"她和团队伙伴一同写下。

5年后，鹿角所在的饮料公司产品销量过亿，公司估值达到60亿美元，当初仅存在于设想中的饮料早已走向市场。在街头巷尾的便利店，你都能看见它——元气森林。

鹿角刚进入公司时，元气森林仍处于初创阶段。在第一款产品燃茶诞生之前，元气森林更换了两拨员工，他们都是饮料行业的资深从业者。然而，专业性带来的条条框框在一定程度上成了某种束缚。当时，元气森林的某款新产品因不符合团队预期被全部销毁，还未上线就已夭折。

"没人看好，更谈不上融资。"对一家初创企业来说，这样的打击不言而喻。

迷茫之后，是一轮新的思考。这条路看不到头，那就自己开辟条路。"老板（唐彬森）对我说，不要管商业模式，不要计算成本，就做你自己想做的。"就这样，初涉饮料行业的新人鹿角带领着几名更年轻的伙伴，抱着"做自己喜欢的、想喝的、看着好看的"产品初衷，从燃茶到0糖0脂0卡的气泡水，再到乳茶，一步一步为元气森林闯出了一条新路。

也许是机缘巧合，元气森林的初创产品团队全由女性员工构成。"公司迈出的第一步离不开女孩们。在消费领域产品研发中，有时更需要女性细腻的视角。"鹿角说。燃茶就是这样，来源于一次女性共情。

"90后""00后"热衷"佛系养生"并不是互联网上的一句自嘲。随着健康意识觉醒，年轻消费者开始冷落高糖的碳酸饮料，转而追求无负担的"轻饮"。但在大多数人的认知中，饮料"好喝"与"健康"似乎不可兼得。

鹿角团队的女孩们喜欢甜食，爱喝饮料，却时常担心发福。焦虑背后，大家发现了新的机会——当消费者的需求发生了改变，那就做一款饮料迎合这一变化——怕胖，那就减掉脂肪和卡路里；嗜甜，那就用天然代糖（赤藓糖醇）取代白砂糖。"0糖0脂0卡"不仅意味着减重减脂、抗氧化，更能缓解一些消费者，尤其是年轻女孩喝饮料的"焦虑感"。

鹿角还提到了自己的一点"小心思"。在元气森林苏打气泡水研发过程中，她正处于孕期。初为人母，鹿角小心翼翼，对平时的一饮一食、一菜一饭更加敏感。"我们的气泡水能不能做到零防腐剂？"从元气森林第一瓶苏打气泡水开始尝试，到现在配料表中已看不到苯甲酸钠、山梨酸钾的名字。

这是鹿角的加减法，减去饮料配料表中的烦琐，于细微处增加对消费者的关怀。

"带着爱和善意去做产品，可能会遇到困难，但坚持下去，我相信会有好的收获。"

鹿角感叹道。

除了"她力量"，鹿角还特别强调年轻人的重要性。她说："一般的公司不会轻易让年轻人做决策，但是元气森林一开始就打算做'别人家的公司'，让年轻人做决策。给年轻人机会，年轻的公司才有机会。"

据鹿角介绍，元气森林的团队大多由"90后""00后"组成，他们热爱生活，关注细节，爱好美食，对吃喝有研究。团队中一些人虽是饮料行业的新兵，却在互联网公司积累了丰富的经验。当他们把互联网"效益高、产品好、用户体验好"的行业精髓带来元气森林，"传统做饮料"的思路就此改变。

当燃茶面世后，元气森林官方微博很快上线。全网感谢、全网表情包……元气森林误打误撞地又开辟了一条新路——社交平台。传统快消行业与消费者的主要接触点都是在KTV、超市、货架上。商家单方面输出，用户单方面购买，两者之间的交流只有广告和物料。元气森林则通过社交媒体精准获取用户体验，建立起品牌与用户之间最短的沟通链路。

"年轻人更喜欢和用户交流。"鹿角说，"大家关注什么，我们就去看什么。用户的评论、反馈、建议、满意度都是元气森林关注的重点。"在团队初创期，元气森林官微都是由产品经理、设计师兼职运营的。"没有套路和人设，只是用最简单、最直接的方式，真诚地和屏幕对面的你聊天，倾听你的意见。"直至今天，元气森林的多款产品迭代都来自用户反馈。

除了消费后的反馈体验，鹿角还惊喜地发现，元气森林已成为年轻用户人生场景中的一部分。不管是一段旅行、一个午后，还是一场考试、一次约会，都不难见到元气森林的身影，品牌与消费者达成了情感上的链接。

"商业或许有成功的准则，但其本质都是基于对人的尊重。"鹿角说，"年轻人就是未来，正是因为相信年轻人，相信创新的力量，元气森林为用户带来了健康的好产品；因为相信年轻人，相信他们的反馈和需求，让我们可以为新消费的发展作出自己的一份贡献。"

这是鹿角的加减法。她减去了经验主义的古板，为元气森林注入了年轻的力量。

资料来源：展示女性细腻的视角：元气森林鹿角的加减法.福布斯，2022.3.

案例思考题：

1. 领导者价值观、文化和情感是如何成为公司与消费者之间的纽带，影响公司商业决策的？

2. 领导力如何促进公司的敏捷团队建设？

3. 在竞争日益加剧的情况下，领导力开发会遇到哪些新的挑战？

即测即练

自学自练　　扫描此码

参 考 文 献

[1] 泰勒. 科学管理原理[M]. 上海：上海科学技术出版社, 1982.

[2] 刘泽华. 中国古代政治思想史[M]. 天津：南开大学出版社, 1992.

[3] 彼得·圣吉. 第五项修炼：学习型组织的艺术与实务[M]. 上海：上海三联书店, 1997.

[4] 卢盛忠. 管理心理学[M]. 杭州：浙江教育出版社, 2006.

[5] 袁凌, 吴文华, 熊勇清. 组织行为学[M]. 北京：高等教育出版社, 2015.

[6] 袁凌, 雷辉, 刘朝. 组织行为学[M]. 北京：中国人民大学出版社, 2014.

[7] 徐世勇. 组织行为学[M]. 北京：中国人民大学出版社, 2015.

[8] 李雪峰. 中国管理学：融通古今的管理智慧[M]. 北京：中国人民大学出版社, 2005.

[9] 斯蒂芬·罗宾斯, 蒂莫西·贾奇. 组织行为学 [M]. 北京：中国人民大学出版社, 2016.

[10] 袁秋菊, 高慧. 组织行为学[M]. 重庆：重庆大学出版社, 2018.

[11] 陈国海. 组织行为学 [M]. 北京：清华大学出版社, 2018.

[12] 张德. 组织行为学 [M]. 北京：高等教育出版社, 2019.

[13] 赵春蕾, 王亚玲. 组织行为学 [M]. 北京：电子工业出版社, 2019.

[14] 龙立荣. 组织行为学[M]. 大连：东北财经大学出版社, 2019.

[15] 段万春. 组织行为学[M]. 重庆：重庆大学出版社, 2020.

[16] 高文阳, 李伟, 林伟鹏. 潜变化分数模型在组织行为学追踪研究中的应用[J]. 中国人力资源开发, 2021, 38(11): 6–25.

[17] 彼德·康戴夫. 冲突事务管理：理论与实践[M]. 北京：世界图书出版公司, 1998.

[18] 查尔斯·E. 贝克. 管理沟通：理论与实践的交融[M]. 北京：中国人民大学出版社, 2003.

[19] 大卫·布坎南, 安德杰·赫钦斯盖 .组织行为学[M]. 北京：经济管理出版社, 2011.

[20] 里基·W. 格里芬, 唐宁玉, 格利高里·摩海德. 组织行为学[M]. 北京：中国市场出版社, 2010.

[21] 史蒂文·麦克沙恩, 玛丽·安·冯·格里诺. 组织行为学[M]. 北京：机械工业出版社, 2012.

[22] 张静, 孙慧轩. 群体行为的研究现状与展望[J]. 北京邮电大学学报(社会科学版), 2016, 18(3): 91-98.

[23] 胡丽君, 唐春勇. 组织行为学[M]. 武汉：武汉理工大学出版社, 2010.

[24] 任浩, 陶向京, 何太平, 等. 企业集团组织设计[M]. 上海：学林出版社, 2005.

[25] 王璞. 组织结构设计咨询实务[M]. 北京：中信出版社, 2003.

[26] 孙耀吾, 祁顺生, 陈立勇, 等. 管理学教程[M]. 长沙：湖南大学出版社, 2007.

[27] 孙成志, 朱艳. 组织行为学[M]. 大连：东北财经大学出版社, 2010.

[28] 严进. 组织行为学[M]. 北京：北京大学出版社, 2012.

[29] 小詹姆斯·H. 唐纳利, 詹姆斯·L. 吉布森, 约翰·M. 伊凡赛维奇. 管理学基础[M]. 北京：中国人民大学出版社, 1982.

[30] 陈春花, 曹洲涛, 宋一晓, 等. 组织行为学[M]. 北京：机械工业出版社, 2020.

[31] 谢赤, 袁凌. 管理学概论[M]. 长沙：湖南大学出版社, 2007.

[32] 廖泉文. 人力资源协调系统[M]. 济南：山东人民出版社, 2000.

[33] 袁凌, 李敬, 吴文华. 组织行为学[M]. 长沙：湖南大学出版社, 2004.

[34] 王晶晶. 组织行为学[M]. 北京：机械工业出版社, 2009.

[35] 中国科学院"科技领导力研究"课题组, 苗建明, 霍国庆, 等. 领导感召力研究[J]. 领导科学, 2006, (10): 40-42.

[36] 中国科学院"科技领导力研究"课题组, 苗建明, 霍国庆. 领导力五力模型研究[J]. 领导科学, 2006, (9): 20-23.

[37] 刘建荣. 领导心理学[M]. 大连：东北财经大学出版社, 2016.

[38] 俞文钊. 管理心理学[M]. 上海：东方出版中心, 2003.

[39] 刘炳香. 论领导影响力[J]. 理论学刊, 2003(6): 82-84.

[40] 夏洪胜, 张世贤, 组织行为学[M]. 北京：经济管理出版社, 2014.

[41] 丁栋虹. 领导力[M]. 北京：清华大学出版社, 2012.

[42] 周评. 领导力再造[M]. 上海：华东理工大学出版社, 2012.

[43] 马浩. 管理决策：直面真实世界[M]. 北京：北京大学出版社, 2016.

[44] 周三多. 管理学：原理与方法[M]. 上海：复旦大学出版社, 2018.

[45] 杨洁. 基于 PDCA 循环的内部控制有效性综合评价[J]. 会计研究, 2011(4): 82-87.

[46] 田虹, 所丹妮. 亲环境视角下组织责任领导力论析: 一项组织社会学研究[J]. 哈尔滨工业大学学报(社会科学版), 2022, 24(2): 82-89.

[47] 袁凌. 组织行为学[M]. 长沙: 湖南大学出版社, 2008.

[48] 殷格非. 责任文化为企业注入新动力[J]. WTO 经济导刊, 2018(4): 17-21.

[49] Fiske S T, Taylor S E. Social cognition [M]. New York: McGrw-Hill, 1991.

[50] Weiner B. An attributional theory of motivation and emotion[M]. New York: Springer-Verlag, 1986.

[51] Kandler C, Bratko D, Butković A, et al. How genetic and environmental variance in personality traits shift across the life span: Evidence from a cross-national twin study[J]. Journal of Personality and Social Psychology, 2021, 121(5): 1079–1094.

[52] Judge T A, Zapata C P. The person-situation debate revisited: Effect of situation strength and trait activation on the validity of the big five personality traits in predicting job performance[J]. Academy of Management Journal, 2015, 58(4): 1149–1179.

[53] Hochschild, Arlie Russell. The managed heart: commercialization of human feeling[M]. Berkeley: University of California Press, 1983.

[54] Floyd K. Communicating affection: Interpersonal behavior and social context [M]. Cambridge: Cambridge University Press, 2006.

[55] Judge T A, Weiss H M, Kammeyer-Mueller J D, et al. Job attitudes, job satisfaction, and job affect: A century of continuity and of change[J]. Journal of Applied Psychology, 2017, 102(3): 356–374.

[56] Porter L W, Steers R M, Mowday R T, et al. Organizational commitment, job satisfaction, and turnover among psychiatric technicians[J]. Journal of Applied Psychology, 1974, 59(5):603–609.

[57] Meyer J P, Allen N J. A three-component conceptualization of organizational commitment[J]. Human Resource Management Review, 1991, 1(1): 61–89.

[58] Bem D J. Self-perception: An alternative interpretation of cognitive dissonance phenomena[J]. Psychology Review, 1967, 74(3): 183-200.

[59] Bem D J. Self-perception theory. Advances in experimental psychology[M]. San Diego, CA:

Academic Press, 1972.

[60] Kanfer R, Frese M, Johnson R E. Motivation related to work: A century of progress[J]. Journal of Applied Psychology, 2017, 102(3): 338-355.

[61] Hackman J R, Oldham G R. Motivation through the design of work: Test of a theory[J]. Organizational Behavior and Human Performance, 1976, 16(2): 250-279.

[62] Caplan R D. Person-environment fit theory and organizations: Commensurate dimensions, time perspectives, and mechanisms[J]. Journal of Vocational behavior, 1987, 31(3): 248-267.

[63] Harrison R V. Person-environment fit and job stress, In C. L. Cooper, and R. Payne (Eds.), Stress at Work[M]. New York: Wiley and Sons, 1978.

[64] Karasek Jr R A. Job demands, job decision latitude and mental strain: Implications for job redesign[J]. Administrative Science Quarterly, 1979(24): 285-308.

[65] Siegrist J. Adverse health effects of high effort-low reward conditions at work[J]. Journal of Occupational Health Psychology, 1996, 1(1): 27-43.

[66] Lazarus R S, Folkman S. Stress, Appraisal and Coping[M]. New York: Springer Publications, 1984.

[67] Kaluza G. Calm and Confident Under Stress: The Stress Competence Book: Recognize, Understand, Manage Stress[M]. London: Springer Nature, 2022.

[68] Salas E, Kozlowski S W J, Chen G. A century of progress in industrial and organizational psychology: Discoveries and the next century[J]. Journal of Applied Psychology, 2017, 102(3): 589–598.

[69] Sun T, Schilpzand P, Liu Y. Workplace gossip: An integrative review of its antecedents, functions, and consequences[J]. Journal of Organizational Behavior, 2023, 44(2): 311–334.

[70] Luksyte A, Avery D R, Parker S K, et al. Age diversity in teams: Examining the impact of the least agreeable member[J]. Journal of Organizational Behavior, 2022, 43(3): 546–565.

[71] Kelemen T K, Matthews S H, Matthews M J, et al. Humble leadership: A review and synthesis of leader expressed humility[J]. Journal of Organizational Behavior, 2023, 44(2): 202–224.

[72] Carnevale J B, Huang L, Yam K C, et al. Laughing with me or laughing at me? The differential effects of leader humor expressions on follower status and influence at work[J]. Journal of Organizational Behavior, 2022, 43(7): 1153–1171.

[73] Kilcullen M, Bisbey T M, Rosen M, et al. Does team orientation matter? A state‑of‑the‑science review, meta‑analysis, and multilevel framework[J]. Journal of Organizational Behavior, 2023, 44(2): 355–375.

[74] Dasborough M T. Awe‑inspiring advancements in AI: The impact of ChatGPT on the field of Organizational Behavior[J]. Journal of Organizational Behavior, 2023, 44(2): 177–179.

[75] Koh D, Lee K, Joshi K. Transformational leadership and creativity: A meta-analytic review and identification of an integrated model[J]. Journal of Organizational Behavior, 2019, 40(6): 625–650.

[76] Thomas K W. Conflict and Negotiation Processes in Organizations [M]. Palo Alto, CA: Consulting Psychologists Press, 1992.

[77] Cooper C, Argyris C. The Concise Blackwell Encyclopedia of Management[M]. Oxford: Blackwell, 1998.

[78] Abraham M, Burbano V. Congruence between leadership gender and organizational claims affects the gender composition of the applicant pool: field experimental evidence[J]. Organization Science, 2022,

33(1): 393-413.

[79] Carroll B, Nicholson H. Resistance and struggle in leadership development[J]. Human Relations, 2014, 67(11): 1413-1436.

[80] Ford J, Harding N H, Gilmore S, et al. Becoming the leader: Leadership as material presence[J]. Organization Studies, 2017, 38(11): 1553-1571.

[81] Nicholson H, Carroll B. Identity undoing and power relations in leadership development[J]. Human Relations, 2013, 66(9): 1225-1248.

[82] Schaumberg R L, Flynn F J. Self-reliance: A gender perspective on its relationship to communality and leadership evaluations[J]. Academy of Management Journal, 2017, 60(5): 1859-1881.

[83] Song Z, Gu Q, Cooke F L. The effects of high - involvement work systems and shared leadership on team creativity: A multilevel investigation[J]. Human Resource Management, 2020, 59(2): 201-213.

[84] Tourish D. Is complexity leadership theory complex enough? A critical appraisal, some modifications and suggestions for further research[J]. Organization Studies, 2019, 40(2): 219-238.

[85] Veltrop D B, Bezemer P J, Nicholson G, et al. Too unsafe to monitor? How board–CEO cognitive conflict and chair leadership shape outside director monitoring[J]. Academy of Management Journal, 2021, 64(1): 207-234.

[86] Zhang M J, Zhang Y, Law K S. Paradoxical leadership and innovation in work teams: The multilevel mediating role of ambidexterity and leader vision as a boundary condition[J]. Academy of Management Journal, 2022, 65(5): 1652-1679.

[87] Stogdill R M, Coons A E. Leader behavior: Its description and measurement[M]. Columbus：Ohio State University, Bureau of Business Research, 1951.

[88] Ayman R, Chemers M M. Relationship of supervisor behavior ratings to work group effectiveness and subordinate satisfaction among Iranian manager[J]. Journal of Applied Psychology, 1983, 68(2): 338-341.

[89] Fiedler F E. A theory of leadership effectiveness[M]. New York: McGraw-Hil, 1967.

[90] House R J. A path-goal theory of leader effectiveness[J]. Administrative Science Quarterly, 1971, (16):321-339.

[91] Vroom V H, Yetton P W. Leadership and decision-making[M]. Pittsburgh, PA: University of Pittsburgh Press, 1973.

[92] Conger J A. Inspiring others: The language of leadership[J]. Academy of Management Executive, 1991, 5(1): 31-45.

[93] Bass B M. Leadership and performance beyond expectations[M]. New York: The Free Press, 1985.

[94] Hunt E B, Marin J, Stone P T. Experimentsin Induction[M]. New York: Academic Press, 1966.

[95] Shalley C E, Zhou J, Oldham G R. The effects of personal and contextual characteristics on creativity: Where should we go from here?[J]. Journal of Management, 2004, 30(6): 933-958.

[96] Kiel F. Return on Character: The Real Reason Leaders and Their Companies Win[M]. Boston, Massachusetts: Harvard Business Review Press, 2015.

[97] Crossan M, Furlong W B, Austin R D. Make Leader Character Your Competitive Edge[J]. MIT Sloan Management Review, 2022, 64(1): 1-12.

[98] Crossan M, Ellis C, Crossan C. Towards a Model of Leader Character Development: Insights from

Anatomy and Music Therapy[J]. Journal of Leadership and Organizational Studies, 2021, 28(3): 287-305.

[99] Giles S. The Most Important Leadership Competencies, According to Leaders Around the World[J]. Harvard Business Review, 2016, 15(3): 2-6.

[100] Sundheim D. Good-leaders-get-emotional[J]. Harvard Business Review, 2013.

[101] Martin R., The design of business: Why design thinking is the next competitive advantage Cambridge[M]. Massachusetts: Harvard Business Press, 2009.

[102] Snowden D J, Boone M E. A leader's framework for decision making[J]. Harvard Business Review, 2007, 85(11): 68-76.

[103] Reichheld A, Dunlop A. How to Build a High-Trust Workplace[J]. MIT Sloan Management Review, 2023, 64(2): 1-4.

[104] Edmondson, A C. The fearless organization: Creating psychological safety in the workplace for learning, innovation, and growth[M]. Hoboken, New Jersey: John Wiley & Sons, Inc, 2019.

[105] Chamberlin M, Newton D W, Lepine J A. A meta-analysis of voice and its promotive and prohibitive forms: Identification of key associations, Distinctions, and Future Directions[J]. Personnel Psychology, 2017, 70(1): 11-71.

教师服务

感谢您选用清华大学出版社的教材！为了更好地服务教学，我们为授课教师提供本书的教学辅助资源，以及本学科重点教材信息。请您扫码获取。

≫ 教辅获取

本书教辅资源，授课教师扫码获取

≫ 样书赠送

人力资源类重点教材，教师扫码获取样书

清华大学出版社

E-mail: tupfuwu@163.com
电话：010-83470332 / 83470142
地址：北京市海淀区双清路学研大厦 B 座 509

网址：https://www.tup.com.cn/
传真：8610-83470107
邮编：100084